Semiologia do Teatro

Coleção Debates
Dirigida por J. Guinsburg

Equipe de Realização – Revisão: Vera Lucia B. Bolognani e Angélica Dogo Pretel; Produção: Ricardo W. Neves e Sergio Kon.

organizadores
j. guinsburg,
j. teixeira coelho netto
e reni chaves cardoso

SEMIOLOGIA DO TEATRO

 PERSPECTIVA

Dados Internacionais de Catalogação na Publicação (CIP)
(Câmara Brasileira do Livro, SP, Brasil)

Semiologia do teatro / organizadores J. Guinsburg,
J. Teixeira Coelho Netto e Reni Chaves Cardoso.
— São Paulo : Perspectiva, 2012. — (Debates ;
138 / dirigida por J. Guinsburg)

Vários autores.
1ª reimpr. da 2. ed. de 2003.
Bibliografia.
ISBN 978-85-273-0678-2

1. Semiótica e literatura 2. Teatro (Semiologia)
I. Guinsburg, J. II. Coelho Netto, J. Teixeira.
III. Cardoso, Reni Chaves. IV. Série.

05-2750   CDD-792.014

Índices para catálogo sistemático:
1. Semiologia do teatro : Belas artes   792.014
2. Teatro : Linguagem e comunicação : Belas artes   792.014
3. Teatro : Semiologia : Belas artes   792.014

2ª edição – 1ª reimpressão
[PPD]

Direitos reservados à
EDITORA PERSPECTIVA LTDA.
Av. Brigadeiro Luís Antônio, 3025
01401-000 – São Paulo – SP – Brasil
Telefax: (0--11) 3885-8388
www.editoraperspectiva.com.br
2018

SUMÁRIO

Nota – *J. Guinsburg* 9

Preliminar – *J. Teixeira Coelho Netto* 11

I. CONDIÇÕES DA ANÁLISE SEMIOLÓGICA

1. A Semiologia dá um Salto de Quantidade – *Umberto Eco* 17
2. A Leitura Transversal – *Richard Demarcy* .. 23
3. Direções para uma Semiótica Teatral: O Modelo de S. Marcus (Redação e revisão matemática de *Gita K. Guinsburg*). Notas do Seminário de Semiótica Teatral, Urbino 1974 – *Jeanne Marie Machado de Freitas Interlandi* 39

II. NATUREZA DO SIGNO TEATRAL

4. Os Signos do Teatro – *Petr Bogatyrev* 71

5. Os Signos no Teatro – Introdução à Semiologia da Arte do Espetáculo – *Tadeusz Kowzan* 93

6. A Mobilidade do Signo Teatral – *Jindrich Honzl* 125

III. TEXTO ESCRITO

7. As Funções da Linguagem no Teatro – *Roman Ingarden* 151

8. O Texto Dramático como Componente do Teatro – *Jiri Veltruski* 163

9. Literatura em Cena – *Lucrécia D'Aléssio Ferrara* 191

10. Sobre o Diálogo Cênico – *Jan Mukarovsky* 209

11. Análise Semiótica das Primeiras Peças de Ionesco (*A Cantora Careca* e *A Lição*) – *O. G. Karptnskaia e I. I. Revzin* 215

IV. ANÁLISE DE DOIS SISTEMAS SÍGNICOS NÃO-VERBAIS

12. Os Tratados da Eloqüência do Corpo – *Marc Angenot* 223

13. Proposta de Classificação do Gesto no Teatro – *Maria Helena Pires Martins* 249

V. SEMIOLOGIA DA COMUNICAÇÃO TEATRAL

14. Formas e Funções no Teatro Popular – *Petr Bogatyrev* 265

15. Abordagem Semiológica de um Texto Dramático (*A Paródia* de Arthur Adamov) – *Michel Corvin* 273

16. *Yerma* e a Comunicação Teatral – Eduardo Peñuela Cañizal 299

VI. A PRODUÇÃO DO SIGNIFICADO NO TEATRO-ATO

17. Signos do Teatro Chinês – *Karel Brusak* . 341

18. A Significação no Teatro – *J. Teixeira Coelho Netto e J. Guinsburg* 359

VII. O TEATRO NO GESTO

19. O Teatro no Gesto – *J. Guinsburg* 377

NOTA

As tentativas de estabelecer uma semiologia do teatro têm se deparado com problemas bastante complicados. Pois, ao contrário de outras artes, a cênica emprega complexos ou, se se quiser, constelações de signos, uns extremamente transitórios, na medida em que sua duração é muito breve, dependendo de vivências "aqui-agora" ou de efeitos instantâneos, e outros dotados de maior força de permanência e estabilidade, mas também de uma funcionalidade e sentido estritamente ligados aos primeiros. Daí as dificuldades que surgem.

A bem dizer, mesmo as propostas mais felizes e coerentes deixam no ar algumas perguntas: Pode-se falar, em matéria de teatro, efetivamente numa linguagem específica? E se isso é possível até onde vai a sua estruturação? Há algum sentido, por exemplo, em buscar-se um forte sistema ordenador? Cabe pressupor um código principal, numa arte onde a expressão, a fala, o ator, na instantaneidade de sua metamorfose, onde o jogo de luz e de sons, os elementos de efeito transformam os signos mais estáveis, catalisam o significado e, em última análise, exercem real poder constituinte?

Poder-se-á responder, é claro, que tal indagação está ultrapassada desde o início, pois, ninguém discute que o Teatro é arte e que nestas condições pressupõe, em seu estatuto, uma necessária estruturação de elementos, ou seja, de signos representativos. Estes, argumentar-se-á, mesmo quando dotados por sua natureza de alto grau de variabilidade, obedecem a sistemas de composição, modos de formar, dentro de cujos limites se movem e se transmutam. Em outros termos, apresentam algum tipo de organização e, por mais aberta que ela seja, não ficam à deriva do simplesmente aleatório.

Em substância, e num quadro mais amplo, a questão em debate se coloca, portanto, na relação entre estrutura e processo e quais as vias de correlação e síntese entre ambos.

Tais são as fronteiras em cujo âmbito se desenvolvem as diferentes abordagens aqui reunidas, quer digam respeito a aspectos gerais, quer a aspectos particulares do Teatro. Naturalmente, a esta altura da pesquisa semiótica no domínio cênico, nenhuma delas pode oferecer uma solução final, mas todas, a seu modo, constituem contribuições para o intento de se mapear os componentes da linguagem, da ação, da visualidade, e do efeito teatrais.

J. Guinsburg

PRELIMINAR

O teatro tem resistido às tentativas de leitura semiológïca; ao contrário do que acontece com o cinema, onde os estudos de Christian Metz se não propõem um modelo definitivo pelo menos delimitam adequadamente o caminho do semiólogo, e com a pintura (cf., de modo especial, os trabalhos de Louis Marin e Jean-Louis Scheffer), os textos que se dedicam a uma tentativa adequada de compreensão semiológica do teatro são raros.

A razão básica para uma tal situação está, sem dúvida, na complexidade específica da linguagem teatral. Já a complexidade de um código lingüístico "natural" (o português, por exemplo) é bastante acentuada: há os dois níveis de articulação (monema e fonema), os dois planos (processo e sistema), os dois eixos (paradigma e sintagma) etc.; no teatro, a diversificação dos pontos a analisar é enorme, a estruturação do sen-

11

tido segue caminhos bem mais intricados. A linguagem do teatro, com efeito, serve-se de uma série de outras linguagens particulares (a do gesto, do cenário, da iluminação, do traje) de tal modo que se pode falar, com Barthes, que a "teatralidade é uma espessura de signos e de sensações que se edifica em cena a partir do argumento escrito, é esta espécie de *percepção ecumênica dos artifícios sensuais, gestos, tons, distâncias, substâncias, luz, que afogam o texto sob a plenitude de sua linguagem exterior"* (o grifo é meu). Essa mistura de linguagens distintas, essa confusão de sentidos é de tal forma acentuada e necessária ao teatro que, segundo alguns, seria perda de tempo tentar encontrar, no teatro, *unidades* significantes, ao nível dos signos e, particularmente, das figuras (equivalentes aos monemas e fonemas) e tentar distinguir leis que regeriam sua associação. O teatro é, efetivamente, uma mistura de outras linguagens, de outras artes; isso não implica, no entanto, que o teatro não tenha uma *maneira específica* de relacionar essas artes, essas linguagens, de modo a que, diante de uma determinada informação estética, se reconheça estar diante de algo a que se denomina de *teatro* e não diante de algo, X, que é a gestualidade *mais* cenografia *mais* arte da indumentária etc. Efetivamente, o teatro tem um *sistema* de ordenação e combinação dessas várias linguagens, e esse sistema funciona pois *sempre* se reconhece um *teatro* quando se está diante de um; tem um sistema de combinar essas várias linguagens distintas de modo a anular cada uma delas e propor uma visão de conjunto onde nenhuma se destaca de modo especial. É esse sistema de combinação que pode e deve ser o objeto de estudo da abordagem semiológica, e é esse sistema que é perfeitamente possível isolar. Mas como se pode propor uma semiologia do teatro, o que tem sido feito nesse campo?

É esta necessidade, e algumas possibilidades de atendê-la, que este volume pretende mostrar: em que consiste a leitura semiológica do teatro (ou leitura transversal), o que propõem alguns modelos já "históricos" de abordagem do teatro enquanto sistema de signos (Bogatyrév, Towzan, Honzl), como se pode entender o teatro enquanto sistema realmente coeso de signos e não simplesmente como uma adjunção de diferentes sistemas de signos, quais as funções da linguagem no teatro, as relações, entre o texto teatral e o texto literário, os modos da comunicação teatral.

Será necessário ressaltar, no entanto, o caráter introdutório da maior parte dos textos aqui reunidos: eles não propõem uma solução mas, antes, levantam um problema, indicando quais as etapas que se deve percorrer para solucioná-los. O fato de serem introdutórios, contudo, não significa que sejam "primários"; pelo contrário, são textos primeiros, que deve conhecer todo aquele que se dedica à teoria do teatro e à *prática teatral*. Estes dois últimos termos vão sublinhados porque é necessário ressaltar que não basta, para uma boa prática do teatro, a manipulação correta de uma técnica (de um método de representação, por exemplo, ou do domínio dos gestos, da dicção etc.) e tampouco é hoje suficiente para o ator e diretor de teatro o conhecimento das noções tradicionais de psicologia da personagem, de estrutura da emoção e percepção no teatro: a *praxis* teatral reclama atualmente que quem a exerce saiba como se organiza a significação no teatro, *independentemente de qualquer método de representação em particular, do estilo da peça, do tom que se queira dar ao espetáculo etc.* Independentemente de uma série de variantes, existe uma estrutura da significação no teatro a que só se pode chegar através do conhecimento dos tipos de signos de que se serve o espetáculo, das leis que regem sua combinação, dos problemas de decodificação desses signos por parte do espectador. De modo muito particular, para estes que se dedicam à prática do teatro é fundamental a leitura desta coletânea, pioneira no Brasil, organizada, na maior parte, com textos discutidos num seminário sobre semiologia do teatro realizado em 1973 na Escola de Comunicações e Artes da Universidade de São Paulo, sob a orientação do Prof. J. Guinsburg.

J. Teixeira Coelho Netto

I. CONDIÇÕES DA ANÁLISE SEMIOLÓGICA

1. A SEMIOLOGIA DÁ UM SALTO DE QUANTIDADE[1]

Umberto Eco

Em semiologia, como demonstrou o Congresso Internacional de Milão, o espetáculo (cinema e teatro) ocupa um lugar de grande relevo. Professor Umberto Eco, como julga o fenômeno? Trata-se de uma instância que nasce entre os estudiosos do espetáculo ou de um fenômeno objetivo de desenvolvimento?

Direi que os dois fatos novos do Primeiro Congresso Internacional de Semiótica foram a explosão da música e do teatro. Tratava-se de duas artes em que o desenvolvimento de uma pesquisa semiótica fora muito lento por razões opostas. A música parecia um universo no qual não há significação, o teatro um universo no qual

---

1. Entrevista de Umberto Eco concedida a Emílio Pozzi

há demais. Por motivos opostos hesitava-se em aproximá-los. Nos últimos dois anos tem havido, ao contrário, uma febre de investigações, uma reconstrução de *pedigrée* (redescoberta de pioneiros, de semiólogos que ignoravam sê-lo), uma multiplicação de simpósios e grupos de trabalho. Deixemos de lado a música e pensemos no teatro. Há dois anos, durante o Festival de Veneza, fez-se uma mesa-redonda sobre problemas de semiótica teatral: os debates efetivos pareciam muito desordenados, a coisa mais consistente era uma coletânea de textos pioneiros, preparada por Giuseppe Paioni e Luciano Codignola, com uma vasta bibliografia. Entre aquele encontro e o Congresso atual houve muito trabalho. Somente no curso DAMS de Bolonha este ano ocorreram duas iniciativas independentes, um seminário sobre semiótica teatral e uma série de conferências sobre a aplicação de métodos informacionais ao teatro. Mas havia um nó a superar, a tendência a considerar-se o objeto de uma semiótica teatral num nível simplificado: para alguns o texto escrito, para outros ainda a palavra falada, para outros a gesticulação do ator, e em seguida a operação de direção cênica, a iluminação, ou a cenografia, e assim por diante. Pouco a pouco tomou corpo a idéia de que nos encontramos diante de um fenômeno "multinivelar" no qual estão em jogo sistemas sígnicos diferentes, que devem ainda ser analisados antes de se correr o risco de apresentar a definição do objeto integrado daí resultante. Mas compreendeu-se também que o teatro é, em tal sentido uma Terra Prometida da semiótica, porque a capacidade humana para produzir situações sígnicas desde o uso do próprio corpo até a formação, até a realização de imagens visuais, desenvolve-se aí completamente — o teatro é o lugar de condensação e convergência de "semióticas" diversas. E esta consciência toma vulto seja entre os produtores de espetáculo seja entre os teóricos puros (tão puros que até esse momento nunca haviam sido teóricos de teatro, mas lógicos ou matemáticos). É curioso que o maior número de aplicações matemáticas a uma linguagem (depois da verbal) esteja se verificando com o teatro, e penso no trabalho dos estudiosos rumenos, Solomon Marcus à frente de todos. Justamente devido à dispersividade sígnica que é própria do teatro, devido à necessidade de encontrar algoritmos que estabeleçam ordem entre tantos níveis aparentemente desconexos...

Entre cinema e teatro, é o primeiro que ocupa um lugar proeminente em semiologia. Qual é a razão?

Historicamente falando, a semiologia do cinema precedeu à do teatro de pelo menos dez anos. As razões, diria, são claras e são duas. Antes de mais nada no cinema há uma signicidade dominante, a da filmadora, que restitui o fotograma. Todo o resto, assunto, preparação do ator, a mesma disposição de uma natureza mais ou menos fictícia, de uma realidade mais ou menos ilusória a ser tomada, está "por trás". No teatro qualquer pessoa pode ainda acreditar encontrar-se diante da realidade bruta, sem mediação de signos: no cinema, como na palavra ou na imagem, qualquer pessoa percebe que está se defrontando com um significante visual que remete a qualquer outra coisa. Assim eram eliminados desde o princípio alguns equívocos mais grosseiros. A segunda razão é que, para fazer semiótica, é preciso saber que se está trabalhando em um texto e qual é esse texto. No cinema o texto é materialmente "testável": é a "pizza", o filme ou, se quiserem, a imagem sobre a tela. Só se pode começar a partir daí. No teatro, como já foi dito, a definição do texto é mais imprecisa: o texto escrito? o texto representado? e qual, entre todas, as representações possíveis? Entre o mesmo *Seis Personagens* realizado, digamos por Strehler e por Enriquez, qual é o texto sobre o qual se deve trabalhar? o de Pirandelo independentemente da interpretação do diretor? No cinema um equívoco do gênero não acontece. *Ombre rosse* é sempre *Ombre rosse* seja projetado no centro de Milão, ou numa sala paroquial em Val d'Aosta (naturalmente poder-se-ia inserir nele a relação com o público, mas é uma fase segunda, e também aqui o teatro coloca um maior número de problemas).

Verifica-se ao contrário escassa atenção em relação à televisão. Por quê?

Porque a televisão parece ter a mesma simplicidade textual do cinema e na verdade é mais ambígua do que o

19

teatro. O que unifica o Telejornal a uma transmissão do *Édipo Rei?* Sem dúvida, uma particular dimensão do vídeo, uma granulação da imagem eletrônica, uma situação social de audição. Mas também esta situação de audição é menos controlável que no teatro (sem falar no cinema) onde o "quatro" da sala, o ritual da participação paga programada, colocam uma série de convenções que podem ser descritas universalmente. Por isso para fazer uma semiótica completa da televisão creio que seja preciso lidar justamente com a semiótica do cinema e com a do teatro, para depois então ver que variações assumem estas modalidades comunicativas quando se inserem no quadro televisivo. Uma semiótica "pura" da televisão poderia referir-se apenas à filmagem direta e já foi até tentada.

Se houve algo de novo, que novidade trouxe o congresso para estes setores do espetáculo?

Receio que seja cedo para responder. Porque a finalidade do congresso era a de alargar e reforçar a tensão interdisciplinar. Se houve algo de novo para uma semiótica do teatro isto terá acontecido na medida em que os estudiosos de teatro assistiram também às sessões sobre música ou sobre arquitetura e vice-versa.

Os resultados do congresso permitem afirmar que houve um "salto de qualidade"?

Prefiro falar de um salto de quantidade, o que em certos casos é a mesma coisa. O fato de que pela primeira vez filósofos ingleses da linguagem, musicólogos canadenses, lógicos poloneses e arquitetos franceses (para citar alguns exemplos) se tenham reunido persuadidos de que existe um objeto comum de pesquisas, mesmo havendo variedade dos métodos, das escolas, dos pressupostos ideológicos. Por salto de quantidade entendo também que o congresso produziu alguns "descolamentos" e algumas recuperações históricas. Por exemplo, o publicismo corrente identificava semiologia e estruturalismo, o que é verdade só para uma parte destes estudos. O congresso descolou esta imagem por demais simplista e o fez realizando suas recuperações históricas, reencontrando os nexos com a filosofia analítica da linguagem, com o pragmatismo peirciano, a tradição da lógica formal, com as experiências dos psicólogos e assim por diante. Todas essas coisas que os especialistas já conheciam, mas um congresso serve também para difundir uma imagem pública de uma disciplina. O mesmo descolamento, que aliás já estava ocorrendo há algum tempo, aconteceu entre lingüística e semiótica: o que não quer dizer que semiótica ainda não tenha muito que aprender da lingüística, mas o que se alargou foi o campo dos empréstimos, dos débitos e dos créditos. Este fato é muito importante para uma semiótica do teatro, onde o elemento lingüístico entra somente numa porcentagem (que não me atrevo a definir).

Pode haver uma relação entre semiologia e prática crítica e entre semiologia e prática produtiva?

Que haja uma relação entre semiótica e prática crítica é indubitável. Não que a semiótica seja uma forma de crítica *tout court* ou que substitua a crítica, mas certamente lhe oferece instrumentos muito refinados. E sobre isto não há discussão. Ao contrário parece arriscado para alguns afirmar que um artista possa tirar vantagem do estudo das condições abstratas do sistema de significação em que trabalha. Devo dizer que sempre soube que os grandes escritores lêem muito o dicionário e a gramática. Para manejar a língua é necessário conhecê-la bem, e profissionalmente, os "primitivos" não existem, e quando são grandes conhecem as leis da língua, quem sabe até pelo faro, mas as conhecem. O mesmo vale para os outros sistemas sígnicos. É claro que para um artista não basta estudar para ser grande, mas um grande artista que não estuda, não o conheço. Por isso "ó homens de teatro, eu vos exorto ao estudo das semióticas. Mal não lhes fará, exceto àqueles aos quais faria mal de qualquer maneira".

Trad.: *Reni Chaves Cardoso*

2. A LEITURA TRANSVERSAL*
Richard Demarcy

A leitura transversal do espetáculo teatral está baseada num modo de recepção no qual o espectador não penetra, essencialmente, na fábula. Ainda que acompanhe seu desenrolar, ela não é seu único objeto de interesse (mesmo que dela ele deva extrair o *gestus*). Observador, ele faz, a todos os elementos de significação contidos na obra, à medida que aparecem, a seguinte pergunta: "o que é isso?" (pergunta esta que se

* Para situar o leitor: este texto foi extraído da obra de R. DEMARCY, *Eléments d'une sociologie du spectacle*. Ao lado da análise de temas diversos (a comédia musical, a opereta, o teatro clássico, Brecht etc.), Demarcy trata dos modos de recepção do espetáculo, contrapondo à leitura horizontal um método de leitura *transversal* (explicada no texto aqui publicado); a leitura horizontal não é aqui especificamente explicada mas será suficiente para o leitor saber que se trata do modo de recepção "tradicional": o espectador recosta-se passivamente na cadeira e espera *pelo fim*, aguarda as revelações que lhe serão feitas, participa do mundo de ilusão que lhe é oferecido sem nenhum distanciamento crítico. (N. do T.)

faz acompanhar por outras: que significa isso? donde provém o sentido disso?), interrompendo incessantemente a continuidade para estabelecer (ele, espectador) uma *leitura em descontinuidade*. É um modo de recepção a "distância", em que o espectador-receptor parte do princípio de que através de diversos sistemas, cenário, substâncias, matérias, cores, gestualidade etc., a "máquina" que tem pela frente emite em sua direção uma multiplicidade de informações que convém situar com precisão (o que, evidentemente, não é imediato, uma vez que a obra não se apresenta como algo destinado a entregar "mensagens"). Essa é uma atitude pouco comum ao espectador. Basta pensar, por exemplo, no seu comportamento quando ele entra na sala do teatro, estando o cenário à vista. Após um breve exame da "máquina" que tem à sua frente em estado de repouso, ele espera pela hora de começar o espetáculo, isto é, espera que o ator entre e fale, e que se instalem fábula e ação. A menos que seja um "especialista", o espectador não se entrega a um trabalho de reconhecimento e a uma leitura desse cenário para daí já tirar um certo número de informações que a essa altura são, evidentemente, hipotéticas. Assim, ele tem uma tendência para "viver" o cenário (bem como todos os outros elementos cênicos) como sendo um quadro[1] e não como uma soma de signos que poderia decodificar.

Portanto, a primeira modificação em relação a uma leitura horizontal consiste numa vontade de distinguir as diversas unidades significantes contidas no espetáculo.

A unidade significante pode não ser apenas um elemento significante único, mas sim um conjunto de elementos combinados de modo a produzir um sentido — sentido não reduzível à soma dos elementos: é o caso, no cinema, da obra de Eisenstein, por exemplo. O que significa que essa unidade pode também ser extraída de uma seqüência, de um quadro, e mesmo de uma cena. Este levantamento, esta identificação constitui aquilo que os estruturalistas chamam de *atividade de chamada* (preliminar à atividade de disposição, de

---

1. O que se encontra de modo natural em seu gosto pelo verismo arqueológico ou pela reconstituição histórica, e que constitui, a seu ver, o quadro mais apropriado.

arranjo). E um *corte* feito ao nível do sintagma. Esse corte implica um reconhecimento sistemático dessas unidades. É o inverso da indigência visual, primeiro defeito assinalado a respeito da leitura horizontal. E este é, sem dúvida, um ponto fundamental sobre o qual é preciso insistir, lembrando que, antes de "ler" convém aprender a ver, olhar e reconhecer [2].

O teatro, universo de signos

Antes de continuar com esta descrição da leitura transversal, convém nos determos em algumas características fundamentais do teatro que tornam imperativas, para o próprio teatro, este tipo de leitura transversal (com efeito, não se pode definir um modo de leitura sem, no mínimo, definir o objeto que se vai ler). Portanto, convém agora examinar de um ponto de vista mais "teórico" o que é o teatro. Até aqui, através de vários exemplos, praticamos a leitura da representação teatral; é possível em poucas linhas, esclarecer quais são as características de tal leitura, não mais no quadro de uma representação mas da representação teatral em geral; será o fio teórico que nos permitirá, a seguir, levantar a hipótese de um método de leitura da representação teatral.

O teatro é um universo de signos (particularmente verdadeiro é o fato de que "a representação é um ato semântico extremamente denso", R. Barthes) que utiliza, como meios de comunicação, significantes que desembocam quase sistematicamente na conotação (*conotadores*); neste sentido, o teatro é uma arte *do código, da convenção*, mais do que todas as outras, arte que depende de uma codificação muito forte (mesmo

---

2. Certas experiências com públicos infantis permitiram avançar a hipótese segundo a qual, se eles traduzem também uma certa indigência visual, fazem-no de maneira menos acentuada do que os adultos; e isto se explicaria pelo fato de que eles estão na posição de "descoberta do mundo", donde a legendária curiosidade infantil. Suas dificuldades aparecem não quando se trata de reconhecer, de "dizer o que tinham visto", mas de "ler", de isolar sentidos. Aqui, o obstáculo principal à leitura era a falta de conhecimentos gerais. Constatou-se também, no decorrer dessas experiências, que a criança encontra um "prazer" mais acentuado na observação, no reconhecimento e mesmo nas tentativas de interpretação do que na simples implicação existente na "fábula". Seus comentários a respeito da obra eram, nessas ocasiões, muito mais numerosos e mais ricos (portanto, participação intelectual muito mais acentuada).

quando procura escapar dessa codificação em proveito de uma mimese: caso do naturalismo). Este é, na verdade, seu dado maior. E não a "imagem" do teatro, a analogia icônica ou essa famosa "impressão de realidade" estudada por C. Metz no cinema; impressão que, aliás, permite ao espectador suportar bem menos desagradavelmente, graças a uma recepção essencialmente perceptiva, uma representação cinematográfica do que uma representação teatral que não lhe "agrada".

Alguns dados sobre a linguagem teatral

Aliás, é necessário dizer, aqui, algo sobre essa diferença entre a imagem do teatro e a imagem do cinema (ou mesmo da fotografia). C. Metz ressaltou bem "o estatuto analógico" da imagem, isto é, sua "semelhança perceptiva global com o objeto representado" (J.P. Lebel), e que é aquilo que os semiólogos americanos designam sob o nome de iconicidade. O que não significa que a analogia tem por conseqüência a ausência de um código; quando a imagem (cinema) recopia o "real", reflete-o, sempre está presente um código pois toda realidade é codificada (é uma cultura). Tal como diz Metz, "a analogia é um meio de transferir códigos: dizer que uma imagem assemelha-se a seu objeto 'real' é dizer que, graças a esta mesma semelhança, a decifração da imagem poderá beneficiar códigos que intervenham na decifração do objeto"; donde a diferença que esse pesquisador assinala entre "códigos filmados" e "códigos fílmicos". Portanto, não se trata de opor a analogia ao código, mas de opor duas atitudes no trabalho artístico: seja copiar, recopiar o código existente na realidade, seja transgredi-lo até mesmo e inclusive nos hábitos perceptivos com os quais apreendemos a realidade habitual — portanto, *transgressão*, isto é, a principal característica da obra de arte e, a partir daí, sua parte de *invenção* contra o real. Ora, o teatro traz em si, como "essência", esta modificação dos hábitos perceptivos do receptor (mesmo quando os encenadores se esforçam por recopiar a realidade a fim de produzir um exato reflexo dela, como no caso do naturalismo, existe a transgressão). A "caixa" teatral, o jogo, trazem em si mesmos, inelutavelmente, a situação artificial. É esta característica que torna a "leitura" pelo espectador inelutavelmente necessária. Pois, assim como na linguagem escrita em que as palavras, para serem decifradas, devem ser conhecidas e reconhecidas em seu código ("nada se parece menos com uma vaca do que a palavra vaca": é preciso aprender o código correspondente. Idem em relação ao código rodoviário... em que os "signos" são codificados até a "repressão")[3]. Muito freqüentemente, para ser recebida a linguagem teatral deve fazer funcionar no espectador a leitura e a decifração de seus signos. Ainda que se deva reconhecer (nisso reside a ambigüidade profunda do teatro, seu estatuto complexo) que a linguagem visual teatral ocupa uma posição intermediária entre a linguagem visual escrita (donde suas ligações com a literatura) e a linguagem visual cinematográfica: ao contrário da escritura, essa linguagem se alimenta no real percebido a fim de construir-se como linguagem. Exemplo: a escritura serve-se da palavra "exército" para fazer surgir o exército no espírito do leitor, enquanto que o teatro poderá, sem dúvida, fazer com que essa palavra seja dita por um ator; mas o teatro, sobretudo, não colocará em cena um exército (tal como o cinema fará surgir um exército na tela), procurando antes encontrar um elemento visual ou sonoro para "dizer" exército, representá-lo e fazê-lo surgir no espírito do espectador. Portanto, o espectador não recebe imediatamente o objeto visto, por adequação, como no cinema, mas tem de ler esse signo visual um pouco da maneira como o faz em relação à escritura, mas sem tanto rigor. É sem dúvida esse vaivém complexo entre realidade e convenção total que faz do teatro uma arte original da representação.

Enfim, é nesse estatuto intermediário do teatro que pode estar sua complexidade pois, de um lado, a imagem no teatro não se aproveita (felizmente) desta recepção fácil que se deve à analogia (e ao movimento) que o cinema possui e, por outro lado, ela não se aproveita das instituições que ensinam como decifrar seus signos e sua gramática (a escola ensina a ler o texto de A a Z, mas não ensina a ler mensagens visuais)[4]. Mais

---

3. Se a pessoa transgride a placa-sinal "estacionamento proibido", segue-se uma "verbalização" que lhe é feita pelo policial, "o representante da ordem", o "contratual". Verbalização que tem por efeito a "multa" da qual teoricamente ele deve sentir os efeitos dolorosos.

4. Aqui também parece evidente que uma disciplina científica aplicada (semiologia aplicada?) deveria ocupar um lugar prioritário no ensino atual, o

do que qualquer outra arte do espetáculo, o teatro remete às exigências do "pensamento simbólico", sem que o aprendizado deste tipo de pensamento tenha ultrapassado, ao nível das instituições, o domínio do aprendizado da língua e da escritura (ou de sistemas de signos particulares, como a matemática).

Mas, uma vez que estas diferenças permitiram situar os problemas da leitura, voltemos ao teatro. Sendo o teatro, assim, um universo de signos, a encenação (*mise-en-scène*) pode ser definida (exceto nos casos das leituras de textos do Boulevard ou de muitas peças da Comédie-Française) como sendo a localização (*mise en place*), por meio de diversas materializações, de um *discurso cênico de ordem visual e sonora*, a partir de um texto, de um esboço (ou não)[5], cujas tomadas de posição com relação a seu conteúdo são múltiplas. Para sustentar esse discurso, o encenador tem a sua disposição uma soma de linguagens em cujo seio ele inscreverá seus significantes: o(s) cenário(s), os acessórios, os trajes, as matérias, as cores, os sons, as iluminações, os atores, os deslocamentos, a gestualidade, os arranjos, o espaço... Cada uma destas linguagens oferece recursos muito amplos e, de fato, pouco explorados, quanto às possibilidades de "expressão": basta pensar nas pesquisas das bem recentes disciplinas científicas decor-

que permitiria uma intervenção numa série de elementos da realidade dos quais as crianças são ardorosos consumidores, quer se trate da história em quadrinhos, do cartaz de publicidade, um cenário de teatro, o filme etc.

5. *Textos de teatro?* Haveria muito a dizer a respeito da natureza do texto no teatro, pois evidentemente não se trata de qualquer tipo de texto.

Se foi escrito, foi não para ser lido, mas para ser falado. É um texto que visa ser dito, que objetiva retransformar-se em "fala"; a fala de cada uma das personagens. Aliás, trata-se mesmo de mais do que isso para inúmeros autores que, juntando ao texto indicações cênicas, propõem "Vê-lo", inserido em situações ou combinado com outros elementos. Em todos estes casos, o texto está ali de início, ele é o ponto de partida. Sem dúvida a natureza dos novos textos produzidos pelo fenômeno da "criação coletiva" é bem diversa (fenômeno que se demonstrou, por exemplo, com O teatro do Sol — *Les clowns, 1789* — ou o Teatro do Aquário — *Les evasions de monsieur Voisin, Marchands de ville* — ou o grupo T.S.E. etc.:); nesses casos, o texto não é inicialmente escrito, mas sim dito (jogado). Abre-se todo o lugar possível, então, à sua teatralidade, inflexões, entonações, ritmo, distribuição, ação etc. e o processo de escritura intervém depois ou durante esse processo, oriundo além do mais de um trabalho coletivo (nova prática escritural que se devia poder descrever, pelo menos). Isso é bem mais do que a diferença existente, e já grande, entre o texto escrito e o texto oriundo do *rewriting* que tem, este também, sua especificidade, traz a marca de uma teatralidade, a do discurso ou da *interview*.

rentes da semiologia, como a cinésica, disciplina em formação (ligada à proxêmica)[6] e que pretende "codificar os gestos humanos enquanto unidades de significados organizáveis em sistema" (e que têm por objeto de estudo o cinemorfo, isto é, o signo gestual). Aliás, os grandes encenadores ou os grandes teatros são aqueles que apreenderam, intuitiva ou conscientemente, esta importância do signo. É neste sentido que Barthes, falando do teatro de Brecht, disse:

> A arte revolucionária de Brecht tratou a forma segundo um método próprio, que é o método semiológico.

Com efeito, a representação brechtiana é um modelo para permitir ao espectador a apreensão dos signos cênicos: isto de um lado, pois sua encenação se efetua a partir de uma verdadeira "política do signo" (teatro que "vigia seus signos" no plano da escolha destes, da construção e da função desses signos em relação ao *gestus* da obra); por outro lado, pois Brecht mostrou bastante bem quanto era preciso trabalhar com rigor sobre o significante, acentuá-lo, carregá-lo, "fornecer-lhe uma dimensão épica" a fim de tornar o signo legível, eficaz e de alçá-lo a um nível acentuado de conotação (R. Barthes explica isto a propósito do trabalho

6. Disciplina que estuda o significado das distâncias entre sujeitos falantes. O cinema de Jankso, em especial *Ah, ça ira; Silence et cri* e *Sirocco d'hiver*, se prestaria a um estudo sob este aspecto. Nestes filmes, a curta distância entre personagens é um dos signos fundamentais da conotação.

Significados: atração, amizade sem traição, ambigüidade sexual, relações de sensualidade....

Outro exemplo em relação ao teatro clássico, esta simples pergunta: a que distância alguém fica do monarca para falar com este, segundo sua posição social? Seria necessário interrogar *Ricardo II* de P. CHÉREAU para saber, uma vez que a distância entre as personagens é particularmente significante: os adeuses à rainha, os afastamentos das personagens que se recusam a ouvir os monólogos, sérios "distanciamentos" da forma clássica. Esta disciplina, aliás, realizou um trabalho semelhante no quadro dos grupos: distância entre operários; operário e chefe de seção, estudante e professor. Conforme E. T. Hall (1959: *The silent language*) há quatro graus de proximidade social: distância social, formal, distância pessoal informal, distância íntima, distância pública, que variam segundo fatores visuais, táteis, olfativos, cinestésicos. Levar em consideração: os identificadores de postura, os códigos tácteis, visuais (retinianos), os fatores térmicos, a força da voz etc. Um artigo etnológico a ressaltar: "Quantitative research in proxemic bahavior", 1966, em *American Anthropology*, M. WATSON e Th. D. GRAVES. A diferença do comportamento proxêmico dos árabes e americanos. A respeito, ver também "Pratiques et langages gestuels" em *Langages* n. 10, jun. 1968 (Didier Larousse).

realizado sobre os trajes em *Mãe Coragem*). Aspecto este que, em outros, chega a assumir as proporções de uma verdadeira exaltação do signo, ou antes, do significante (caso de um Chéreau ou, num eixo ideológico bem diferente, de um Victor García ou de um Ronconi com *Orlando Furioso*). Observemos, aliás, que esta acentuação do significante conduz também a efeitos de desconstrução e de distanciamento (a nosso ver particularmente fortes), efeitos que se produzem através desta majoração "insólita" e "estranha", "sob o golpe da distância estabelecida entre o significante e o significado"; assim majorado, o significante vem à luz, expõe-se aos olhos dos espectadores enquanto tal, enquanto mola do espetáculo, revelando com isso que é o elemento básico do espetáculo e com isso ligando incessantemente a representação e sua elaboração, se não sua construção.

O trabalho sobre o signo e o distanciamento

Portanto, o trabalho sobre o signo é sem dúvida um modo hábil e marcado de produzir o "distanciamento", confessando o teatro, com vigor, que é teatro. Deixemos bem claro de imediato, para evitar confusões, que este distanciamento não é necessariamente crítico (ou desconstrução crítica). Aliás, Brecht observou isso muito bem quando se interrogou sobre as *funções do distanciamento* (esta observação se impõe tanto mais quanto hoje as técnicas do distanciamento podem ser encontradas em muitos espetáculos, ou mesmo numa boa quantidade de textos escritos). Brecht ressaltava, a respeito do teatro asiático, do teatro antigo e medieval com suas máscaras de homens ou de animais, ou ainda a respeito do teatro de Shakespeare, que eles estavam "cheios de efeitos V"*. Mas os objetivos dessas diversas técnicas tinham uma *função oposta* à função por ele procurada: "Sem dúvida esses efeitos V impediam o espectador de entrar na pele das personagens, mas nem por isso essa técnica repousava menos (pelo contrário) na sugestão hipnótica do que a técnica que visa à identificação. Os objetivos sociais desses antigos efeitos eram

---

* *Verfremdungsefeckt* — "efeitos de estranhamento" ou distanciamento de Brecht. (N. do T.)

30

totalmente diferentes dos nossos". Uma frase-chave resume essa distinção: "O efeito de distanciamento não é uma medida técnica mas sim uma medida social". Retomando uma outra distinção do autor, podemos dizer que em muitos casos "a emancipação da representação" (através de efeitos de distanciamento como esta majoração do significante) não se faz acompanhar, para o espectador, por uma "emancipação do mundo representado". Ora, para Brecht o distanciamento tem uma dupla função (o que significa que essa medida tem por objetivo uma revolução estética e uma revolução política): permitir ao espectador "emancipar-se" do mundo representado (armá-lo sobre e contra o mundo tal como é este representado) e da própria representação) armá-lo no teatro, no próprio espetáculo e evitar-lhe uma sujeição ao espetáculo, evitar-lhe deixar-se prender pela representação teatral)[7].

Constatemos também que há algum tempo, sob o impacto da volta do signo à cena, estão reaparecendo espetáculos verdadeiros, condição mínima do interesse pelo teatro. O que tem a vantagem, pelo menos, de devolver ao teatro sua teatralidade, ainda que em muitos casos o discurso visual e sonoro seja antes um rico amálgama pouco coerente que propõe significações múltiplas e contraditórias. Lembradas estas características essenciais e que afirmam a necessidade da leitura transversal para que o espectador possa tirar da representação toda a sua riqueza, voltemos à descrição deste modo de leitura pois a leitura de uma representação não pode, evidentemente, contentar-se com um reconhecimento, ainda que bastante completo, dos significantes. Após esta primeira etapa, uma segunda questão se coloca: como pode o espectador passar ao plano do significado? Como isolará os significados dessas uni-

---

7. Isso significa que o distanciamento, ou a desconstrução, não é um critério em si e não é, sobretudo, o único critério do materialismo na cena. Por exemplo, o voltar-se a obra sobre si mesma, o esclarecimento (real ou mistificado) de sua "criação" pelo autor: suas perguntas sobre a obra postas em evidência na própria obra, interrompendo o *élan* da leitura, por exemplo, não constituem talvez o fim da ilusão romanesca ou da ficção fílmica? E isto tanto mais quanto não se deveria confundir o discurso da obra sobre ela mesma com a desconstrução crítica da representação, e do mundo: "No máximo — nestes casos em que a obra discorre também sobre ela mesma — tem-se o direito de dizer que, reflexo do reflexo, a ideologia olha a si mesma", retomando uma expressão dos *Cahiers du cinéma*

dades significantes, aos poucos recuperadas ao longo da história e que finalmente constituem aquilo que ele foi ver, isto é, o espetáculo?

Relacionar o signo com a sociedade

Para este tópico, podemo-nos inspirar nos trabalhos de Roland Barthes. Segundo ele ("A imaginação do signo") tem-se três consciências: simbólica, paradigmática, sintagmática. A nosso ver, a terceira, que certos estruturalistas privilegiam em detrimento da primeira, comete o erro de propor uma descoberta do sentido essencialmente no *seio* da obra, na relação do signo com seus vizinhos, e não na relação signo/sociedade, portanto *fora* da obra. Pelo contrário, é necessário, a nosso ver, extrair o signo, desempacotá-lo, e uma vez tirado o signo transversalmente (por exemplo: o vermelho e o dourado como cores predominantes num espetáculo), convirá relacioná-lo com a cultura (no sentido evidentemente etnológico) e com a sociedade que o engendram, e examinar seu lugar e sua função no seio dessa cultura e aquilo que ele diz. Isso consiste, assim, em encontrar a dimensão profunda do signo, ir à sua reserva cultural, à sua "memória", ao seu peso histórico ("o cristianismo — significado — está sob a cruz — significante — como uma massa profunda de crenças, valores, práticas" etc.)[8]. Portanto, só existe significado através da sociedade e sua história (no sentido amplo do termo); foi a sociedade que investiu o significante com *seus* sentidos: é ela que, a partir do significante "vermelho-ouro" nos fornece os significados: vermelho = mito do sangue, ritual pagão, sangue do Cristo, sangue e aristocracia, raça etc. (surgem aqui diversas estratificações sócio-culturais já lembradas): ouro = riqueza, poder econômico, luxo, lustro, mito solar... É a história de uma sociedade, lentamente, difusamente, que aos poucos se inscreveu num signo, e é dela que se deve esperar o aparecimento dos significados de conotação. Deste modo, o espectador, à vista do significante, no quadro do espetáculo, tendo-se feito a pergunta: "que é isso?", ao reconhecer o objeto se perguntará: "que é esse objeto na realidade?" (sócio-cultural). O que ele reflete? Sua transparência permite ver o quê? Assim, o espectador

---

8. R. BARTHES, "L'imagination du signe". *Essais critiques.*

não deve permanecer ao nível do espetáculo, *no* espetáculo, mas sim sair dele a todo instante através dessa correspondência espetáculo-realidade. É por esse caminho também que se descobrirá a ideologia da obra, a verdadeira temática que ela veicula (e através daí se poderá inclusive isolar sua verdadeira função social pois, seja qual for a opinião que se tenha, toda obra tem uma função social, quer seja regressiva ou progressiva, lançando luz sobre a sociedade ou ocultando-a).

Fixar o sentido: a ancoragem

Mas esta segunda operação não é suficiente pois irá pairar sobre a leitura efetuada uma série de incertezas, devidas ao fato de que a realidade sócio-cultural faz entrar no signo uma pluralidade de sentidos; o leitor se verá, então, na presença de uma "cadeia flutuante" de significados (polissemia). Por exemplo, a cor vermelha também pode ser lida como o significante da revolução, da violência revolucionária (compare-se com a grande maioria das bandeiras que utilizam essa cor no plano do símbolo: se houver uma República, um Estado novo, põe-se vermelho na bandeira. Isto quando não é o caso do vermelho mais o ouro = bandeira da URSS). Convém, assim, tentar fixar o sentido verdadeiro e fugir a esta incerteza, escolhendo-se o "nível adequado de percepção".

Há dois meios para isso, e que se resumem num só: *a ancoragem*.

O primeiro consiste no relacionamento dos diversos signos contidos na obra através da procura de traços de *afinidade* entre eles e da constatação de que num certo nível de generalidade (de abstração) têm eles um significado comum, que eles dizem a mesma coisa, quer seja algo que esteja numa relação de complementaridade ou de interdependência. Trata-se aqui de uma espécie de reconhecimento dos significantes contidos na obra conforme sua *significação comum*. Por exemplo: primeiro significante reconhecido, o vermelho e o ouro; segundo significante reconhecido, cerimônias vestimentares de aparato. Significados comuns podem ser aí isolados, em particular a suntuosidade e o exibicionismo social do qual se pode deduzir um significado mais amplo: o ritual, a teatralização social, o Poder, significado esse que, por sua vez, poderá ser colocado em correspondência com outros significantes que são afins ou complementares deste (e que virão, ainda, confirmar o significado hipotético isolado)[9]. Aos poucos, através desta permanência de um significado através de vários significantes, o verdadeiro significado que eles contêm se afirmará, tornando-se "franco". Esta classificação tem portanto uma função de ancoragem: ancoragem que consiste numa "espécie de prensa que impede que os sentidos conotados proliferem na direção de regiões demasiadamente individuais" (R. Barthes).

No interior desta operação encontramos a consciência paradigmática e a consciência sintagmática mas, desta vez, como meios complementares de integração de um sentido que foi preliminarmente pressentido no plano simbólico. (Também se deve concluir daqui que as três consciências não se opõem, mas são complementares, e que, com efeito, é a utilização de uma em detrimento das outras — seja qual for — que torna manca a análise, que a amputa.)

O segundo meio de ancoragem está, evidentemente, no texto e no discurso verbal. Aqui, mais uma vez, o reconhecimento dos temas que ele veicula permitirá fixar o sentido, através de uma operação de controle que consiste em "dirigir a leitura entre os significados da imagem, fazendo com que ela evite alguns e receba outros desses significados", como diz Barthes na *Retórica da imagem.*

No entanto, este meio nem sempre é eficaz na medida em que, de um lado, o texto pode ter sobretudo uma função de ligação (a fala e a imagem estão, desta vez, numa relação de complementaridade), "não tendo o diálogo uma função de elucidação, de confirmação mas sim fazendo de fato avançar a ação dispondo mensagens em seqüência, e sentidos que não se encontram na imagem"; e, por outro lado, na medida em que num texto de teatro podem estar propostas (e nisso reside o poder do encenador) múltiplas *redes* radicalmente diferentes umas das outras, que constituirão todos os discursos icônicos e sonoros possíveis. É suficiente pensar no que um encenador pode fazer com um texto clássico

---

9. Estamos aqui em presença daquilo que se convencionou chamar de "polissemia hierarquizada".

conforme forem suas opções, sua escolha de uma rede em que tenha combinado este signo visual, aquele signo sonoro (música, som) etc.

Deste modo, a leitura transversal efetua-se por meio de três operações, que aliás se realizam *ao mesmo tempo* no espectador que a utiliza e não da maneira metódica aqui exposta, em as etapas sucessivas da leitura tendo contornos menos rigorosos:

1. reconhecimento dos elementos significantes;
2. leitura desses elementos: isolamento dos sentidos múltiplos através de um relacionamento com a realidade sócio-cultural;
3. ancoragem dos significados verdadeiros: através da combinatória, do reconhecimento de traços de afinidade ou de complementaridade entre os diversos significantes que se produzem ao longo do desenrolar da representação.

As três consciências

Aliás, no decorrer desses três momentos, intervêm as três consciências enunciadas por Barthes.

Num primeiro momento, trata-se de ver, de olhar, de observar, de pôr a trabalhar os sentidos (do espectador), de relacionar o olho e o ouvido com a obra (e de recusar ao mesmo tempo a cegueira), de reencontrar o *prazer* do olhar que decifra (que divisa), que reconhece e que denomina (o que significa dizer: que sabe; passando do olhar à linguagem), o prazer da surpresa e da descoberta. Esta foi, já se disse, uma das primeiras contribuições da etnologia, pois o etnólogo é aquele que, sobretudo, olha, e olha com um olhar novo, sob o impacto do objeto estranho interrogado. Neste sentido, seu olhar é, a nosso ver, modelo[10].

A partir desse momento, pode-se dizer que a consciência paradigmática entra em ação, pois a fim de ver em termos precisos convém *diferenciar*. É isso que indica explicitamente o verbo *distinguir*, em seus dois

---

10. E o caso Rouch é exemplar, pois ele tomou o olho-câmera para mostrar e descrever o olhado. Em seu último filme, *Petit à petit*, ele não mostra mais apenas como olhar mas mostra um olhar. Apela ao olhar do outro, o estrangeiro, o africano, os africanos desembarcando em Paris, a fim de nos fazer ver, nomear nossa sociedade, nossa cidade e suas contradições...

sentidos: "discernir através dos sentidos do espírito", isto é, perceber adequadamente, e "separar, estabelecer a *diferença*", caracterizar, isolar as características de um elemento no seio de uma classe; distingui-lo dos outros. Forma de pensamento comparativo, este acentua a diferença e permite identificar a especificidade do signo visto: rua, *boulevard*, avenida, caminho, estrada, auto-estrada etc. Em *West Side Story* é a *rua*, e nunca o *boulevard* urbano ou a avenida. Em certas seqüências, as perseguições por exemplo, a rua desemboca num *beco sem saída* e na *ruela*. Não desemboca jamais em praças, lugares de passeios, mas sim em espaços abertos asfaltados: *quadras de basquete*, isto é, sítios de confronto, ou estacionamentos, sítios de drama. É sob a infra-estrutura da *auto-estrada*, do *boulevard periférico*, em espaço fechado, como uma malha (auto-estrada-periférico = meio moderno para escapar ao inferno urbano mas também limite da Cidade, periferia, margem, ali onde vivem os marginais/emigrados, marca, cinturão, selo da clausura urbana) que ocorrerá o primeiro drama, tornando irreversíveis os acontecimentos; drama que transforma esses jogos modernos em tragédia, o assassínio de Bernardo, irmão de Maria/Julieta, por Tony/Romeu. Esta marcação da diferença já é uma operação de leitura dos elementos; mas é através dos recursos à consciência simbólica que se poderá descer às profundezas da reserva mítica às quais o signo remete. O elemento (por exemplo: a rua) desencaixado do sintagma ao qual estava preso é, a partir daí, abordado enquanto referência à sua realidade sócio-cultural. E é num terceiro momento, portanto, uma vez que o espírito preencheu o signo com seus inúmeros significados (dados pela sociedade e pela história), que a consciência sintagmática intervirá, permitindo, através das afinidades, das identificações, das complementaridades (exemplo: rua/*jeans*/asfalto/mobilidade permanente dos grupos/corridas/espaços abertos como a quadra de basquete — espaços fechados etc.); das oposições reveladoras (exemplo: vestidos de seda ← → andrajos) que se fixem certos sentidos e não outros, que se eliminem alguns e se retenham outros. E não há dúvida de que o espectador pode apelar conjuntamente a essas três consciências, misturando-as no decorrer (e depois) da recepção.

As principais vantagens deste modo de leitura consistem, inicialmente, em abrir ao máximo a obra na direção da sociedade (através das expansões que a relação signo/sociedade introduz) e em carregá-la, portanto, com todo seu peso sócio-cultural. Ao mesmo tempo, permite descobrir a ideologia contida, até mesmo as mitologias mais profundas (ou de revelar essa ideologia na medida em que a história e a anedota da obra podem ter um efeito de esconderijo, um efeito parasita). O interesse último e primordial, do ponto de vista do espectador, é que este, graças à extrema lucidez que passa a ter da obra, vê-se senhor dela e não mais o sujeito cativo, iludido, fascinado. Com isso ele se torna realmente ativo (não sendo a atividade, nesse caso, uma mobilidade de algum tipo, uma gesticulação física ou reação visceral, mas sim, essencialmente, um processo intelectual). A verdadeira participação, que é o doce de coco do teatro contemporâneo, deve ser entendida desta forma (o que não significa que as outras formas de participação não sejam interessantes). É necessário ressaltar também que uma das tendências principais das artes contemporâneas consiste em um novo tratamento da história, da fábula [11] (entendida, desta vez, num sentido bastante geral), quer se trate de sua pouca espessura ou de sua ausência. Basta pensar na pintura abstrata, no cubismo, no futurismo, na *action painting* etc., na literatura surrealista, no novo romance, na música moderna (música estocástica de Xenakis, por exemplo, que, no lugar da escritura polifônica, do "pensamento linear" da música serial, coloca a organização de amplos conjuntos, "nuvens, galáxias" regidas por novas características, densidade, grau de ordem, velocidade de mudança... com o abandono, com a eliminação da linha melódica), no *teatro da descontinui-*

---

11. Aliás, seria necessário podermos interrogar-nos sobre esta característica e tentar saber do que é ela um reflexo. Hipótese [(por exemplo: nossa sociedade técnica e científica nos propõe um modo de recepção das mensagens de toda ordem (por exemplo: visuais, cores, formas etc.)] sob o princípio da descontinuidade. As "estruturas do espírito humano" estão sem dúvida experimentando um importante número de modificações em que a linearidade não é mais o dado primeiro (da leitura do jornal de um caso a outro, de um assunto a outro, da atenção ao rádio ou televisão, torneiras de imagens e sons, pulando de um assunto para outro, de um canal para outro; das compras nos supermercados, aqui também de prateleira em prateleira).

37

dade, numa certa estética do choque e do sobressalto que surge aqui e ali. Não tendo modificado seu modo de abordagem da obra, o espectador, mesmo que disponha de uma sólida "boa vontade cultural" vê-se submerso, desnorteado, na incapacidade de decodificar, e realmente corre o risco de defender-se culpando o "artista", "incapaz de se fazer entender", suspeito mesmo de "zombar" de seu interlocutor. Esta é uma situação particularmente grave pois aprofunda-se mais ainda o abismo entre as obras de arte e o nível da recepção. Um novo freio, desta vez a falta de assimilação, é acrescentado à "criação artística".

Trad.: *J. Teixeira Coelho Netto*

3. DIREÇÕES PARA UMA SEMIÓTICA TEATRAL: O MODELO DE S. MARCUS. NOTAS DO SEMINÁRIO DE SEMIÓTICA TEATRAL, URBINO 1974.
Jeanne Marie Machado de Freitas Interlandi

1. *As bases proppianas*

Os estudos de combinatória teatral, a tentativa de identificar as relações que se estabelecem entre os termos constitutivos do fenômeno teatral, não são recentes.

Situamos como ponto de partida a contribuição de Carlo Gozzi, século XVIII, o primeiro trabalho que trata especificamente do problema, ao propor que existem ao todo trinta e seis situações dramáticas possíveis. Esta proposição foi retomada por M. Polti, que a confirma no seu artigo: *XXXVI situations dramatiques*[1].

---

1. Publicado na revista *Mercure du France*, 4ª ed., 1934.

Mas, é E. Souriau que fixa as bases estruturais desses estudos. A sua contribuição pode ser colocada na mesma perspectiva do trabalho de V. Propp voltado para o conhecimento do conto fantástico: ambos abandonam o nível da manifestação, isto é, das variáveis em número infinito, e buscam invariantes, isto é, um inventário relativamente pequeno de parâmetros que organizam ou geram aqueles microuniversos.

V. Propp, na obra *Morphologie du conte populaire russe*[2], concebe o conto como um *desenvolvimento*, sobre o plano sintagmático, de trinta e uma funções. Agindo conforme um procedimento duplo, primeiramente verifica a maneira pela qual as funções se repartem entre as personagens, fixando, com o agrupamento lógico das funções, as esferas de ação, o que lhe possibilita uma segunda concepção do conto: o conto é um relato que procede segundo sete esferas de ação (correspondentes a sete personagens desempenhadoras das funções incluídas em cada esfera), designadas da seguinte maneira:

1. esfera de ação do agressor;
2. esfera de ação do doador;
3. esfera de ação do auxiliar;
4. esfera de ação da princesa e seu pai;
5. esfera de ação do mandante;
6. esfera de ação do herói;
7. esfera de ação do falso herói.

É preciso, no entanto, deixar claro que os elementos básicos, formadores do conto, são as funções: são elas as definidoras das esferas de ação e, portanto, definidoras das personagens.

E. Souriau[3], apresenta um inventário das personagens, às quais denomina funções dramáticas, representadas de acordo com a seguinte notação astrológica:

Leão: a força temática orientada;

Sol: o representante do Bem desejado, do valor orientante;

Terra: o obtentor virtual do Bem;

Marte: o oponente;

---

2. PROPP, V. *Morphologie du conte populaire russe*. Paris, Éditions du Seuil, 1965.
3. SOURIAU, E. *200000 situations dramatiques*. Paris, Flammarion, 1950.

Balança: o árbitro, atribuidor do Bem;

Lua: o ajudante, desdobramento de uma das forças precedentes.

Sobre estas funções orientadas segundo duas grandes linhas de força: o desejo ou o medo (Souriau as subdivide, apresentando um inventário das principais forças temáticas) repousa toda a dinâmica teatral. As combinações que estas funções realizam; formando as situações — o encadeamento das situações, suas inversões e modificações, caracterizam o desenvolvimento da ação dramática.

A reflexão de Souriau detém-se neste ponto. E, ainda que a possamos julgar revestida de forte subjetividade, representa um princípio estrutural que desenvolvimentos subseqüentes transformaram em técnica específica de investigação. No sentido de completar o quadro referencial das possibilidades de abordagem do fenômeno teatral, situamos aqui os esforços de Paul Ginastier[4].

Podemos localizá-los na linha de continuidade da tradição proppiana, na mesma ordem de preocupações que caracterizam os trabalhos de A. Dundes, V.V. Ivanov e V.N. Toporov, E.M. Meletinski, L. Doležel, C. Bremond e T. Todorov[5], onde a investigação das estruturas narrativas objetivam a redução das variáveis a determinadas invariantes, utilizando para isto critérios relacionais e não substanciais.

Assim, as funções de Propp, os motivemas de Dundes, os motivemas e os motivos de Doležel e as micronarrações de estrutura estável de Bremond e Todorov, da mesma maneira que as situações dramáticas de Paul Ginastier, ainda que procedendo de metodologias diferentes, são empregadas com o mesmo obje-

---

4. GINASTIER, P. *Le théâtre contemporain dans le monde.* Paris, Presses Universitaires Françaises, 1961.

5. DUNDES, A. "The morphology of North American Indian Folktales". *FF Communications,* Helsinki, 1964, p. 195 IVANOV, V.V. e TOPOROV, V. N., *Slavianskie jazikovie mode lirujuseir semioticeskie sistomy.* Moskva, 1965. MELETINSKI, E. M. *Problemi strukturno opisanija volchebnoy skazki. —. Trudy po znakovym sisteman.* Tartu, 1969. DOLEZEL, L. "From motifems to motifs". *Poetics,* 1972. BREMOND, C. "Les Bons recompensés et les mécants punis, morphologie du conte merveilleux français". *Sémiotique narrative et textuelle.* Larousse, 1973. TODOROV, T. "Les catégories du récit littéraire". *Communications,* 1966.

tivo: discernir sob a grande variedade de elementos e procedimentos da narrativa, um número relativamente pequeno de parâmetros que permitam detectar os vários tipos de arquitetura narrativa e os laços operacionais entre seus diferentes níveis.

É por meio da situação dramática-combinatória específica dos parâmetros adotados como termos de referência — que se pode entrever, de acordo com a proposição de Ginastier, a possibilidade de estabelecimento da tipologia das estruturas dramáticas. Para estas operações, a noção de personagem é fundamental: a personagem significa para a obra dramática o mesmo que a palavra significa para o texto literário.

De acordo com P. Ginastier, as várias combinações que estabelecem em virtude das forças que as impulsionam (Souriau), configuram a *Geometria dramática*.

A subdivisão desta em geometrias simples ou complexas fornecem critérios para a hierarquização das obras dramáticas em dois grupos: no primeiro grupo incluem-se as obras de estruturas menos elaboradas, enquanto que, no segundo grupo — as geometrias complexas, do 2º grau —, incluem-se aquelas obras mais elaboradas, mais raras, hierarquicamente superiores[6].

No trabalho de Paul Ginastier podemos notar a utilização da teoria matemática dos grafos, indicando

---

6. As geometrias simples comportam as seguintes subdivisões:

1º) Geometrias abertas que podem se apresentar em linha reta, como em *Antígona* de Anouilh; ou em linhas paralelas. Pode ocorrer um paralelismo no tempo, (*Le corcel*, de Marcel Achard); paralelismo no dado dramatúrgico; ou paralelismo no desdobramento da personagem.

2º) Geometria semi-aberta: ocupa uma posição intermediária entre a geometria aberta e a geometria fechada. Distinguem-se dois tipos: geometria em leque ou geometria que provém de uma combinação da geometria aberta e fechada. Por exemplo, Jacques Durval.

3º) Geometria fechada. Podemos diferenciar:

a) Geometria fechada triangular por exemplo, uma relação livre oposta à relação conjugal: o homem, a mulher e o amante, como em *L'aimant*, de Paul Gerardy, ou situações que configurem relações incestuosas, como, *Robert e Marianne*, de Paul Gerardy. A geometria triangular diferencia-se da Geometria em linha paralela porque nesta, a sugestão de paralelismo está no espírito do espectador, enquanto naquela, a relação triangular eclode *a priori*.

b) Geometria fechada quadrangular: a situação se delineia dentro de um quadro psicológico. É uma combinação pobre, resolvendo-se geralmente pela permutação entre os pares de personagens.

uma perspectiva bastante rica, retomada de maneira rigorosa pelo grupo romeno que estuda os problemas teatrais, empregando-a juntamente com as possibilidades oferecidas pela matemática topológica e a teoria dos conjuntos[7]. Estes estudos, tomados globalmente, apresentam uma nova abordagem do fenômeno teatral através de um tratamento matemático, propiciada por uma formulação rigorosa dos elementos que o constituem, formulação esta que se fundamenta na teoria semiótica. Neste grupo de trabalhos destacamos sobretudo os estudos de Salomon Marcus, objeto principal desta proposta para possíveis direções da semiótica teatral.

2. *Steen Jansen: a contribuição hjelmsleviana:*
   A) os níveis hierárquicos
   B) a unidade básica

Como proposição norteadora do método de análise fundado sobre a elaboração ou adaptação de modelos matemáticos às necessidades do estudo do teatro, S. Marcus utiliza-se do *modelo teórico da forma dramática* esboçado por Steen Jansen[8].

Considerando a coerência teórica do trabalho de Jansen e a importância de seu perfeito entendimento para a compreensão dos desenvolvimentos posteriores, optamos por uma breve transcrição do artigo mencionado.

Apoiando-se na teoria glossemática , Jansen postula o estatuto semiológico da obra dramática. Este pos-

---

Este tipo de geometria: quatro personagens relacionadas, por laços conjugais ou laços de amizade e de amor, numa situação estável, pode ser alterado pela introdução de uma 5.ª personagem, que produz uma desorganização, transformando a geometria quadrangular em geometria diagonal.

7. As possibilidades de aplicação da teoria dos grafos no domínio social têm sido exploradas recentemente através dos trabalhos de CLAUDE BERGE (*Théorie de graphus et ses applications*, 1958) e de FRANK HAVARY (*Grapp theory*, 1971) que apresentam grande número de sugestões para o tratamento de problemas relacionados ao teatro. Ver também PETRICK DOREIAN, *Mathematics and the Study of Social Relations*, especialmente Cap. V — "Structural Balance".

8. JANSEN, S. Esquisse d'une théorie de la forme dramatique. *Langages*, Larousse, 1968:12.

9. Transcrevemos L. Hjelmslev: "La tâche principale de la linguistique est donc de construire une science de l'expression et une science du contenu sur

tulado torna implícita a utilização da função semiótica[10] constitutiva do sentido e inerente à axiomática de toda teoria lingüística, como critério objetivo, base da análise.

A aplicação da dupla distinção: plano da expressão e plano do conteúdo (concebidos como forma e substância da expressão, forma e substância do conteúdo) permite a ordenação da dupla série de variáveis que se associam ao fenômeno dramático: as diferentes *mise-en-scène* e as diferentes interpretações literárias. Suponhamos, para exemplificar, as diferentes encenações e as várias interpretações literárias originadas do texto *Yerma*, de F. Garcia Lorca. Ordenando essas manifestações, de acordo com a proposição de Jansen, teremos:

Plano da expressão: a substância da expressão de *Yerma* é formada pelo conjunto das diversas encenações da peça, conjunto que se distingue de outras realizações concretas da substância da expressão dramática, porque têm em comum o texto dramático, *Yerma*. O texto funciona como invariante.

des bases internes et fonctionelles, sans admettre du données phonétiques ou phénoménologiques dans la science de l'expression ni du données ontologiques ou phénoménologiques dans la science de contenu (ce qui ne veut pas dire naturellement qu'on néglige les premisses epistémologiques sus lesquelles toute science se fonde)... Notre théorie du langage a été inspirée dés l'abord par cette reconaissance, et elle se propose de constituer cette algèbre immanente de la langue ... nous l'appelons *glossématique* et entendons par *glossémes* les formes minimales que la théorie degage comme bases d'explication, c'est-à-dire les invariantes irreductibles. ("Schéme et usage linguistiques", in *Prolégomènes a une théorie du langage*. Paris, Les Éditions de Minuit, 1968-1971, pp. 101- -103). Ver trad. bras.: *Prolegómenos a uma Teoria da Linguagem*, São Paulo, Ed. Perspectiva, 1975 (Estudos 43).

10. Ainda L. Hjelmslev: ... "ne sachent pas ce qu'ils (les signes) sont, nous cherchons à les définir, pour parler de ce dont nous avons constaté l'éxistence, c'est-à-dire da la *fonction sémiotique* posée entre deux grandeurs: *expression et contenu*... La fonction sémiotique est en elle-même une solidarité: expression et contenu sont solidaires et se presupposent nécessairement l'un et l'autre. Une expression n'est expression que parce qu'elle est l'éxpression d'un contenu, et un contenu n'est contenu que parce qu'il est contenu d'une expression... la fonction sémiotique institue une forme dans l'un de ses fonctifs, à savoir le contenu, *la forme du contenu* qui, du point de vue du sens, est arbitraire, et n'est explicable que par la fonction sémiotique dont elle est manifestement solidaire... On peut faire la même remarque à propos du deuxième fonctiv de la fonction sémiotique, l'expression... La distinction entre l'expression et le contenu, et leur interaction dans la fonction sémiotique, sont fondamentales dans la structure du langage" ("Expression et contenu", im *Prolégomènes a une théorie du langaga*, Paris, Les Éditions du Minuit, 1968-1971, pp. 66n, 67, 73, 77).

A forma de expressão de *Yerma* se estabelece a partir do conjunto estruturado de elementos comuns a todas as variações da peça, isto é, as diferentes realizações concretas, conjunto este que permite dizer que todas aquelas realizações representam a mesma peça: *Yerma*.

Plano do conteúdo: a substância do conteúdo de *Yerma* é formada pelo conjunto de interpretações literárias do qual aquela peça tem sido objeto. Este conjunto forma um grupo distinto das interpretações de outras obras dramáticas porque têm uma invariante em comum: o texto *Yerma*.

Este grupo de obras (as interpretações literárias de *Yerma*) realiza um só e mesmo conteúdo, uma vez que se reporta ao mesmo texto. A forma do conteúdo é então aquilo que impede a divisão do texto em partes suscetíveis de serem interpretadas independentemente. A forma do conteúdo faz da peça um todo coerente, ou melhor, a forma do conteúdo é a organização dos elementos que compõem a peça em um todo coerente.

Interessa a Jansen, no entanto, o estabelecimento de uma forma genérica da obra dramática, isto é, da forma teórica, aplicável à descrição de todas as obras pertencentes àquela categoria.

Modifica então, o modelo acima, expressando-o da seguinte maneira:

a forma teórica da expressão dramática é a realização cênica, isto é, as realizações concretas dos "primeiros textos"[11], ou seja, a forma possível da expressão de uma obra, determinada por um traço fundamental: *a dramaticidade;*

a forma teórica do conteúdo dramático é o modo pelo qual é organizado um "todo coerente". Este modo é comum a todas as obras incluídas na categoria de obra dramática. A forma teórica do conteúdo dramático é assim determinada pela noção de *coerência*.

Mas, o objeto da análise dramatúrgica, tal como a concebe Jansen, afasta-se consideravelmente da análise lingüística[12]. Por esta razão, baseando-se ainda no

11. Por "Primeiro texto", S. Jansen entende a primeira edição escrita da peça, considerando os remanejamentos posteriores realizados pelo autor ou pelos eventuais diretores como realizações "tiradas" do texto privilegiado.

12. Para melhor compreensão dos supostos da teoria aqui desenvolvida remetemos ao texto de L. HJELMSLEV, "La stratification du langage" in *Essais linguistiques*, Paris, Les Éditions du Minuit, 1971, p. 44 e ss.

método proposto pela glossemática, prefere substituir os termos expressão e conteúdo, por texto e obra dramática respectivamente, definindo-os, enquanto formas teóricas, da seguinte maneira:

a forma teórica do texto dramático é o conjunto estruturado de elementos de que dispõe e deve utilizar o autor dramático e que permite ao leitor o reconhecimento de tal texto como sendo texto dramático;

a forma teórica da obra dramática é o conjunto estruturado de meios que unificam os elementos da forma teórica do texto dramático de maneira a organizar um todo coerente.

Esta definição do objeto de análise implica:

1. a necessidade de determinar a forma comum a todas as obras dramáticas, ou aquilo que as caracteriza como obra dramática;

2. a forma da obra pressupõe a forma do texto;

3. a forma da obra e a forma do texto são unidos por uma relação de reciprocidade e são determinadas respectivamente pela noção de dramaticidade (texto) e pela noção de coerência (obra), que, por sua vez, provêm da substância da expressão e da substância do conteúdo, independentes, portanto, da relação que une texto e obra. A análise deverá, por conseguinte, iniciar-se pelo plano pressuposto, isto é, pelo texto.

É a partir da análise do texto que se poderá determinar as unidades ou partes sobre as quais se realizará a análise da obra.

É neste plano que encontraremos os elementos ou categorias de elementos, "portadores" dos elementos da obra.

O texto é constituído de dois planos: o plano textual e o plano cênico, ligados por uma relação de solidariedade: a cada elemento observado num plano corresponderá um elemento no outro plano. Os planos se definem pelos elementos que contêm, sempre levando em conta a noção de dramaticidade.

O *plano textual* corresponde ao eixo sintagmático: as unidades sucessivas que o compõem formam uma linha ininterrupta. Estas unidades pertencem às seguintes categorias [13]: réplica e indicação cênica (ou direção).

13. Preferimos traduzir literalmente a demominação das categorias, uma vez que na terminologia em português há controvérsias. No original fran-

O *plano cênico* forma a série paradigmática: as unidades que o compõem formam grupos acabados de elementos justapostos. Estes grupos incidindo sobre o plano textual dividem-no, permitindo assim a fixação das unidades coerentes da forma dramática. As unidades deste plano incluem-se nas seguintes categorias: personagem e cenário.

A *forma teórica do texto dramático* é então definida pelo conjunto estruturado das categorias pertencentes ao plano textual e ao plano cênico, relacionados conforme o esquema:

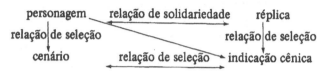

Estas quatro categorias podem ser determinadas por suas relações mútuas, isto é, por relações semelhantes àquelas concebidas por Hjelmslev que toma por critério a presença/não-presença dos elementos considerados.

Assim, entre a réplica e a indicação cênica (ou direção) existe uma relação de seleção: nenhuma réplica poderá existir sem que seja precedida por uma indicação informando sobre a personagem que fala, enquanto que, nem toda a indicação é necessariamente acompanhada por uma réplica: pode indicar seja um gesto da personagem, seja um elemento do cenário.

Entre a personagem e o cenário há também uma relação de seleção: nenhuma personagem poderá estar representada sem que haja um cenário, a recíproca porém, não é verdadeira, pois, poderá ocorrer um cenário vazio. Este cenário vazio é também uma unidade acabada do texto. A distinção é importante: entre a saída da personagem que estava só, e a entrada de outra, pode suceder algum acontecimento relevante: é necessário então, distinguir este momento, daqueles que o precedem ou seguem.

Até agora examinamos as relações estabelecidas entre os elementos do mesmo plano. Considerando as

cês: *réplique, régie ou indication de régie ou indications sceniques, personnage, décor.*

relações entre os elementos dos dois planos conjuntamente, temos: entre a réplica e a personagem há uma relação de solidariedade: a cada elemento de uma das categorias corresponderá sempre um elemento da outra. Entre a indicação cênica e o cenário há uma relação de seleção: o cenário (lugar) deverá ser necessariamente determinado pela indicação cênica. Da mesma maneira, entre a personagem e a indicação cênica, bem como entre a réplica e o cenário, há uma relação de seleção: os elementos das primeiras categorias pressupõem aqueles das últimas.

A estrutura, assim representada, mostra que no interior do texto dramático a indicação cênica é a categoria fundamental. É o pressuposto de todas as outras categorias: condiciona-as ou determina-as. É preciso observar que um texto dramático deve apresentar pelo menos uma unidade de cada uma das quatro categorias. Caso alguma categoria não esteja explicitamente presente, deverá existir a possibilidade de se realizar uma interpolação.

Se isto não ocorrer, a condição de dramaticidade não poderá ser preenchida, o que implicará a colocação do texto em questão na categoria de não-obra, eliminando, conseqüentemente, a possibilidade de ser analisado através do modelo aqui discutido. As unidades indivisíveis, formadas pelo recorte das categorias do plano cênico sobre a linha ininterrupta das categorias do plano textual, constituem as *situações dramáticas*. Definindo precisamente: as situações dramáticas se situam no espaço-limite formado pela entrada ou saída de algum elemento da categoria personagem, ou pelas mudanças na categoria cenário (considerada aqui somente como o lugar).

A noção de situação dramática permite:

1. fixar um procedimento generalizado para classificar os elementos do texto dramático;

2. delimitar a unidade fundamental de análise da obra dramática.

A definição da *forma teórica da obra dramática* depende de dois fatores: a forma do texto e a noção de coerência.

Esta dependência implica que não existe elemento (ou relação de elementos) na obra sem que haja o elemento (ou relação de elementos) correspondente no texto, porque justamente a forma da obra é a organização dos elementos contidos no texto em um todo coerente. Resulta que, o procedimento adotado para a descrição da forma da obra é um procedimento de síntese, ao contrário daquele utilizado para a descrição da forma do texto, isto porque, a noção de coerência que determina a unificação da obra exige que se parta das unidades mínimas, as situações, para examinar quais são as relações que as unificam progressivamente em unidades maiores.

A descrição da forma teórica da obra dramática deverá estabelecer um modelo que indique as relações entre as situações ou entre grupos unificados de situações, necessariamente levadas em conta na descrição da obra concreta.

Esta determinação implica que, ao lado da descrição sintética, que se realiza sobre o conjunto de situações, é necessário também realizar-se a descrição analítica sobre cada situação, porque para se conhecer aquelas relações unificadoras é preciso anteriormente determinar as relações que se estabelecem entre as categorias de elementos no interior de cada situação, a fim de que possamos distinguir quais os elementos da situação examinada que estarão em relação ou não, com as relações de elementos das demais situações.

Estes elementos que colocam as situações em relações unificadas através das quais a coerência do grupo se exprime o mais simplesmente possível são chamados *elementos pertinentes*.

O elemento pertinente deverá estar expresso no texto dramático, de acordo com as exigências já mencionadas sobre as relações texto/obra. Poderá pertencer a uma das quatro categorias ou ser formado por uma relação entre dois (ou mais) elementos de uma mesma categoria, ou ainda, por uma relação entre elementos pertencentes a categorias diferentes. De qualquer maneira, entre a diversidade de relações que se estabelecem e que ligam uma situação a outra, escolheremos aquele elemento que manifesta aquilo que se poderia chamar o *elemento pertinente comum*, isto é, um mesmo elemento que se manifesta nas expressões diferentes de uma situação à outra e que por estas diferentes expressões coloca as situações no encadeamento ou sistema geral.

49

Os demais elementos presentes na situação não são supérfluos, são considerados elementos redundantes. Neste ponto surge uma questão importante: que critérios deverão ser estabelecidos para determinar a relação entre duas situações?

A solução deste problema coloca-se exatamente na substância do conteúdo: a relação poderá ser determinada com a ajuda daquilo que é dito, mostrado, representado em cada uma das situações.

A definição da relação deverá ser operacional, isto é, deverá permitir a instituição de provas, que mostrarão em cada caso se há uma relação essencial de dependência entre as situações consideradas. A relação de dependência pode se manifestar por anteposição ou por seleção.

As provas instituídas serão de duas ordens: provas de troca (para a relação de anteposição) e prova de omissão (para a relação de seleção). Consistirão no exame detalhado de cada situação e das relações que se estabelecem entre a situação considerada e as demais para verificar se esta situação poderá mudar de lugar ou ser omitida sem que seja alterado o "significado" das outras situações no texto. Se o resultado for positivo, não há uma relação de dependência, se for negativo há esta forma de relação.

Estes critérios auxiliam, assim, a estabelecer as modalidades de relações que unem as situações, permitindo a sua ordenação. Afastando-nos momentaneamente do nosso objeto específico de estudo, destacamos que estas proposições poderão ter utilidade também nos trabalhos que se ocupam do desenho animado ou das histórias em quadrinhos em seus aspectos combinatórios essenciais, isto é, a montagem. Os critérios aqui descritos permitem fixar com firmeza as relações de pressuposição, determinando a possibilidade de estabelecer o encadeamento lógico entre as unidades consideradas.

As situações devidamente ordenadas originam dois tipos de unidades coerentes:

1. *cadeia,* quando as situações se sucedem ligadas por relações de dependência: neste caso nenhuma situação pode mudar de lugar; ou por relações de independência, que colocam as situações em justaposição: neste

caso as situações são orientadas segundo um determinado sentido.

2. *sistema*, no qual as situações ordenadas segundo relações de dependência (seleção), interdependência (solidariedade) ou independência (combinação), não podem ser isoladas uma das outras, mas não são ordenadas segundo uma sucessão, isto é, não obedecem a um determinado sentido direcional. Formam, ao contrário, vários conjuntos de situações.

Uma vez realizada a ordenação de todas as situações de acordo com a modalidade de relações que as unem, a solução mais apropriada para a descrição da obra completa poderá se apresentar conforme um dos seguintes modelos alternativos:

podemos ter: nenhuma/uma/muitas cadeias e um sistema, estrutura que caracteriza uma obra ordinária;

ou, nenhum/muitos sistemas e uma cadeia, estrutura que caracteriza aquelas obras que comumente chamamos trilogias, quadrilogias, etc. Podemos ocorrer também que as obras se apresentem frouxamente estruturadas, neste caso as situações não são colocadas estritamente numa cadeia ou num sistema, mas em torno do grupo cadeia/sistema, que forma o núcleo da obra.

Para concluir, e visando a tornar mais explícita a apresentação do trabalho de Jansen, podemos esquematizá-lo da seguinte maneira:

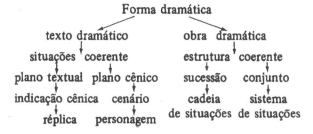

Apesar da sua importância, este estudo esbarra inevitavelmente com várias restrições, principalmente no que se refere à sua proposição fundamental: o estabelecimento do modelo geral da forma dramática, para o qual se revela insuficiente dada a própria característica do objeto analisado. Não há possibilidade de se estabelecer uma forma geral do fenômeno teatral.

51

Os problemas teatrais podem ser tratados com mais propriedade a partir de duas noções fundamentais: personagem e situação dramática.

Assim, a proposta de Jansen é considerável não no seu objetivo último; a forma dramática, mas, quanto às bases que lançou ao tratar a situação dramática e a problemática das personagens a ela relacionada.

O projeto de S. Marcus desenvolve-se nesta direção.

As precisões e modificações que introduziu no esboço realizado por Jansen, visam a fixar com exatidão os parâmetros através dos quais se poderá atingir uma definição refinada daqueles elementos fundamentais.

O modelo matemático de S. Marcus: Semiótica da estratégia das personagens dramáticas

O interesse primordial de Marcus é o estabelecimento do modelo formal da estratégia das personagens dramáticas.

Assim sendo, busca, primeiramente, organizar o modelo formal da estrutura estratégica de uma peça. A expressão *estrutura estratégica* não se refere diretamente à linguagem da peça, mas à maneira pela qual as personagens se desdobram no decorrer da ação. Estes termos diferem, assim, da concepção usual de estrutura dramática. Os estudos desta natureza[14] são efetuados abstraindo-se inteiramente a substância verbal propriamente dita do drama, propondo-se como objeto de estudo as configurações das personagens em cena: este material, aparentemente pouco significativo, constitui um conjunto de informações importantes relativo à natureza e características estruturais do conflito dramático. É preciso acrescentar que, o modelo construído por S. Marcus tem-se revelado particularmente útil para a discussão da ação numa determinada peça, para a comparação do desenvolvimento da ação em diferentes peças e principalmente, fornece critérios seguros

14. Estes estudos organizam-se diferentemente: Von Cube, 1965 e Dinu 1968 e 1970, segundo a teoria da probabilidade e teoria da informação; Dinu 1970, Marcus 1966, 1970, utilizam-se da teoria dos conjuntos e da topologia; Dinu, 1972, prefere a teoria dos processos de Markov.

para a organização de uma tipologia do drama fundada justamente sobre a estrutura estratégica[15].

Marcus redefine formalmente a peça teatral em termos de doze acoplamentos de conjuntos e funções, incluindo nesta redefinição a unidade natural — a cena, compreendida operacionalmente conforme a concepção de situação de situação dramática, proposta por S. Jansen, isto é, como a parte contínua da peça que ocorre entre as sucessivas mudanças na configuração espaço--tempo-personagem[16], ou mais simplesmente, uma cena é a extensão da peça situada entre as sucessivas entradas e saídas das personagens e/ou mudanças no tempo ou lugar da ação.

a) *O estatuto das personagens*

O desenvolvimento adequado do trabalho proposto dependerá fundamentalmente da noção de personagem, pois, é a partir da fixação clara do estatuto das personagens que se poderá estabelecer os limites corretos da situação. Em suma, a segmentação, etapa crucial da atividade semiótica, repousa inteiramente sobre a adequação dos critérios adotados para a definição de personagem.

A precariedade dos trabalhos neste sentido impede que se possa precisar com exatidão tais critérios. No entanto, Marcus, como primeira abordagem do problema, realiza um inventário das personagens criadas por Shakeaspeare, e, através deste inventário, estabelece onze critérios para a elaboração do estatuto das personagens. São eles:

a) presença ou ausência de réplica: são personagens somente aquelas que falam ou podemos aceitar personagens mudas?

b) caráter humano ou não humano da personagem: podemos aceitar como personagens somente o

---

15. Além das aplicações do modelo realizado por Marcus e seus discípulos (ver bibliografia anexa), o trabalho de D. BRAINERD e V. NEUFELDT, On Marcus Methods for the Analysis of the strategy of a play, *Poetics* 10, The Netherlands, Mouton, 1974, apresenta vários exemplos práticos muito úteis para verificação da aplicabilidade do modelo proposto.

16. O parâmetro tempo, entendido como *plot-time*, não é considerado explicitamente por Marcus, mas, está subentendido nas referências a *indications of stage-setting.*

ator humano ou outros elementos poderão ser incluídos na categoria?

c) caráter animado ou inanimado da personagem;

d) presença ou ausência de um ator;

e) participação ou não participação na ação;

f) adoção do ponto de vista do espectador ou do ponto de vista das personagens;

g) constância ou variabilidade do estatuto da personagem: o estatuto de personagem concedido a um determinado elemento é válido somente em algumas cenas ou é uma constante dramática?

h) importância dramática;

i) maneira de percepção;

j) modo de considerar o palco;

k) caráter obrigatoriamente individual da personagem ou admissão de personagem coletivo.

Podemos compreender mais claramente o uso destes critérios nos exemplos que se seguem: empregando o critério (a) podemos decidir se os servos que percorrem em silêncio a cena inicial do primeiro ato de *Macbeth* e a sombra de Banquo são personagens; considerando o urso que persegue Antígona em o *Conto de Inverno* podemos aplicar o critério (b); o critério (c) serve para os casos semelhantes ao da estátua de Hermione, na mesma peça. Para este último exemplo, o critério (b) é igualmente adequado, bem como para o caso de crianças, como Michel de *O Círculo de Giz Caucasiano*, de Brecht (caberia aqui a pergunta: em que idade uma criança tem consciência do caráter convencional do teatro e pode então ser considerada um ator e não uma pessoa que vive autenticamente o fato?).

Considerando a primeira cena, do III ato de *Comédia de Erros*, notamos que Dramio de Siracusa é visível para os espectadores, mas não o é para as outras personagens que se encontram na cena. É então o critério (f) que entrará em vigor; o mesmo acontece se considerarmos o telefone em *The Cocktail Party*, de T.S. Eliot, que é ouvido por uma determinada personagem, mas, não pelos espectadores.

O problema de se saber se o estatuto de personagem conferido a determinada pessoa, animal ou objeto é válido no decorrer de toda a peça ou se é restrito somente a parte desta, torna necessário o critério (g) que responderá a questões como estas: os corpos de Antônio e Cleópatra são ainda personagens depois da morte? Um rádio ligado é personagem somente enquanto está ligado ou o é durante toda a peça?

O critério (h) permitirá decidir se uma figura tão importante como Godot (*Esperando Godot*) é uma personagem, apesar de ausente.

O critério (i) relaciona-se à expressão "presença em cena": trata-se de determinar como personagens aqueles que são vistos ou também aqueles que, apesar de não aparecerem em cena, são ouvidos?

O critério (j) exige uma precisão da noção de palco: a sala onde se encontram os espectadores faz parte do palco ou não? Em função da modalidade considerada é que podemos decidir sobre a presença ou ausência de determinadas personagens e mesmo sobre a qualidade de personagem de um ator que permanece sempre na sala com os espectadores.

Utilizando o critério (k) podemos fixar personagens coletivas (funcionários, servos, soldados, mensageiros, coro), ou estabelecer se cada membro do grupo é uma personagem isolada.

O critério (e) é especialmente indicado para o caso de comentadores: teremos assim situações diferentes se considerarmos a peça de Brecht já mencionada, na qual o comentador não participa da ação, e por exemplo Roy de *The Season at Sarsaparilha*, P. White, que é ao mesmo tempo personagem e comentador. Este critério aplica-se também às divindades de *Conto de Inverno*, que não participam na ação.

É preciso observar que em muitos casos torna-se necessária a utilização de vários critérios conjuntamente. Por exemplo, para decidir sobre o estatuto de personagem do coro de uma tragédia grega, aplicamos os critérios (e), (f), (g), (h), (i), (j) e (k).

Apesar da variedade de critérios apresentados neste inventário, não podemos pensar em solução universal para a questão do estatuto das personagens dramáticas. Mas, a partir deste mesmo inventário podemos estabelecer uma hierarquia de importância dos critérios adotados e supor que cada modalidade de teatro exige uma forma diferente de hierarquia. Estas direções visam a possibilitar uma flexibilidade muito grande no uso dos critérios. Por esta razão é fundamental que ao observamos o método de análise, baseado no modelo

55

de Marcus, explicitemos todas as convenções utilizadas para a realização do inventário das personagens e conseqüentemente, para a segmentação da peça nas unidades básicas.

b) *O modelo**

O modelo proposto por S. Marcus parte da concepção de obra dramática definida como uma coleção:

$\Omega = <P, L, R, J, f, g, h, \varphi, \psi, T, \Sigma, \mu>$ onde:

$P = \{x | x \text{ é uma personagem}\}$

$L = \{x | x \text{ é um lugar}\}$

$R = \{x | x \text{ é uma réplica}\}$

$J = \{x | x \text{ é uma indicação cênica}\}$

$f : P \rightarrow J$, isto é: $f = \{(x, y) \in P \times J^{**} | y = f(x)\}$, ou ainda: $\forall x \in P \rightarrow y \in J | y = f(x)$

$g : L \rightarrow J$

$h : R \rightarrow J$

[As aplicações f, g, h, associam a cada elemento de P, L, R, respectivamente um único elemento de J.

P e L descrevem o *eixo paradigmático*

R e J descrevem o *eixo sintagmático*]

$\varphi: R \rightarrow P$, isto é, φ é uma aplicação que associa a cada elemento de R um único elemento de P, ou ainda, a função indica que para cada personagem há pelo menos uma réplica.

$\psi: R \rightarrow L$ função que associa a cada réplica um único lugar.

T é uma cadeia de elementos definidos no conjunto $R \cup J$: cada elemento da cadeia é uma réplica ou uma indicação cênica.

Assim, $T = (x_1, x_2, x_3, \ldots, x_n)$ de modo que $\forall x \in R \cup J \exists$ um número natural i $(1 \leqslant i \leqslant n)$ com a propriedade $x_i = x$.

Σ é uma determinada decomposição da cadeia T em situações consecutivas. Uma situação S de T é um sub-conjunto de T com a forma $x_i x_{i+1} \ldots x_j$ com $1 \leqslant i < j \leqslant n$. Duas situações S e S' de T, $x_i x_{i+1} \ldots x_j$ e $x_k x_{k+1} \ldots x_e$, são consecutivas quando $j + 1 = k$. As duas situações consecutivas constituem uma situação de T.

---

* Redação e revisão matemática de Gita K. Guinsburg.

** $P \times J$ ou produto cartesiano de P por J, é o conjunto de todos os pares ordenados cujos primeiros elementos pertencem a P e segundos elementos pertencem a J.

T pode então ser definido por $T = S_1, S_2, \ldots, S_m$, como um conjunto de *situações marcadas* e Σ, como uma decomposição dos elementos de T em situações consecutivas. Se S_i corresponde à noção de cena (esquema de réplica e de indicação cênica) Σ é uma segmentação das cenas em sub-cenas. $\mu\colon S \to 2^P \times L$, onde S é o conjunto das cenas marcadas; 2^P é o conjunto de todos os subconjuntos do conjunto P de personagens da peça e p é o número de elementos de P. A aplicação μ é definida em S com valores no conjunto definido pelo produto cartesiano $2^P \times L$.

Nota: O conjunto de todos os subconjuntos de um conjunto A, denomina-se conjunto das partes de A e se indica por $P(A)$ ou 2ª onde a é o número de elementos de A.

Chama-se $\gamma \in 2^P$ uma *configuração marcada de personagens*. Uma coleção arbitrária de personagens tal que exista uma situação marcada S_i e um lugar $d \in L$ de modo $\mu(S_i) = \langle \gamma, d \rangle$ é uma configuração marcada de personagens.

Uma *configuração marcada* γ é irredutível se e somente se não existir nenhuma outra *configuração marcada* γ' tal que $\gamma' \subset \gamma$.

Nota: Se um elenco tiver n personagens é possível construir 2^n conjuntos de personagens ou seja 2^n configurações de personagens, desde que cada elemento do elenco represente uma única personagem.

c) *A matriz*

Definidos os elementos da coleção Ω do modelo, Marcus sugere a construção de uma matriz onde o número de colunas seja igual ao número de personagens (P) na peça, e o número de linhas igual ao número de cenas.

Assim se há m personagens, $x_1, x_2, x_3, \ldots, x_m$ e n cenas, $s_1, s_2, \ldots, s_n$, a matriz será construída conforme a figura

	m personagens				
	a_{11}	a_{12}	a_{13}	$\ldots\ldots\ldots$	a_{1m}
n cenas	a_{21}	a_{22}	a_{23}	$\ldots\ldots\ldots$	a_{2m}
	$\ldots\ldots\ldots\ldots\ldots\ldots$				
	a_{n1}	a_{n2}	a_{n3}	$\ldots\ldots\ldots$	a_{nm}

A matriz assim construída definirá a disposição das personagens cena após cena, no decorrer da peça. Assim o elemento a_{ij} na intersecção da i-ésima linha com a j-ésima coluna terá o valor 1 se a j-ésima personagem aparecer na i-ésima cena, do contrário, o valor atribuído a a_{ij} será zero.

Todo estudo posterior repousa sobre o tratamento da informação que a matriz pode fornecer.

d) *Informações fornecidas pela matriz: indicadores da estrutura da peça e relações entre personagens*

Se P é o conjunto das personagens e S, o conjunto das cenas de uma peça é possível formar para cada personagem $p \in P$, um conjunto A(p) formado pelos números naturais correspondentes às cenas em que a personagem p aparece. Temos assim,

$$A(p) = \{s \in S | p \text{ aparece em s}\}$$

As personagens p e q podem ser definidas de acordo com as relações que se podem estabelecer entre os conjuntos A(p) e A(q), do seguinte modo:

Concomitantes: se A(p) = A(q);
Independentes: se $A(p) - A(q) \neq \phi \neq A(q) - A(p)$;
Alternativas: se $A(p) \cap A(q) = \phi$
Complementares: se forem alternativas $(A(p) \cap A(q) = \phi)$ e se $A(p) \cup A(q)$ contém todos os números das cenas da peça.
p é dominada por q: se $A(p) \subset A(q)$

Os parâmetros que definiremos a seguir podem proporcionar relações e indicadores mais refinados para a análise da estrutura de uma peça.

1. Densidade da personagem até a k-ésima *cena:*

$$\chi^{(k)} = \sum_{i=1}^{m} \sum_{j=1}^{k} a_{ij}/m \cdot k$$

desenvolvendo-se estas somatórias teremos:

$$\chi^{(k)} = \sum_{i=1}^{m} [a_{i1} + a_{i2} + a_{i3} + \ldots + a_{ik}]/m \cdot k = \frac{1}{mk} [(a_{11} +$$
$$+ a_{12} + \ldots + a_{1k}) + (a_{21} + a_{22} + \ldots + a_{2k}) + \ldots +$$
$$+ (a_{m1} + a_{m2} + \ldots + a_{mk})]$$

2. *Distância cênica entre a r-ésima e a s-ésima personagens:*

De todas as cadeias de personagens $z_1, z_2, \ldots, z_n$ tais que $z_1 = p_r$ e $z_n = p_s$, a cadeia de menor *n* define a distância cênica como $(n - 1)$

58

3. *Diâmetro cênico da peça:*

O maior valor das distâncias cênicas entre duas personagens de uma peça define o diâmetro cênico (D) da peça. Se, por exemplo, não existe nenhuma cadeia entre as personagens x e y, convém dizer que a distância cênica entre x e y é infinita. Quanto maior for este diâmetro, mais fraca será a coesão cênica. A maior parte das peças (às quais Marcus chama de bem feitas) tem diâmetro cênico igual a 1.

4. *Número de encontros N_{ij} entre duas personagens* x_i e x_j, isto é, número de cenas em que aparecem juntas. Se $a_{ir} = a_{is} = 1$ para $i = 1, 2, 3, \ldots$, n então o número de encontros n_{ij} será igual a n ou seja $n_{ij} = n$.

5. Freqüência cênica de determinada personagem x_i é definida pela relação $q_i = \dfrac{n_i}{n}$ onde n_i é o número de cenas em que aparece x_i e n é o número total de cenas.

Tais parâmetros podem servir como meio para o estabelecimento de uma hierarquia de personagens, uma vez que permitem afirmar o grau de confrontação que apresentam.

Os trabalhos de Marcus sugerem ainda novas direções de pesquisa baseada nos grafos de incidência das personagens. Estes grafos são construídos a partir do conjunto P das personagens, que seriam os vértices dos grafos, e as arestas que ligam tais vértices correspondem a personagens que aparecem juntas em ao menos uma cena. De particular interesse são os *núcleos* de personagens construídos a partir dos grafos. Marcus define esses núcleos como conjuntos de personagens que nunca se encontram, mas de tal modo que cada personagem não pertencente ao núcleo encontra-se com pelo menos uma personagem do núcleo. Esta organização das personagens em núcleos permite definir personagens periféricas. Um núcleo será tanto mais rico quanto maior for seu número de personagens periféricos.

e) *Critérios formais para a segmentação da ação em episódios dramáticos*

S. Marcus, apoiando-se agora, nos trabalhos de S. Harris[17], apresenta alguns critérios para a segmen-

---

17. Ver Z. S. HARRIS. "From phonem to morphem", *Structural Linguistics*, Chicago, 1951.

tação da ação dramática em episódios dramáticos, o que significa uma divisão mais precisa de cada etapa do conflito. Inicialmente é necessário conhecer o *índice de probabilidade das cenas*, isto é, as configurações das personagens, para depois determinar com o auxílio da fórmula $H(y) = -\log P(y)$, (onde y é a configuração das personagens que aparecem na cena considerada e $P(y)$ sua probabilidade), a quantidade de informação obtida em cada cena.

Podemos então, tratar o problema da segmentação da série de valores assim obtidos, segundo um critério formal, agrupando as cenas que, reunidas, formam as microunidades de ação.

Tratando agora estas cenas como se fossem fonemas do teatro, podemos experimentar a aplicação do critério formal de S. Harris, aceitando como condição necessária para a segmentação morfêmica o conhecimento das probabilidades de passagem de um grupo de fonemas a outro. Sabemos que, os pontos de segmentação morfêmica encontram-se onde há uma mudança de sentido na evolução destas probabilidades.

Por analogia ao modelo lingüístico, podemos definir o começo de um morfema dramático como um ponto no qual a quantidade de informação fornecida pelas cenas torna-se crescente ou decrescente.

No sentido de tornar mais explícita esta analogia, Marcus recorre ao trabalho de M. Dinu e E.V. Paduceva sobre os critérios para a segmentação silábica proposta por Saussure.

Saussure situa o limite entre duas sílabas no ponto onde começa um novo movimento de abertura dos órgãos fonadores, assim, fazendo uma notação numérica da abertura dos fonemas (0 para as oclusivas até 17 para as vogais mais abertas) a série de valores associados a uma palavra será crescente no começo de cada sílaba.

Analogamente, nas peças teatrais o papel de abertura é desempenhado pela quantidade de informação contida em cada cena.

Baseando-se nestes supostos, Dinu propõe que se delimite, no desenrolar da ação as "sílabas dramáticas", isto é, as unidades constitutivas daquela ação, ligadas por um "sopro" comum.

Uma sílaba dramática começará no momento em que a quantidade de informação fornecida por dada cena se torna crescente. Estabelecendo a correspondência entre cada sílaba dramática e a quantidade média de informação fornecida por uma cena da respectiva sílaba, obtém-se um novo sistema de números aos quais se pode aplicar a mesma regra de segmentação silábica. Esta operação tem por resultado a *hipersílabas* ou *episódios dramáticos*, que, conforme o demonstram os estudos realizados por Dinu, coincidem em quase todos os casos com as fases principais do conflito [18].

Os episódios dramáticos seguem com fidelidade o curso da ação: a cada episódio corresponde uma etapa determinada da evolução do conflito. S. Marcus afirma que esta segmentação é mais pertinente, mais conforme o desenvolvimento da ação do que a própria divisão efetuada pelo autor.

Lembrando por exemplo, as peças onde os entreatos não são interpostos pelas mudanças no quadro da ação e não marcam um intervalo de longa duração (a regra de três unidades permite tais liberdades), a segmentação obrigatória de, não importa qual ação, em cinco atos (mais raramente em três atos) contém sem dúvida uma certa dose de arbitrariedade. A divisão em episódios dramáticos nos indica que habitualmente as etapas do conflito são 4 e não 5.

Aplicando este critério a *El Cid,* Marcus verifica que esta peça compreende 5 episódios dramáticos, número igual ao número de atos, mas distribuídos da seguinte maneira:

I episódio: estende-se até o fim da IV cena no I ato, na qual D. Gomez golpeia D. Diego. Neste momento o conflito é deflagrado e se inicia uma nova etapa da ação.

II episódio: termina quando Ximene, para vingar seu pai, pede ao rei a morte de Rodrigo. Aqui o corte silábico coincide com o entreato.

III episódio: para expiar seu crime Rodrigo suplica a Ximene a sua morte (III ato, IV cena).

IV episódio: dura até o momento em que Ximene pretende que um cavaleiro lute com Rodrigo em seu nome. D. Sanchez oferece-se para lutar por ela. O corte silábico coincide novamente com o entreato.

---

18. A segmentação em sílabas e episódios dramáticos, conforme os critérios apresentados, foi aplicada por Dinu a todas as peças de Racine e a 12 peças de Corneille.

61

V episódio: marca o desenlace. É idêntico ao último ato.

A segmentação em episódios dramáticos permite evidenciar as cenas chaves, que, a um momento dado, imprimem um curso inesperado à ação. De um modo geral, estas cenas chaves são as cenas finais dos episódios.

A aplicação deste critério evidencia também que os entreatos coincidem com os cortes em episódios dramáticos ou com os cortes em sílabas dramáticas. Julgamos que esta constatação poderá ser uma abertura para outros estudos, propiciados por esta mesma linha de investigação.

f) *Equilíbrio dramático*

A idéia básica deste estudo deve-se a M. Malita, que se utiliza de um parâmetro de Heidder, da teoria dos grafos. Inicialmente opera-se uma redução de todas as formas de relações entre as personagens a dois tipos básicos: relação de colaboração e relação de adversidade.

Assim, considerando-se três personagens, A, B e C, se A está em relação de adversidade com B e C e estes mantêm uma relação de colaboração temos uma situação estável: supõe-se que a existência de um adversário comum tende, naturalmente, a reforçar a colaboração entre B e C; se, ao contrário, A, B e C estão dois a dois (AB, AC, BC) em relação de adversidade, temos uma situação instável, isto porque, onde a adversidade for menos intensa haverá sempre a possibilidade de estabelecer-se uma relação de colaboração a fim de enfrentar o inimigo comum.

As duas situações sugerem que a paridade do número de adversidade seja o signo de uma situação estável, enquanto que a imparidade seja o signo de uma situação instável, conforme representamos no esquema seguinte:

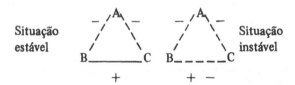

Podemos calcular o grau de estabilidade (ou de equilíbrio) dramático com a utilização da seguinte fórmula:

$$x = \frac{a}{b}$$, onde *a*, é o número de ciclos estáveis

(isto é, apresentam um número par de segmentos opostos, relações negativas) e *b* o número total de ciclos desenvolvidos pelas personagens (principais) da peça considerada.

Exemplificando a aplicação deste parâmetro apresentamos o trabalho de Iolanda Lalu sobre a peça *Ricardo III* (ver a bibliografia anexa). Seguindo o *leitmotiv* shakespeariano: realidade/aparência, a autora considera, de um lado, as relações de colaboração e adversidade tal como se manifestam ao nível da aparência, (isto é, tal como se manifesta às demais personagens, pois, a visão destas é deformada por uma visão unilateral de Ricardo) e, de outro lado, as mesmas relações na sua versão real, apreendida pelos espectadores que ouvem os monólogos de Ricardo e conhecem seu desdobramento.

Para o desenvolvimento do trabalho foi considerado primeiramente, o grafos que precisa o momento histórico da peça (colocando em relação Henrique VI e Ricardo III) em seguida, os cinco grafos que correspondem aos cinco atos da peça.

O grau de estabilidade (equilíbrio) na ordem da aparência assume os valores: 1, 6/10, 1, 6/10, 5/10, 1, enquanto que na visão do espectador os valores assumidos são 0, 3/10, 5/10, 3/10, 1/10, 1.

Podemos interpretar a evolução crescente do índice de estabilidade, recorrendo a Bremond, como um melhoramento e a evolução decrescente como uma degradação. Observamos uma alternância da degradação e melhoramento que correspondem às análises preconizadas para as estruturas narrativas.

O grau de equilíbrio é maior nos três primeiros atos, na ordem da aparência do que no nível da realidade, o que demonstra o gênio de Ricardo em matéria de intriga e hipocrisia.

Considerando somente o nível da aparência temos a sucessão: degradação-melhoramento-degradação-melhoramento, ao passo que na ordem da realidade observamos: melhoramento-degração-melhoramento. Se porém, levamos em conta a evolução no decorrer dos cinco atos da peça constatamos o mesmo ciclo em ambas as ordens: melhoramento-degradação-melhoramento.

g) *Linguagens associadas a uma peça*

A utilização de modelos lingüísticos gerativos na obra dramática destaca aspectos interessantes do problema da estratégia das personagens.

Assim, ao considerarmos uma série de personagens P_1, P_2 ..... P_s podemos supô-la uma série bem formada se existe uma série de situações dramáticas consecutivas S_{j_1}, S_{j_2} ..... S_{jj}, tal que, P_j esteja presente na situação S_{jj} ($j = 1, 2 ..... 5$)

O conjunto das séries bem formadas de personagens é uma linguagem capaz de explicar a estratégia sintagmática das personagens da peça considerada.

Lembrando o teorema de Brainerd (ver bibliografia) afirmando que, para toda peça de teatro esta linguagem é uma linguagem regular (se bem que infinita) portanto, do terceiro tipo na hierarquia de Chomsky, podemos concluir que existe uma extrema limitação do gênero dramático na sua totalidade, com relação à estratégia sintagmática das personagens. Ocorre todavia que são realizadas no teatro um número muito pequeno de possibilidades teóricas: há um número enorme de combinatórias que jamais foram utilizadas.

Jean Louis Lassez prova que o resultado permaneceu imutável para a linguagem onde as séries bem formadas de personagens P_1, P_2 ..... P_s são tais que se pode encontrar um *i* para o qual toda série de *i* personagens consecutivos, na série considerada vêm um após outro em *i* cenas consecutivas da peça (*i* deve ser aqui inferior ao número total de cenas da peça).

Dadas as diferentes possibilidades de classificar as linguagens regulares, podemos realizar tipologias das peças de teatro baseadas no grau de complexidade de seus mecanismos gerativos.

O trabalho de S. Marcus, aqui exposto, representa um esforço pioneiro no sentido de reunir as mais recentes investigações no campo da lingüística e da matemática, adequando-os ao estudo do teatro.

Ao mesmo tempo propiciou uma série de investigações seguindo esta mesma abertura. Julgamos, portanto, oportuno anexar a bibliografia específica organizada pelo próprio Marcus, objetivando oferecer ampla referência sobre o encaminhamento da pesquisa neste domínio.

SEMIÓTICA DA ESTRATÉGIA DAS PERSONAGENS DRAMÁTICAS

Bibliografia

1. BRAINERD, Barron. On a class of language ocurring in the study of theatre. *Diseret Mathematic* 21 (1972) pp. 195-198.
(Brainerd demonstra que a linguagem associada por Marcus ao drama teatral é sempre uma linguagem regular — no sentido da teoria das linguagens formais).

2. BRAINERD, B. e NEUFELDT, Victoria. On Marcus methods for the analysis of the strategy of a play. *Poetics* 10, (1974) pp. 31-74.
(Introdução de novos parâmetros dramáticos. Aplicação a Shakespeare, Shaw, Brecht, White).

3. DINU, Mihai. "Structures linguistiques probabilistiques issues de l'étude du théâtre". In: *Cahiers de linguistique theorique et appliquée,* vol. 5, 1968, pp. 29-46.
(Estudo da configuração dos personagens e sua probabilidade de aparição).

4. IDEM. Contributions à l'étude mathématique du théâtre. *Revue Roumaine du mathématiques pures et appliquées,* 1970, vol. 15, n. 4, pp. 521-543.
(Introdução da noção de sílaba dramática. Aplicação a um grande número de peças de Racine, Corneille e Molière.)

5. IBIDEM. "Interdependence syntagmatique des scènes dans une pièce de théâtre". In: *Cahiers de linguistique théorique et appliquée,* 1972, vol. 9, n. 1, pp. 55-69.
(Extensão ao estudo do teatro de um modelo marcoviano utilizado pelo autor para a análise da influência a distância das letras num texto. Aspectos informacionais. Ergodicidade. Aplicação à *Who is afraid of Virginia Wolf?* E. Albee.)

6. IBIDEM. "Continuité et changement dans la estragégie des personnagens dramatiques." *Cahiers du linguistique théorique et appliquée,* vol. 10, 1973, pp. 5-26.
(Estudo da continuidade da presença de uma personagem dramática. Parâmetros adequados. Aplicações a: *O Barbeiro de Sevilha, Tartufo, Esperando Godot, Georges Dandin, La Lacondiera,* etc.)

7. IBIDEM. La stragégie des personnages dramatiques à la lumière du calcul propositionnel bivalent. *Poetics,* 10, 1973, pp. 147-160.

8. IBIDEM. Pour une sémiologie mathématique du la dramaturgie lyrique. *Revue Musicale,* Paris, ainda inédita.

(Estudo específico de um problema do teatro musical: relação entre os índices de continuidade de uma peça de teatro e da ópera, no libreto de base. Aplicação a: *Sganarelle*, de Molière; *Horace*, de Corneille; *O Barbeiro de Sevilha* e *O Casamento de Fígaro*, de Beaumarchais, etc.)

9. IBIDEM. "Individualité et mobilité des personnages dramatiques". In: *Cahiers du linguistique théorique et appliquée*, 1974, vol. II, n. 1.
(Discussão crítica de uma proposição de I. Revzin e O. Revzin sobre a possibilidade de medir o grau de individualidade e de mobilidade de um personagem dramático. Aplicação a: *Tartufo* de Moliére e *El Cid* de Corneille.)

10. GROSU, Corina. "L'utilisation des grammaires formelles dans l'étude de la pièce "Le Paradis", par Horia Lovinescu". *Studii si cercetari matematice*, 1975.

11. HELWIG, Karin. La stratégie comparative des personnages dans la pièce *A view from the bridge*, de A. Miller et dans le libret correspondant de R. Rossellini (em alemão e rumeno). *Information si modete matematice in stindete sociale*, vol. 5, 1975.
(Estabelecimento das modificações estratégicas impostas pela estrutura musical e das invariantes da transformação peça-libreto. Evidência a diferença de estrutura em relação à ópera clássica.)

12. KLEIN, Wolfgang. Über die mathematisch — linguistische Analyse der Dramas. Eine Analyse der Kerne in Schillers "Raber". In: *Cahiers de linguistique théorique et appliquée*, vol. 10, 1973, n. 2, pp. 195-200.
(Utilização da noção de núcleo e da teoria dos grafos no estudo da peça *Les Voleurs*, de Schiller.)

13. LALU, Iolanda. "Une application du modèle mathématique du théâtre proposé par S. Marcus, à la pièce *Richard II*, de W. Shakespeare" (em manuscrito).
(Discussão do estatuto do personagem e da situação dramática na peça de Shakespeare. Estudo do índice de continuidade e de mobilidade. Evolução do equilíbrio dramático.)

14. MARCUS, Solomon. *Poetica Matematica*. Bocuresti, Editura Academici R.S.R., 1970.
(O capítulo VIII é completamente dedicado ao estudo do teatro. Exposição do método das matrizes binárias.)

15. IDEM. "Modèles mathématiques dans l'etude du drame. Stratégie des personnages". In: *Methodologie du la histoire et du la critique litteraire*. Bocurest, Editura Academici, 1969, pp. 163-170. (em rumeno).
(Bases téoricas e parâmetros fundamentais da representação de uma peça de teatro com a ajuda de uma matriz binária. Aplicação à dramaturgia rumena.)

16. IBIDEM. Modèles mathématiques dans l'étude du drame. Stratégie des personnages II. *Revista di istoria si teorie literra*, vol. 18, 1969, n. 4, pp. 649-657 (em rumeno).
(Novos parâmetros associados à matriz binária de uma peça. Aplicação da teoria dos grafos.)

17. IBIDEM. Modèles mathématiques dans l'étude du drame.

66

Stratégie des personnages III. *Studii si cercetari matematice,* 1970, n. 8 (em rumeno).
(Estudo da encenação baseado na noção de núcleo da teoria dos grafos. Explicação da pluralidade de encenação.)

18. IBIDEM. Ein mathematisch — linguistiches Dramenmodell. *Zeitschrift für Literaturwissersehaft un Linguistik,* vol. 1, 1971, n. 1-2.
(Aspectos matemáticos da semiótica teatral. Estudo da relação de dominação entre duas configurações de personagens.)

19. IBIDEM. Un modèle mathématique integral du l'oeuvre dramatique. *Recueil linguistique du Bratislava,* 1973, vol. 4, pp. 129-135.
(Apresentação de um modelo matemático do teatro. O modelo contém 12 objetos e cobre ao mesmo tempo os aspectos ligados ao texto e aqueles ligados à representação cênica.)

20. PAUN, Gheorghe. "Language associated to a dramatic work" (em manuscrito, a aparecer ná *Revue roumaine de linguistique*).
(Seguindo o método usado no Capítulo VIII de *Poetice Matematica,* de S. Marcus, o autor define algumas linguagens associadas à obra dramática. Estas linguagens mostram vários aspectos da estratégia sintagmática das personagens. É demonstrado que tais linguagens são regulares e contextuais com escolha. Aplicação à *A Lost letter,* de J.L. Caragiale.)

21. REVZINA, O.G. e REVZIN, I.I. Les secrets de l'action dramatique (em tcheco) *Programa du théâtre d'opéra et ballet du Bino,* 1972, n. 3 e 4.
(Aplicação dos modelos de Marcus e introdução de novos parâmetros. Aplicação a Scribe (*Le verre d'eau*) e Molière (*Tartufo*).

22. IDEM. On Marcus descriptive model of theatre. In: *Cahiers du linguistique théorique et appliquée,* 1973, vol. 10, n. 1, pp.27-31.
(Proposição de dois novos parâmetros da obra dramática: à medida da individualidade e da mobilidade de um personagem dramático.)

23. RUNCAN, Anca. "Notes pour un modèle du la représentation du l'espace dans la narration" (manuscrito).
(Aplicação do princípio de Piaget sobre as três fases da percepção espacial: topológico, projetiva e euclidiana. Tipologia de P. Francastel da representação do espaço nas artes plásticas. Neutralização, sob o domínio do contexto poético da oposição espaço/tempo, em favor do espaço. Espaço referencial; espaço semântico (forma do conteúdo); espaço sintático (forma da expressão); espaço pragmático-perceptivo.)

II. NATUREZA DO SIGNO TEATRAL

4. OS SIGNOS DO TEATRO*
Petr Bogatyrev

O traje regional é simultaneamente um objeto e um signo ou, mais exatamente, o portador de uma estrutura de signos. Atesta a relação de pertinência com uma certa classe, nacionalidade, fé religiosa etc., indica a situação econômica de quem o usa, sua idade, e assim por diante. Da mesma forma, uma casa não é apenas uma coisa, mas também o signo da nacionalidade, da condição econômica, da fé religiosa de seu proprietário[1].

O que é o traje, ou o cenário que representa uma casa, num palco? O traje teatral e a casa-cenário são,

---

* Publicado originalmente em *Slovo a Slovesnost*, 4 (1938), pp 138-149.

1. Cf. nosso artigo "Kroj jako znak, funkení a strukturální pojetí v národopisu" (O traje regional como signo; concepção funcionalista e estruturalista em etnografia), *Slovo a Slovesnost*, 2, 1936, p. 43. Cf. também nosso livro *Funkcie Kroja na moravskom Slovensku* (Função do traje regional na Eslováquia morávia) Spisy Narodopisného odboru Matice Slovenskej v Turcianskom Sv. Martine, I, 1937; trad. inglesa: *The Functions of Folk Costume in Moravian Slovakia*, a ser publicado pela Mouton, Haia.

freqüentemente, signos que remetem a um dos signos veiculados pelo traje ou pela casa da personagem apresentada pela peça. Ressalto: signo de signo, e não signo de objeto[2]. Pode acontecer de o traje teatral e a casa-cenário representarem vários signos. O traje, por exemplo, pode caracterizar um chinês rico, isto é, pode remeter ao mesmo tempo ao signo da nacionalidade da personagem e à sua situação econômica. O traje de Boris Godunov mostra um soberano e, simultaneamente, sua nacionalidade russa. Na peça de Púchkin, *História do Pescador e do Peixinho*, a choupana do início é o signo da grande pobreza do velho e da velha, a segunda casa, o signo da nobreza da velha, a terceira, o signo de que a velha tornou-se rainha, porém a decoração de todas essas habitações prova a nacionalidade russa de seus proprietários. No palco, os gestos imperiosos do ator que representa o papel de um czar ou de um rei, o andar hesitante daquele que representa um velho etc. são signos de signo da mesma espécie.

No entanto, o traje teatral, tal como a casa-cenário ou os gestos dos atores, não veiculam tantos signos constitutivos quanto uma casa ou um traje reais. Em geral, os trajes do palco e os cenários limitam-se a um, dois ou três signos. O teatro apenas utiliza os signos da roupa e os da casa necessários a uma determinada situação dramática.

Gostaria de ressaltar aqui que o traje, o cenário, bem como os demais signos do teatro (a declamação, o gesto etc) nem sempre têm uma função de representação. Conhecemos o traje do ator como um traje de ator *sui generis*, conhecemos os signos do palco (tal como a cortina, a ribalta etc.) que são apenas signos de um palco *sui generis* e não representam nada além do palco. Mas encontramos no teatro não apenas signos de signo de objeto; encontramos também signos do próprio objeto; por exemplo, um ator que representa um homem faminto pode mostrar que come pão em si, e não o pão como um signo, digamos, da pobreza. Está claro

---

2. O termo *signo de signo* designa aqui algo diferente do indicado pelo "signo de signo" empregado por R. JAKOBSON em seu artigo "Socha y simbolice Puskinove" (A estátua na simbologia de Púchkin), *Slovo a Slovesnost*, 3, 1937, p. 2 e ss., onde o "signo de signo" designa o signo numa categoria da arte transportada para uma outra categoria: a estátua, descrita num poema.

que os casos em que se mostram signos de signo no palco são mais freqüentes que aqueles em que são mostrados signos de objeto.

No palco não se utilizam apenas trajes e cenários, acessórios que não passam de um signo ou de um conjunto de vários signos e não objetos *sui generis*; são utilizados também objetos reais. Entretanto, os espectadores não encaram essas coisas reais como coisas reais, mas apenas como signos de signo ou signos de objeto. Se, por exemplo, um ator representando um milionário usa um anel de brilhantes, os espectadores consideram isso como um signo de grande riqueza, e não se perguntam se a pedra é verdadeira ou falsa. Uma capa real de arminho é, no teatro, o signo da realeza, quer seja de arminho verdadeiro ou de pele de coelho. Da mesma forma, no palco tanto um vinho autêntico quanto uma groselha podem representar um precioso vinho tinto.

É interessante notar que, no teatro, uma coisa real, como por exemplo um diamante verdadeiro, freqüentemente é apenas o signo do signo de uma coisa (o signo da riqueza da personagem), mas não o signo da própria coisa. Por outro lado, na representação teatral, o signo mais esquemático do cenário mais elementar pode designar a própria coisa.

Por exemplo:

> Na tenda-palco dos Altaicos levanta-se para todo o sempre uma bétula verde que apresenta nove entalhes. Estes representam simbolicamente as camadas do mundo supraterrestre nas quais o xamã penetra progressivamente. Quando, no decorrer da cerimônia, ele sobe pela bétula utilizando esses entalhes, aos olhos dos assistentes ele está se elevando de uma camada celeste para outra, enquanto representa em cada céu uma determinada cena[3].

Assim, cada entalhe representa não apenas o céu como um todo, mas também como uma de suas subdivisões: primeiro céu, segundo céu, terceiro céu etc.

Um outro exemplo:

> Entre os Arunta, as cerimônias (as representações) desenvolvem-se em lugares particulares, consagrados pela tradição: junto a rochedos, árvores, lagos sagrados. Entre os Warramunga, a cerimônia desenrola-se num lugar qualquer, porém o lugar da ação é indicado por pinturas. As pinturas que indicam o lugar são aplicadas ou sobre

o corpo dos participantes ou sobre o chão. Estas imagens têm um caráter particular: por exemplo, um pequeno círculo vermelho nas costas ou no ventre do ator representa um lago; ou então, pintam o chão em vermelho vivo e por cima traçam, com tinta branca, linhas sinuosas que formam um regato, uma montanha[4].

Também aqui, certos signos estampados sobre o corpo do ator ou sobre o chão remetem às próprias coisas.

O cenário verbal, isto é, a representação teatral na qual o cenário que falta é descrito verbalmente para o espectador pelo ator, pode consistir na descrição de um objeto ou apenas de um ou de vários signos desse objeto. Encontramos esse cenário verbal no antigo teatro da Índia e na execução das cerimônias xamanísticas em toda parte onde se realizam.

Segundo O. Zich, todos os objetos que são signos no teatro têm dois objetivos: primeiro, de caracterizar: determinar de maneira eficaz as personagens e o lugar da ação; segundo, funcional: participar da ação dramática[5]. A análise de Zich vale não apenas para os objetos do teatro, os acessórios, mas também para todo objeto que encontramos na vida real. É assim que uma bengala caracteriza meu gosto, talvez mesmo meus meios financeiros, porém ela também toma parte em minhas ações: apóio-me nela ao caminhar, posso servir-me dela no decorrer de uma luta etc. No teatro, entretanto, contrariamente ao que acontece na vida real, cada objeto vê seus signos transformarem-se da maneira mais rápida e mais variada. Mefistófeles significa com sua capa sua submissão a Fausto, e com a ajuda da mesma capa, na noite do Valpurgis, ele expressa o poder ilimitado que exerce sobre as forças demoníacas. Mas também na vida real um mesmo traje pode ser o signo dos mais diversos estados da alma: a mesma túnica militar pode, desabotoada, exprimir o estado descontraído do soldado que a veste, sentado com seus camaradas diante de um copo de vinho; abotoada de alto a baixo, o estado atento, preciso e concentrado de seu proprietário ao fazer seu relatório a um superior.

4. DURKHEIM, Emile. *Les Formes élémentaires de la vie religieuse*, (O sistema totêmico na Austrália) 2. ed., 1925, pp. 532-533. Cf. V. N. KHARUZINA, *op. cit.*, p. 67.

5. ZICH, Otakar. *Estetika dramatického umení. Teoretická dramaturgie*. (Estética da arte dramática. Dramaturgia teórica), 1931, p. 232.

Mas além disso, os objetos que representam no palco um papel de signo assumem, na representação, traços, qualidades e marcas que não têm na vida real. As coisas, tal como o próprio ator, renascem no teatro, diferentes. Assim como o ator se transforma, no palco, em uma outra pessoa (um jovem em velho, uma mulher em homem etc.), o objeto com o qual o ator representa pode receber novas funções, que lhe eram estranhas até então. Os sapatos usados de Charlie Chaplin transformam-se, na sua representação, em alimento, e os laços em macarrões (*Em busca do ouro*); no mesmo filme, dois pãezinhos dançam como um casal de namorados. Esses objetos transformados com os quais o ator representa aparecem muito. freqüentemente no teatro popular. Em *Pokhomusbkoj* por exemplo, o jogo com os objetos preenche toda a representação. São particularmente interessantes os momentos em que o ator deve mostrar, com seu desempenho, que seu ancinho transformou-se em cavalo, seu banco em barco, ou que um velho casaco em torno do qual está enrolado um cinto é uma criança em seus braços[6].

O discurso do ator no palco é um sistema de signos bastante complexo; veicula quase todos os signos do discurso poético e, além do mais, faz parte da ação dramática. Destacaremos ainda outros signos do discurso do ator, discurso destinado a caracterizar as personagens dramáticas.

A fala cotidiana é um sistema de inúmeros e diferentes signos. Aquele que fala manifesta seu estado de espírito através daquilo que diz, porém ao mesmo tempo seu discurso (suas expressões em dialeto ou em gíria, seu vocabulário etc.) é o signo de seu nível cultural e social. Todos esses signos são utilizados pelo dramaturgo e pelo ator como meio de exprimir as relações de pertinência social ou nacional da personagem representada. É com essa finalidade que freqüentemente se utiliza um vocabulário especial, um tom especial para designar um homem desta ou daquela classe, um vocabulário diferente, uma pronúncia, formas e construções

---

6. PISAREV, S. e SUSLOVICH, S. "Dosjulnaja igra-komedija "Pokhomusbkoj". *Krestjanskoje iskusstvo SSSR. Sbornik Krestjanskogo iskusstva komiteta sociologicheskogo izuchenija iskusstva. I. Isskustvo severa. Zaonezhje.* Leningrado, 1927, p. 184.

diversas das apresentadas pela linguagem comum a fim de designar um estrangeiro. Um determinado ritmo de elocução, por vezes mesmo um vocabulário particular, designa um velho. Em certos casos, a função predominante do discurso dramático de uma personagem não está no próprio conteúdo do discurso, mas sim nos signos lingüísticos que caracterizam a nacionalidade, a classe etc., de quem está falando. O conteúdo do discurso é, nesse caso, expresso por outros signos dramáticos, tais como o gesto. O diabo, por exemplo, no teatro de marionetes, freqüentemente emite apenas gritos convencionais que exprimem suas emoções e o caracterizam como diabo; em outras peças, essa personagem desenvolve uma pantomima que substitui os monólogos e os diálogos, mas tampouco fala.

A manifestação lingüística de um ator em cena veicula, em geral, vários signos. O discurso de uma personagem, por exemplo, que fala cometendo erros, designa não apenas um estrangeiro como também, freqüentemente, uma figura cômica. É por isso que o ator que representa o papel trágico de um estrangeiro, ou do representante de um outro povo, como o Shylock de Shakespeare, e que se esforça por apresentar o comerciante judeu de Veneza como personagem trágica, deve muitas vezes renunciar à entonação judia ou dela adotar apenas alguns traços, pois um sotaque pronunciado daria um matiz cômico às passagens mais trágicas do papel [7].

No teatro popular há casos em que certas cenas carregadas de seriedade assumem um aspecto cômico pelo fato de dela participarem judeus: estes deformam a língua comum de uma maneira tradicionalmente própria ao teatro popular. Um exemplo tirado da peça *Os Três Reis* [8]:

Herodes

Vós que sois versados na Lei
E conhecedores das Escrituras,
Haveis lido em vossos livros
Que o Cristo deve nascer,
Ou aparecer em algum lugar?

7. Cf. V. I. NEMIROVICH-DANCHENKO, *Iz proshlogo* (Cenas do passado), Leningrado, 1936, pp. 180-181.

8. FEJFALIK, J. *Volksschauspiele aus Mähren* (Teatro Popular da Morávia). Olomouc, 1864, p. 59 e ss.

Os judeus

Tudo o que nós saber pélos livros
Nós dizer a sua majestade real.

(Aproximam-se de uma mesa, abrem alguns livros e
folheam-nos; a seguir, voltam para junto de Herodes, o
primeiro judeu curva-se e diz):

Primeiro judeu

Yobach, impikh, thaitch uzmrnakh;
Kolkoyé, kolkoché.
Isto é:
Numa pequéna cidade da Judéia nascerá uma criança divina,
um redentor que resgatará o mundo tódo. E em outra passagem,
o profeta diz...

Herodes

Cale-se!

Os judeus (entre si):

Isso não lhe agradar, vamos, dizer alguma coisa, vocé.

(Voltam à mesa, folheiam livros e reaproximam-se de
Herodes.)

O segundo judeu

Kirokh chirock sykorke charke
Yerobim kormifel, tyberes mones.
Isto é:

Ó Belém, pequena cidade
Vocé saber com certeza
Que um grande rei nascerá de vocé
Que irá julgar os judéus.
Disso é testemunho verdadeiro
A profecia de Déus mésmo.

Herodes (surpreso):
Cale-se você também!

Os judeus (entre si)

Esperem eu vai lhe dizer ainda uma cóisa.

(Repetem o mesmo procedimento antcrior, e a seguir
dirigem-se a Herodes).

Efrata betharit ipfata tchayér
bikhord bokhod brafe yehunda mimika
bitsé moysil Israel
o makazano nikodem vlane.
Isto é:

Ó vocé, Belém Efrata
Vocé ser pequena no méio dos judéus aos milhares,
De vocé sairá
Aquéle que reinará
Sóbre Israel, e seu nascimento
Estár escrito desde a noite dos tempos.

Herodes

Ide, homens da Lei!
Sois meus inimigos!

(Assustados, os judeus correm e encontram os três reis.)

Melchior

Dizei-nos, Judeus, na verdade,
Onde devemos procurar o novo rei?

Os judeus

Vá a Belém, o senhór lá encontrará uma jovem mulher,
um homem velho, uma criança pequena,
é lá que o senhór melhor encontrará a verdade*.

No fim da cena, o cômico predomina inteiramente. A cena ao princípio da qual os judeus representavam intérpretes das Sagradas Escrituras, termina assim: Gaspar dá uma gorjeta a um dos judeus, um outro quer a metade, e saem de cena discutindo.

Estamos aqui diante de um desses casos muito originais de estreita ligação entre o elemento trágico e o elemento cômico no teatro popular, ou de substituição de um pelo outro. Os personagens cômicos de judeus têm a mesma função que os bufões em Shakespeare e outros dramaturgos, onde exprimem as idéias mais sérias, e por vezes mesmo as idéias do próprio autor.

*O tradutor do texto tcheco dá a versão francesa daquilo que seria o sotaque de um judeu ao falar o francês; é assim que ele exemplifica com *Tout ze que nous safons par les livres*, que seria à pronúncia de um judeu para *Tout ce que nous savons par les livres*. De modo geral, a grande característica de um judeu ao falar francês, para o tradutor francês do texto original é a troca do *c* pelo *z*, e do *v* pelo *f*. No Brasil, a troca desses dois sons designa muito mais o estrangeiro de origem alemã, sendo que o judeu é popularmente caracterizado como aquele que, por exemplo, acentua os *r* finais, abre bem as vogais tônicas (como a palavra *senhor*, que assume a pronúncia de *senhórrr*) e , regra geral, não flexiona os verbos. Foi a partir destas observações que se fez a tradução para o português do texto francês; o resultado assume, portanto, a forma de uma tradução livre e até certo ponto caricatural, porém, a meu ver, fornece uma boa idéia do pensamento popular a respeito do sotaque de um judeu. (N. da T. bras.)

Assim como acontece com o traje, o dramaturgo e o ator escolhem apenas uma pequena parte do sistema de signos que a linguagem cotidiana veicula.

Na linguagem comum, os signos distintivos de uma classe (linguagem de um homem do campo) estão estreitamente ligados ao dialeto que é o signo regional da personagem em questão. No teatro, freqüentemente não é necessário localizar com exatidão a região de onde provém o camponês representado; assim é que o ator utiliza apenas alguns dos traços característicos de uma região, e chega às vezes a reunir, na linguagem de seu camponês, os traços característicos de vários dialetos. Uma tal mistura de linguagens diversas contraria a realidade, mas descreve de um modo muito expressivo o homem do campo que o ator representa. É por isso que, a meu ver, um dialeto artificial deste tipo tem plenamente o direito de existir no palco. Encontram-se fatos semelhantes no que diz respeito ao traje teatral e ao cenário. Na encenção que Kysely fez da *Noiva vendida** evitou-se propositalmente a utilização do traje de uma região tcheca em particular, e criou-se para o teatro o traje da aldeia tcheca em geral.

Além do mais, existiu e ainda existe no teatro meios convencionais de se distinguir pela linguagem as pessoas do povo e a alta sociedade. Tal é, por exemplo, o meio estilístico utilizado em certas épocas e por certas escolas dramáticas que consiste em fazer o povo falar em prosa e a boa sociedade, em verso[9]. É o caso também dos outros dialetos convencionais do teatro: o czar e os *boïars,* nas peças russas, utilizam o estilo nobre com elementos do eslavo empregado pela Igreja, e os aldeões, o estilo familiar, isto é, o russo simplesmente; os cavaleiros, no teatro de marionetes tcheco, falam um tcheco errado.

Esse caráter convencional que acabamos de estudar na língua do teatro encontram-se também no gesto, no traje, nos cenários etc. O teatro popular, sobretudo, oferece inúmeros exemplos a respeito. Toda-

---

* *Prodoná nevesta,* Ópera de B. SMETANA (N. do T. francês).

9. "No teatro medieval, as personagens masculinas e femininas distinguiam-se às vezes por um número de sílabas diferentes nos versos que pronunciavam", escreve K. KREJEÏ em "Jazková karikatura v dramatické literature" (A caricatura lingüística na literatura dramática), *Sbornik Matice Slovenskej,* XV, 1937, p. 388.

via, o caráter convencional da língua teatral nem sempre acarreta a convenção no traje, no cenário etc. Pelo contrário, pode acontecer freqüentemente que um traje convencional alie-se, no teatro, a uma linguagem naturalista, próxima da linguagem ordinária. Por exemplo, inúmeros marionetistas populares, num teatro tão convencional quanto o teatro de marionetes, utilizam uma variedade de elementos do teatro naturalista. Um dos melhores marionetistas populares tchecos, Karel Novák, vangloriava-se, a mim, de fazer suas marionetes falarem como seres vivos.

Se desejássemos verificar a lei de O. Zich sobre a estilização uniforme das representações teatrais de épocas e estilos diferentes, veríamos que ela não se confirma; só é parcialmente válida para certas escolas dramáticas da época que Zich tinha em vista. No teatro popular, a utilização simultânea dos estilos os mais diversos na mesma peça é um fenômeno usual, um procedimento criador entre outros. Além do exemplo citado (a linguagem naturalista somada à encenação das marionetes no teatro de marionetes), podemos indicar o desempenho conjugado de atores vivos e marionetes no teatro popular. Vi em Münster, na Westfália, uma criança representando em cena juntamente com uma marionete [10]. A encenação dos *Três Reis,* no país Chod, é um outro caso muito interessante do desempenho conjunto de dois atores e uma marionete.

Na época da Epifania, três reis vindos da cidade percorrem as aldeias do país Chod... Há sempre *dois* deles; o *terceiro* é de madeira, e está fixo a um instrumento semelhante a um trenó; este rei de madeira, durante todo o tempo que duram os cantos, deve fazer reverências incessantemente, o que ele realiza através de uma manivela operada por um dos "três reis", o que segura o trenó [11].

Realismo e simbolismo "às vezes existem nas representações teatrais de um único e mesmo povo", diz V.N. К aruzina; como vimos, eles se misturam um com o outro. Na mesma peça pode haver traços realistas no traje (por exemplo, o rabo de um animal existente naquele que o representa, a coloração do corpo de um ator em correspondência com a cor de um pássaro cujo

10. BOGATYREV, P. *Puppentheater in Münster in Westf.* Prager Presse, 23/8, 1931.

11. J. BAAR, CESKY LID, 1, 1892, p. 505; e J.F. HRUSKA, *Tri' Králové na Chodsku* (Os "três" reis no país Chod), *ibid.,* 6, 1897, p. 244.

papel ele representa) e ao mesmo tempo os acessórios ou a encenação podem dar mostras de um simbolismo dos mais acentuados [12].

Esta reunião de estilos diversos não acontece apenas no teatro popular; é freqüentemente encontrada também em outras artes. A mistura de vários estilos diferentes é freqüente na arquitetura. Os pintores modernos, como Picasso e os futuristas, constantemente acrescentaram pedaços de objetos reais a quadros cubistas. Encontramos muito essas montagens nas capas de livros. No que se refere à arte popular, nela encontramos a cada passo a reunião dos estilos os mais diferentes no mesmo objeto de arte, no mesmo relato, na mesma canção.

A expressão lingüística no teatro é uma estrutura de signos constituídos não apenas por signos do discurso como também por signos outros. Por exemplo, o discurso teatral que deve ser o signo da situação social de uma personagem é acompanhado pelos gestos do ator, completado por seu traje, o cenário etc., que também são os signos de uma situação social. Os setores de onde se tiram os signos no teatro, como o traje, o cenário, a música etc., são em maior ou menor número conforme o caso, mas são sempre vários.

Além disso, a língua comum veicula outros signos que lhe são próprios e que dependem da pessoa com a qual o ator fala ou à qual se dirige. Isto é muito importante. Uma mudança de estilo no discurso é freqüentemente acompanhada, no teatro, por uma mudança de traje.

É preciso citar ainda certos signos do discurso, tais como uma construção particular, uma sintaxe particular, uma certa repetição das pausas, e outros procedimentos lingüísticos, que se apossam inteiramente do papel de um dado ator e lhe dão uma coloração cômica ou trágica [13]. Mas o cômico ou o trágico de um papel não são obtidos apenas por meios lingüísticos, mas também pelo traje do ator e sua expressão facial. Para determinar o traje de uma personagem cômica, servimo-nos freqüentemente dos mesmos meios da língua, onde

12. KHARUZINA, V. N. Primitivnye formy dramaticheskogo iskusstva. *Etnografija*, 3 (1928). 6, fasc. 2. p. 28.

13. Nisso o discurso teatral difere da fala comum, onde a coloração cômica ou trágica é dada segundo este ou aquele caso.

um dos mais correntes é o chamado *lazzi**: oximóron e metátese. Encontramos algo de análogo naquilo que o traje das personagens cômicas ou suas expressões pretendem dizer. Além do mais, existem signos convencionais particulares veiculados pelo traje teatral a partir dos quais pode-se reconhecer imediatamente uma personagem cômica (o barrete do bufão, o rabo de raposa de Hans Wurst etc.).

Em quase todo teatro, e em particular no teatro de tipos, trata-se de definir a personagem principal: o hipócrita Tartufo, o avarento Harpagon, bem como personagens mais complexas como o avarento, o pai amoroso e o ardiloso na personagem singular de Shylock. Para tanto, o teatro utiliza todos os meios de que pode dispor. Em primeiro lugar, a autodescrição das personagens em cena; encontramos um bom exemplo dessas autodescrições nos discursos das personagens dos mistérios medievais, das *moralidades*+ e das peças populares. São menos evidentes nas tragédias de Shakespeare ou de Púchkin, ou em outras peças em que as personagens pronunciam monólogos que dão a conhecer ao espectador os aspectos ocultos de sua natureza. Mas o conteúdo do monólogo não é o único processo de autodescrição. Tem essa mesma finalidade o "idioma característico" (o termo é de Zich). Observemos, de passagem, que encontrar um "idioma característico" que convenha a cada uma das personagens de uma peça é uma das tarefas mais difíceis do dramaturgo e do ator. Devemos admitir, porém, que inúmeras peças de teatro popular utilizaram com sucesso esse idioma como indicação psicológica. Além do discurso, a descrição das personagens obtém-se também pelo traje (o de Tartufo, o hipócrita; o do avarento Pliúchkin na peça extraída de *Almas mortas* etc.), e mais ainda pela mímica e pelos gestos dos atores. Também o cenário tem seu papel a cumprir: o quarto do rapaz preguiçoso no *Casamento* de Gógol, o gabinete de trabalho do sábio Fausto exprimem maravilhosamente o caráter de seus ocupantes. No teatro popular, o cenário, que aí, de modo geral, tem pouca importância, quase não é utilizado para dar uma descri-

---

* Do italiano *lazzo*, facécia, chiste. (N. da T. bras.)

+ Obras teatrais da Idade Média, em versos, que jogam com personagens alegóricas visando transmitir uma mensagem moralizante. (N. da T. bras.)

ção psicológica das personagens. São os acessórios que substituem o cenário nessa tarefa.

Além dos meios já citados, também o próprio comportamento das personagens permite sua caracterização. O barão do *Cavaleiro avarento* de Púchkin define a si mesmo, em seu discurso, como um homem loucamente apaixonado por suas riquezas, porém a mesma idéia ele a transmite pela maneira como se conduz em cena (por seus gestos, seus movimentos etc.). E ainda encontramos um outro processo de caracterização psicológica nas conversas que algumas personagens mantêm a respeito de outras. Participam deste tipo de descrição os trajes das personagens que estão diretamente relacionadas com a pessoa a ser descrita: por exemplo, a roupa miserável dos prisioneiros em *Fidelio,* na ópera de Beethoven, caracteriza o governante, cruel e injusto [14].

Existe, além do mais, em diferentes escolas dramáticas, signos particulares do discurso que representam o ator enquanto ator; trata-se de uma linguagem "de cena" particular ao ator, que se traduz não apenas por uma pronúncia ortoépica como também por uma entonação especial etc. Os atores têm, igualmente, gestos que lhes são próprios e que apenas representam o ator enquanto ator.

A análise do sistema semântico da língua teatral utilizada pelo ator em cena mostra que todos esses signos também aparecem, ainda que com pouca freqüência, em outros tipos de linguagem poética (o romance, a novela etc.). A diferença é que no teatro o signo do discurso é apenas um dos elementos da estrutura de uma manifestação teatral, estrutura que compreende, além da língua, a mímica, o gesto, o traje, o cenário etc.

Toda esta polissemia complica-se ainda mais pelo fato de que o papel representado pelo ator veicula signos diferentes conforme os espectadores conheçam algumas ou todas as personagens de uma peça através de cada um de seus gestos e de cada uma de suas entonações. Até as últimas cenas, Tartufo deve aparecer diante de Orgon como um homem bom, mas diante dos espectadores deve surgir como um pavoroso hipócrita

14. No teatro contemporâneo, existe um outro meio que contribui para a caracterização das personagens, um meio puramente literário e não-teatral: a descrição que deles é feita num programa impresso.

83

que pretende fazer-se passar por um homem bom. Um outro exemplo, ainda mais elementar: na peça extraída do *Chapeuzinho vermelho,* o lobo disfarçado na avó deve assemelhar-se, aos olhos da garota, com a avó, ainda que de uma forma um tanto estranha; quanto aos espectadores, devem nele ver um lobo que está apenas, modificando sua voz. Em todo o decorrer destas cenas, o ator está, por assim dizer, em equilíbrio; não pode representar o lobo de uma maneira que os espectadores pensem que a garota o reconheceu. Por outro lado, deve constantemente indicar que ele é o lobo, pois o público poderia acreditar, junto com a garota, que ele é a avó. Na sua essência, é a mesma coisa que deve fazer o ator que representa Tartufo.

Nas peças simbolistas, a representação dos atores é de uma polissemia particular, com algumas personagens veiculando vários signos, simultaneamente para os espectadores e para os outros atores. Uma das personagens de G. Hauptmann, em *Hanneles Himmelfahrt* (A ascensão de Hannele ao céu) é, simultaneamente, para Hannele, um professor, e para os outros atores e para os espectadores, o professor Gottwald ao mesmo tempo que um estranho; a diaconesa irmã Marta é, ao mesmo tempo, diaconesa e mãe. Encontramos o mesmo fenômeno em *La Cloche noyée* de Hauptmann, *Peer Gynt* de Ibsen e em outras peças simbolistas.

A natureza particular dos signos do teatro acarreta um relacionamento particular do público com esses signos que é bastante diferente do relacionamento de um homem com a coisa real e com o sujeito real. O andar e os gestos de um velho, por exemplo, geralmente despertam, na vida real, a piedade. O andar e o gesto senil de um ator têm quase sempre um efeito cômico.

Devemos reconhecer que a produção teatral distingue-se das outras produções da arte e dos outros sistemas semânticos pela grande quantidade de signos que veicula. Isto é bastante compreensível: uma representação teatral é uma estrutura composta por elementos que pertencem a artes diferentes: poesia, artes plásticas, música, coreografia etc. Cada elemento traz consigo vários signos para o palco. Está claro que um certo número de signos se perde nesse momento: a escultura no palco perde uma de suas qualidades mais características, a variedade formal de uma obra esculpida observada a partir de pontos de vista diferentes [15]. No teatro, vemos a obra esculpida de um único ponto de vista. As obras que dependem das outras artes também perdem uma parte de seus signos quando no palco; inversamente, alguns de seus elementos adquirem novos signos no contato com outras formas de arte e com os meios técnicos do teatro. Assim, uma escultura iluminada de maneira diferente pode exprimir diversos sentimentos (um ambiente de festa, vivo e colorido, pode ser obtido por uma iluminação violenta das esculturas; um ambiente triste, com cores suaves). Uma música que se acrescenta em cena aos gestos e às falas de um ator que representa o papel de um moribundo exprime o luto de uma maneira mais concreta etc. É assim, portanto, que alguns elementos das diferentes formas da arte recebem no palco novos signos em contato uns com os outros.

Esta polissemia da arte teatral faz com que uma mesma cena possa ser compreendida diferentemente por espectadores diferentes. Por exemplo, representa-se uma cena de despedida, onde o diálogo é acompanhado por uma música. O espectador que seja músico dará uma importância preponderante à música, mas para o espectador mais sensível à dicção prevalecerá o elemento declamatório. Esta polissemia da arte teatral, que a distingue das outras artes, permite que espectadores com gostos diferentes e com exigências estéticas diferentes compreendam a mesma peça.

Se compararmos o teatro naturalista e o teatro não-realista, veremos que o primeiro não utiliza as diferentes formas da arte (música, dança etc.) de uma maneira tão ampla quanto o segundo; por outro lado, o teatro não-realista apresenta, nas personagens, nos trajes, nos cenários, nos acessórios, um número bem maior de signos do que o teatro naturalista, no qual trajes e cenários veiculam um único signo, o que nos levaria ao estudo econômico dos procedimentos do teatro.

O papel do ator é uma estruturação dos signos os mais diversos, signos de seu discurso, de seus gestos, de

15. Cf. J. MUKAROVSKY, "Trojí podoba T. G. Masaryk (Nekolik poznámek k problematice plastického portrétu)" (O tríplice retrato de T. G. Masaryk — Algumas observações sobre a problemática do retrato esculpido), *Lidové noviny*, 27, II, 1938.

seus movimentos, sua postura, sua mímica, seu traje etc. Além do mais, para expressar certos signos o ator lança mão, de um lado, de objetos tais como os trajes, cabelos colados, perucas, e, por outro lado, de seus próprios gestos (deformados ou naturais), sua própria voz, seus próprios olhos enfim etc.

Podemos transpor as noções de *langue* e *parole**, do domínio dos fenômenos lingüísticos, para a arte. Da mesma maneira que o ouvinte deve conhecer a língua, ou mais precisamente a língua como fato social, para compreender uma manifestação verbal individual, naquilo que diz respeito à arte o observador deve estar preparado para apreender a manifestação individual, a linguagem particular de um ator ou de qualquer outro artista, e isto através da posse da língua dessa arte, de suas normas sociais. É esse o ponto em que se encontram o domínio lingüístico e o domínio da arte.

Mas, no processo de apreensão dos signos lingüísticos e dos signos da arte existe igualmente uma grande diferença básica. Em relação ao domínio da língua, e na medida em que se trata de suas funções de comunicação, o processo de recepção é mais ou menos o seguinte: quando ouvimos um discurso, dele separamos tudo que for individual e nos fixamos apenas naquilo que, na frase ouvida, é *langue*, aquilo que é fato social. Se um estrangeiro diz de forma errada, por exemplo, "seu filha é grande", apreendemos essa frase em nossa consciência como "sua filha é grande", sem nos preocuparmos de modo especial com o erro cometido pelo estrangeiro.

O mesmo já não acontece no processo de apreensão de uma obra de arte. Percebemos como um todo uma obra feita com arte, um papel representado com arte, a execução de um trecho musical, um canto etc. Se um ator talentoso representar Otelo, teremos a impressão — que ele nos impõe — que em sua interpretação, na figura de Otelo por ele representada, tudo está certo e verdadeiro do ponto de vista da arte: o traje, os gestos, a estatura, a cor dos cabelos, os traços faciais etc. É por isso que, se se copia sua interpretação,

---

* Em francês no texto original tcheco; os termos correspondentes em português são *Língua* e *fala*. (N. do T. bras.)

copia-se tudo: o ritmo de elocução de Otelo tal como foi representado por um determinado ator de talento, a cor de seus cabelos, seus gestos etc.; com isso, essa cópia reproduz igualmente os defeitos pessoais do ator, que em nossa consciência são inseparáveis da imagem de conjunto desse papel.

Um professor de arte dramática conta Stanislavski foi aos bastidores de um teatro após a interpretação de uma cena por um aluno e mostrou-se irritado: "Você não está mexendo a cabeça de forma alguma. E você sabe que quando se fala, se mexe a cabeça, ora!" Esse meneio da cabeça tem toda uma história. Um excelente ator, que tinha muito sucesso e muitos imitadores, infelizmente tinha um defeito deplorável: mexer a cabeça. E todos seus sucessores, esquecendo completamente que seu modelo é acima de tudo o talento, com bases sólidas e uma técnica brilhante, não imitaram suas qualidades, sempre difíceis de copiar de alguém, mas sim seus defeitos, seu meneio com a cabeça, que é fácil de reproduzir [16].

A oposição de Stanislavski a uma imitação tão servil era absolutamente justificável. No entanto, existe uma diferença entre o que ele dizia e o que dizemos nós: estamos falando apenas da compreensão da interpretação de um papel, enquanto que Stanislavski fala do trabalho criador do ator. Por certo cada ator, na sua interpretação de um papel, pode utilizar os recursos de um ator célebre, mas se está representando esse papel ele deve, de qualquer maneira, utilizar sua própria estatura, sua *nuance* vocal, seus movimentos, seus olhos etc.

Gostaria de fazer aqui uma observação sobre as manifestações folclóricas. Estas — canções, histórias, fórmulas mágicas etc. — aproximam-se das manifestações dramáticas. A expressão folclórica verbal é, tal como a expressão teatral, inseparável daquele que a efetua. O ouvinte de uma tal manifestação, ao inverso do que ocorre com o leitor de um poema ou de um romance, não pode analisar a manifestação artística em si, independentemente de seu autor e recitador. É por isso que constitui um erro determinar o texto de uma histó-

16. STANISLAVSKI, K. *Moja zhizn'v iskussive* (Minha vida na arte), p. 115 e s.

ria sem levar em consideração a *maneira* pela qual ela é contada. Mais ainda, a personalidade do contador está muito mais solidamente ligada àquilo que ele conta do que a personalidade do ator em relação ao papel que representa. Com efeito, o que nos interessa na representação de um ator é a maneira pela qual ele utiliza todos os meios de que pode dispor, isto é, sua voz, sua estatura etc., para realizar uma representação dramática. Não nos preocupa o problema de saber se o ator que encarna de uma maneira ideal um malfeitor ou um autêntico herói é, na sua vida privada, um homem bom ou mau. Já o mesmo não acontece quando se conta uma história. O contador freqüentemente utiliza, como um processo criador, suas próprias qualidades, tais como elas aparecem em sua vida. Os irmãos Solokov observam, por exemplo, que o contador Sozon Kuzmich Petrushevich, alvo de todas as troças e brincadeiras de mau gosto, introduz a si mesmo na história sob os traços de Ivanushka, o bobo: "Era uma vez um camponês, e ele tinha três filhos; dois eram maus, e o terceiro era bobo, como eu, Sozon". Prossegue descrevendo o lamentável aspecto de Ivã, o bobo, seguindo manifestamente seu próprio modelo: "ranhoso, babão, cheio de marcas", e com essa ilustração viva provoca sem querer uma enorme explosão de riso [17] em seus ouvintes. O mesmo acontece no teatro popular: os espectadores comparam incessantemente o papel que o ator aldeão está representando com sua vida privada.

Há no teatro, como em qualquer outra arte, signos que só pertencem a certas escolas. Na tragédia antiga, um signo distinguia a personagem principal das personagens secundárias, e esse signo era o lado pelo qual o ator entrava em cena. A ópera do século XVIII estabeleceu a seguinte ordem:

> Todos os solistas mantinham-se numa ala paralela à ribalta em primeiro plano; em segundo plano encontravam-se as personagens cômicas (Chargen), em terceiro plano o coro. No interior da primeira ala, os lugares estavam assim distribuídos: à esquerda dos espectadores estavam os atores que representavam os papéis principais, na ordem correspondente à sua qualidade, da esquerda para a direita. O herói ou o *jeune premier**, o ator "prima parte", ocupava o lugar

17. SOKOLOV, V. e J. *Skazki i pesni Belozerskogo kraja* (Contos e canções da região do Lago Branco), 1915, pp. LXIII-LXIX.

* *Jeune premier*, ator que representa o papel de um enamorado (N. da T. bras.)

de honra, o primeiro a partir da esquerda, dado que representava, em geral, a personagem mais importante da peça [18].

Por conseguinte, o lugar ocupado pelos atores era o signo de seus papéis. Na *commedia dell'arte*, o traje de Dottore, Pantaleone etc., determinava as personagens aos olhos dos espectadores, com toda a exatidão possível [19].

Está claro que não é apenas de uma época para outra que os signos do teatro mudam, substituídos por outros signos ao mesmo tempo que se modifica o estilo teatral em seu conjunto. Atores diferentes dão, eles mesmos, signos diferentes a seus papéis. Estes signos repetem-se em seguida em seus sucessores na medida em que não lhes é possível agir de outra forma, até o momento em que um outro ator de talento aparece e transforma o papel, rejeita os velhos signos de seu predecessor e, no lugar dos primeiros, cria outros; estes serão em seguida retomados por seus sucessores.

Conhecemos toda uma série de signos que se acreditava serem característicos de Hamlet (no traje, nas expressões faciais, na gesticulação, na mímica, na maneira de declamar certas passagens etc.). Tais signos foram geralmente criados por atores célebres e são considerados como inevitáveis por seus sucessores, bem como pelos espectadores formados no mesmo esquema.

Cada interpretação criativa de um papel, bem como cada criação independente em qualquer arte que seja, luta contra os signos tradicionais e no lugar deles estabelece novos signos.

Todas as manifestações teatrais são, portanto, signos de signos ou signos de coisas. O único sujeito vivo do teatro é o ator. Ainda que o ator exprima pelo traje a dignidade real, pelo andar sua idade avançada, pelo discurso a sua qualidade de estrangeiro etc., não vemos nele apenas um sistema de signos, mas sim um ser vivo. Para nos convencermos de que é realmente assim, basta pensar no que acontece quando um espec-

18. GVOZDIEV, A. A. "Igoti i zadachi nauchnoj istorii teatra" (Resultados e objetivos da história científica do teatro) em *Zadachi i medody izuchenija iskusstv* (Objetivos e métodos do estudo das artes), Petrogrado, Rossijskij Institut istorii iskusstv, Akademija, 1924, p. 119.

19. A respeito da substituição de uma dicção por uma outra segundo diferentes tendências teatrais cf. J. HONZLA, *Sláva a bída divadel* (Glória e miséria dos teatros), pp. 178-207.

89

tador observa, sobre o palco um ator que lhe é chegado; por exemplo, quando uma mãe olha seu filho representando o papel de um rei, um irmão vendo seu irmão encarnar o diabo etc. Este desdobramento particular produz um efeito teatral considerável no teatro popular, no qual os espectadores conhecem bem seus atores. O espectador experimenta um desdobramento semelhante quando vê em papéis diferentes o mesmo ator que ele conhece, no palco, há muito tempo. Em escala menor, já se conhece uma sensação semelhante quando se vê um ator pela primeira vez.

Esta dupla percepção do ator pelo espectador tem um grande alcance. É graças a ela, antes de mais nada, que todos os signos expressos pelo ator ganham animação. A seguir, esta dupla percepção do papel põe em evidência que o ator que está representando não se identifica em hipótese alguma com a personagem da peça, que não podemos traçar um signo de igualdade entre o ator e a personagem que ele representa, que o traje, a máscara, o gesto do ator são apenas o signo do signo da pessoa por ele encarnada. Este dualismo foi manifestadamente ressaltado por todos os tipos do teatro não-realista; e foi também, com toda evidência, um obstáculo à realização de um naturalismo total no teatro naturalista. Era inteiramente normal a exigência de um encenador do teatro naturalista: o ator deveria mostrar-se o menos possível em público, caso contrário muita gente perderia a ilusão de realidade ao vê-lo no papel do rei Lear ou no de Hamlet; ninguém mais conseguiria imaginar estar diante do rei Lear, do verdadeiro Hamlet, mas sim diante do ator que apenas estaria representando o papel deles.

Em relação ao desempenho do ator houve, e continua a haver, duas escolas: certos atores esforçam-se por ser, através de sua expressão facial, de seu falar etc., inteiramente diferentes de um papel para outro, enquanto que outros, pelo contrário, atuam deliberadamente de tal maneira que se possa reconhecer suas vozes e, sob suas expressões faciais, seus próprios rostos (neste caso, maquilam-se apenas superficialmente).

No teatro de marionetes, o ator enquanto pessoa viva não existe; os próprios gestos da marionete-ator são apenas um signo de signo. Nela, do ser vivo resta apenas a voz, pela qual a marionete se aproxima do homem.

A análise dos signos no teatro permite-nos fazer ainda uma outra observação interessante. Trata-se de um processo criador extremamente difundido. Para exprimir uma emoção, o ator utiliza os elementos de uma arte particular. Se esta emoção seguir num *crescendo*, e se tratar de uma dança, por exemplo, o ritmo da dança se acelera. Quando o ator não pode mais acompanhar esse ritmo com os meios expressivos que lhe permitem seus movimentos, ele completa a aceleração dando gritos. Num caso contrário, quando um cantor, num *crescendo*, começa a carecer de meios vocais, completa essa progressão com a dança ou, de um modo mais geral, com o movimento. Pode acontecer que a dança, ou o movimento, não sejam apenas completados pelo canto, e o canto pela dança, mas sim que se substituam mutuamente. A omissão de um elemento até então estruturalmente ligado a outros elementos da expressão teatral constitui um processo análogo: o ator, no momento mais patético de seu discurso até então acompanhado por gestos, pára de movimentar-se e limita-se a falar ou, pelo contrário, pára de falar e exprime sua emoção apenas através do gesto. Estes recursos são às vezes utilizados em casos diferentes, nos quais não está em questão a progressão na expressão emocional.

É assim que a análise detalhada dos signos do teatro permite-nos explicar todos os procedimentos utilizados em cena.

Trad.: *J. Teixeira Coelho Netto*

5. OS SIGNOS NO TEATRO — INTRODUÇÃO À SEMIOLOGIA DA ARTE DO ESPETÁCULO
Tadeusz Kowzan

A noção de signo σημα (sema), foi muito importante na Filosofia e na História das Ciências. Hipócrates e os estóicos, Platão e Aristóteles, Santo Agostinho e Descartes, Leibniz e Locke, Hegel e Humboldt figuram entre aqueles que se ocuparam profundamente com a noção de signo. Ela engendrou uma grande variedade de ciências e disciplinas: Semiologia, Semiótica, Semasiologia, Semântica, Sematologia, que mudavam de nome e de conteúdo sob a influência do tempo e às vezes da moda, caíam no esquecimento para reaparecerem sob o impulso de um grande pensador. A história das ciências do signo merece ser estudada sistematicamente. Limitar-nos-emos a assinalar que, entre os termos acima citados, o de semiologia (ou semeiologia) percorreu uma carreira mais longa e mais rica que os outros. Este termo foi aplicado, desde a Antiguidade grega, em dois domínios aparentemente afastados: na arte militar (a ciência das manobras das tropas com ajuda de sinais) e na Medicina. Foi na Medicina que ele se mostrou mais perseverante. Na França, por exemplo, durante o século XIX e ainda hoje, o estudo médico de sintomas de doenças é chamado Semiologia.

O termo semiologia irrompeu nas Ciências Humanas graças a F. de Saussure ou melhor, graças a seu *Cours de Linguistique Générale*, reconstituído depois de sua morte e publicado em 1916. Recordaremos as passagens mais célebres mas que devem servir de ponto de referência a toda tentativa de alargar o campo de pesquisas semiológicas nas Ciências Sociais.

A língua é um sistema de signos que exprime idéias, e por isto, comparável à escrita, ao alfabeto dos surdos-mudos, aos ritos simbólicos, às formas de etiqueta, aos sinais militares etc. Ela é somente o mais importante destes sistemas. Podemos conceber, portanto, uma *ciência que estuda a vida dos signos no seio da vida social;* ela formaria uma parte da Psicologia Social, e conseqüentemente da Psicologia geral; nós a denominaremos *Semiologia* (do grego *semeion,* "signo"). Ela nos ensinará em que consiste os signos, quais as leis que os regem (...). A Lingüística é apenas uma parte desta ciência geral, as leis descobertas pela Semiologia serão aplicáveis à Lingüítica (...). Se quisermos descobrir a verdadeira natureza da língua, é necessário, antes de tudo, tomá-la naquilo que ela tem em comum com todos os outros sistemas da mesma ordem; (...) pensamos que ao considerarmos os ritos, os costumes etc., como signos, estes fatos aparecerão sob outro aspecto, e sentiremos a necessidade de agrupá-los na Semiologia e de explicá-los pelas leis desta ciência[1].

A Semiologia, postulada pelo lingüista genebrino (e antes dele por Ch. S. Peirce, sob o nome de Semiótica), não conseguiu, durante meio século, constituir-se através das diferentes disciplinas, mas as pesquisas semiológicas fizeram grandes progressos nos últimos decênios, sobretudo em Lingüística e em Psicologia Social. Tentou-se introduzir os métodos da análise semiológica em alguns domínios constituídos por repertórios de signos: códigos rodoviários, a moda, a alimentação, os gestos, as insígnias. Entretanto, muito pouca atenção foi dada à Semiologia da Arte, com exceção da arte literária, a mais próxima da Lingüística.

Uma das primeiras tentativas de examinar a arte como fato semiológico foi a comunicação de Jan Mukařovský no VIII.º Congresso Internacional de Filosofia,

---

1. *Cours de Linguistique Générale,* Paris, 1966, pp. 33-35.

em Praga, em 1934. Mukařovský parte do princípio de que "todo conteúdo psíquico que ultrapassa os limites da consciência individual adquire, pelo próprio fato de sua comunicabilidade, o caráter de signo"; ele afirma que "a obra de arte é, ao mesmo tempo, signo, estrutura e valor", para concluir de maneira clarividente:

> (...) enquanto o caráter semiológico da Arte não for suficientemente esclarecido, o estudo da estrutura da obra de arte permanecerá necessariamente incompleto. Sem orientação semiológica, o teórico da Arte estará sempre inclinado a ver a obra de arte como uma construção puramente formal, ou mesmo como o reflexo direto seja de disposições psíquicas, até fisiológicas do autor, seja da realidade distinta, expressa pela obra, seja da situação ideológica, econômica, social ou cultural do meio dado (...). Somente o ponto de vista semiológico permitirá aos teóricos reconhecer a existência autônoma e o próprio dinamismo essencial da estrutura artística e daí compreender a sua evolução como um movimento imanente, mas em relação dialética constante com a evolução dos outros domínios da cultura[2].

Todavia, os desenvolvimentos da Mukařovský têm um caráter muito geral. Ele distingue duas funções semiológicas: a função comunicativa e a função autônoma, mas não propõe nenhum método de análise semiológica no domínio da Arte. Longe de tratar uma obra de arte como um conjunto ou uma seqüência de signos, parece considerá-la como um signo ("toda obra de arte é um signo", "a obra de arte tem um caráter de signo" etc.).

A mesma tendência de considerar uma obra de arte como uma unidade semiológica aparece em Eric Buyssens. Em seu livro publicado em 1943, que constitui uma das obras fundamentais na história da jovem ciência semiológica, ele dedica muito pouco lugar aos fenômenos da arte. Contrariamente a Mukařovský, Buyssens exprime a opinião de que "a arte é pouco sêmica".

> Sua economia, continua ele, é puramente artística: ela é o meio de valorização dos elementos que devem produzir a emoção (...). A obra artística não preenche o papel utilitário do ato sêmico que pede a colaboração; é, antes, a testemunha de um acontecimento psicológico[3].

---

2. "L'art comme fait sémiologique", *Actes du Huitième Congrès International de Philosophie à Prague*, Praga, 1936, pp. 1065-1070.

3. *Les langages et le discours. Essai de linguistique fonctionnelle dans le cadre de la sémiologie*, Bruxelas, 1943, p. 37.

Esta última constatação está um passo atrás em relação às teses de Mukařovský. Notemos, de passagem, que o lingüista belga distingue duas categorias de semias: as semias sistemáticas e as semias assistemáticas. Entre as primeiras, ele enumera o discurso, a sinalização rodoviária ou marítima, as fórmulas dos matemáticos, físicos e químicos, as notações comerciais, musicais e prosódicas. As semias assistemáticas são, para ele: a arte, a publicidade, a etiqueta, a gesticulação, os dísticos etc. Esta distinção tem, hoje, somente um valor histórico, pois elaborou-se, desde então, critérios de classificação menos arbitrários; se a recordamos aqui, é para sublinhar que, embora julgando a arte "pouco sêmica", Buyssens reserva-lhe o papel de uma semia distinta (isto é, conjunto de semas).

Depois da guerra, a idéia de tratar a arte como um fato semiológico ganha terreno entre os lingüistas e os semiólogos. A Literatura, arte da palavra, é um campo privilegiado de pesquisas semiológicas que são desenvolvidas principalmente na França, EUA e União Soviética. No que se refere aos domínios de atividades artísticas diferentes da Literatura, as "intrusões" são raras, tímidas e pouco sistemáticas. Convém notar que Roman Jakobson está disposto a reconhecer a Pintura e o Cinema como "linguagens não-lingüísticas", que as aberturas de Roland Barthes sobre diferentes domínios da Arte enriquecem suas análises semiológicas, que "A Arte como sistema semiológico" foi um dos grandes temas do simpósio sobre o signo organizado na URSS em 1961.

Entretanto, a teoria do signo não foi aplicada até agora de maneira sistemática em nenhum domínio da Arte. Quais são as causas deste estado de coisas? Como explicar este medo de abordar as regiões da Arte? A Semiologia moderna forma-se a partir da Lingüística saussuriana. Mas, enquanto que para o mestre genebrino "a Lingüística não é senão uma parte desta ciência geral" (Semiologia), manifesta-se, em nossos dias, uma tendência inversa, ao considerar-se a Semiologia como uma parte ou um aspecto da Lingüística. Esta tendência em reduzir todos os problemas do signo à linguagem é, talvez, a causa principal do fato de a Semiologia ocupar-se tão pouco das Artes, preferindo, ao invés, os campos de significações (sinalização rodoviária, signos matemáticos, mobiliário, cartografia, guias turísticos, catálogos de telefones, automóveis) onde se encontram facilmente equivalentes lingüísticos.

O que é mais marcante é que as artes do espetáculo, apesar de possuírem um campo comum com os fatos lingüísticos, foram quase excluídas da análise semiológica. Encontramos em Buyssens a constatação de que "a combinação mais rica de fatos sêmicos parece ser aquela que se produz fora da representação propriamente de uma ópera". Mas, aos meios de expressão cênica (palavras, cantos, música, mímica, dança, vestuários, cenário, iluminação) ele soma as reações do público, as manifestações da vida mundana, sem se esquecer da participação do pessoal do teatro, dos bombeiros e dos policiais. É, portanto, no espetáculo, enquanto fenômeno sociológico, que pensa Buyssens, quando conclui: "Em suma, é todo um mundo que se reúne e comunica durante algumas horas"[4]. O único gênero de espetáculo que conhecemos que foi abordado cientificamente do ponto de vista semiológico, é a arte do cinema[5]. Toda a análise dessa arte, uma das mais recentes, é submetida a uma técnica particular, é determinada por esta técnica mesma, mas teria, certamente, maior proveito se pudesse apoiar-se numa semiologia da arte teatral. Deve-se notar que muitos teóricos e realizadores do teatro, assim como pessoas que trabalham em teatro, empregam o termo "signo" ao falarem de elementos artísticos ou meios de expressão teatral, o que prova que a consciência ou subconsciência semiológica é algo de real entre aqueles que se ocupam do espetáculo. Isto confirma, ao mesmo tempo, a necessidade de se considerar o espetáculo do ponto de vista da semiologia. É o objetivo principal das reflexões propostas aqui.

A arte do espetáculo é, entre todas as artes e, talvez, entre todos os domínios da atividade humana, aquela onde o signo manifesta-se com maior riqueza, variedade e densidade. A palavra pronunciada pelo ator tem, de início, sua significação lingüística, isto é, ela é o signo de objetos, de pessoas, de sentimentos, de idéias ou de suas inter-relações, as quais o autor do texto quis

4. *Op. cit.*, p. 56.
5. Cf. os artigos de CHRISTIAN METZ, sobretudo "Le cinéma: langue ou langage", *Communications*, n. 4, pp. 52-90.

evocar. Mas a palavra pode mudar seu valor. Quão inúmeras maneiras de pronunciar as palavras "eu te amo" podem significar tanto a paixão, quanto a indiferença, a ironia como a piedade! A mímica do rosto e o gesto da mão podem sublinhar a significação das palavras, desmenti-la, dar-lhe uma nuança particular. Isto não é tudo. Muita coisa depende da atitude corporal do ator e de sua posição em relação aos coadjuvantes.

As palavras "eu te amo" possuem um valor emotivo e significativo diferente, segundo sejam pronunciadas por uma pessoa negligentemente sentada em sua poltrona, um cigarro na boca (papel significativo suplementar do acessório), por um homem que abraça uma mulher, ou que está de costas para a pessoa a quem dirige estas palavras.

Tudo é signo na representação teatral. Uma coluna de papelão significa que a cena se desenrola diante de um palácio. A luz do projetor destaca um trono e eis-nos no interior do palácio. A coroa sobre a cabeça do ator é o signo de realeza, enquanto que as rugas e a brancura de seu rosto, obtidos graças à maquilagem, e sua caminhada arrastada, são signos de velhice. Enfim, o galope de cavalos intensificando-se nos bastidores é o signo de que um viajante se aproxima.

O espetáculo serve-se tanto da palavra como de sistemas de significação não-lingüística. Utiliza-se tanto de signos auditivos como visuais. Aproveita os sistemas de signos destinados à comunicação entre homens e os sistemas criados em função da atividade artística. Utiliza-se de signos tomados em toda parte: na natureza, na vida social, nas diferentes ocupações, e em todos os domínios da Arte. Se examinarmos, por curiosidade, a lista das artes "maiores" e artes "menores", em número de cem, estabelecida por Thomas Munro[6], é fácil constatar que cada uma delas pode encontrar seu lugar em uma representação teatral, aí desempenhando um papel semântico e que mais ou menos trinta, entre elas, ligam-se diretamente ao espetáculo. Praticamente, não há sistema de significação, não existe signo que não possa ser utilizado no espetáculo. A riqueza semiológica da arte do espetáculo explica, ao mesmo tempo, por que este

6. *Les arts et leurs relations matuelles* (trad. fr.), Paris, 1954, pp. 127-129.

domínio foi, de preferência, evitado pelos teóricos do signo. É por que riqueza e variedade querem dizer, neste caso, complexidade.

Os signos, no teatro, raramente se manifestam em estado puro. O simples exemplo das palavras "eu te amo" acabou de dizer-nos que o signo lingüístico é acompanhado freqüentemente do signo da entonação, do signo mímico, dos signos do movimento, e que todos os outros meios de expressão cênica, cenário, vestuário, maquilagem, ruídos, atuam simultaneamente sobre o espectador, na qualidade de combinações de signos que se completam, se reforçam, se especificam mutuamente ou, então, que se contradizem. A análise de um espetáculo, do ponto de vista semiológico, apresenta sérias dificuldades. Deve-se proceder a cortes horizontais ou verticais? Trata-se, antes de tudo, de separar-se os signos superpostos de diferentes sistemas, ou de dividir o espetáculo em unidades no seu desenvolvimento linear? Mas o espetáculo, e a maioria das combinações de signos, situam-se tanto no tempo como no espaço, o que torna a análise e a sistematização ainda mais complicadas.

O vasto domínio da arte do espetáculo poderia ser abordado, como campo de exploração semiológica, de várias maneiras. Qual método deve-se escolher? A tarefa seria sensivelmente facilitada se pudéssemos apoiar-nos na análise teórica, suficientemente desenvolvida, de cada sistema de signos de que se serve ou pode servir-se o espetáculo. Mas, no estado em que se encontram os estudos semiológicos, isto não é possível. Certos domínios da expressão artística, como as artes plásticas e a música, permanecem, praticamente, inexplorados pela Semiologia. Outros, especificamente cênicos, como os movimentos corporais (mímica, gestos, atitudes), a maquilagem, a iluminação, estão em situação somente um pouco melhor. Seu valor semântico é perfeitamente apreciado e explorado pelos profissionais, mas faltam os fundamentos teóricos; os tratados existentes são repertórios de caráter puramente prático. Na falta de bases semiológicas suficientemente sólidas para se poder tirar conclusões sobre o papel dos diferentes sistemas de signos no fenômeno complexo do espetáculo, decidimos abordar a questão pelo resultado, isto é, o espetáculo como uma realidade existente, tentando, com isto, colocar um pouco de ordem nesta desordem, ou melhor, na aparência de desordem, devida à riqueza de tudo que se desenrola, no espaço e no tempo, no curso de uma representação teatral. Limitar-nos-emos, em nossas considerações, à arte teatral, aliás na acepção mais ampla (drama, ópera, balé, pantomima, marionetes), deixando de lado as outras formas de espetáculo, notadamente o cinema, a televisão, o circo e o *music-hall*.

É necessário, inicialmente, considerar a noção de signo. A teoria geral do signo é uma ciência fecunda que se desenvolve sobretudo no interior da Lógica, da Psicologia, da Lingüística. Para a Semiologia, ela é um ponto de partida indispensável. O que não quer dizer que a noção de signo seja clara. Pelo contrário, as definições existentes variam sensivelmente, o próprio termo, signo, é contestado, ou melhor, rivalizado por um bom número de termos análogos: índice, sinal, símbolo, ícone, informação, mensagem, sintoma, insígnia, que apareceram, não para substituir, mas para diferenciar a noção de signo, segundo as inúmeras funções que lhe atribuem. Não procuraremos, absolutamente, criar nomenclaturas e definições novas, para não atrapalhar mais, de início, a situação teórica do signo. Tentaremos escolher as nomenclaturas e definições que nos parecem mais racionais e, ao mesmo tempo, mais adaptadas ao nosso assunto, a saber, a semiologia do espetáculo.

1) Aceitamos o termo sem recorrer a outros termos do mesmo campo nocional. 2) Adotamos o esquema saussuriano *significado* e *significante*, dois componentes do signo (o significado corresponde ao conteúdo, o significante à expressão). 3) Quanto a classificação dos signos, aceitamos aquela que os divide em *signos naturais* e *signos artificiais*.

Este último ponto requer alguns comentários. A distinção citada aparece no *Vocabulário técnico e crítico da filosofia* de André Lalande (1ª ed., 1917). Eis o essencial de suas definições:

> *Signos naturais* são aqueles onde a relação com a coisa significada não resulta senão das leis da natureza: por exemplo, a fumaça, signo de fogo; *Signos artificiais,* aqueles onde a relação com a coisa

significada repousa numa decisão voluntária e, freqüentemente, coletiva[7].

Esta distinção fundamental entre signos naturais e signos artificiais, adotada por vários autores, repousa num princípio bastante claro. Tudo é signo de qualquer coisa, em nós mesmos e no mundo que nos rodeia, na natureza e na atividade dos seres vivos. Os signos naturais são aqueles que nascem e existem sem participação da vontade; eles têm o caráter de signos para aquele que os percebe, que os interpreta, mas são emitidos involuntariamente. Esta categoria abarca principalmente os fenômenos da natureza (relâmpago: signo de tempestade; febre: signo de uma doença; cor da pele: signo de uma raça) e as ações dos seres vivos não destinadas a significar (reflexos).

Os signos artificiais são criados pelo homem ou pelo animal, voluntariamente, para assinalar qualquer coisa, para comunicar com alguém. Modificando um pouco as definições de Lalande, pode-se afirmar que é ao nível da emissão, e não da percepção, que se situa a diferença essencial entre signos naturais e signos artificiais, e que esta diferença é determinada pela ausência ou existência da vontade de emitir um signo.

Apesar de bastante clara, esta distinção não resolve todos os problemas práticos, não esgota certos casos limítrofes. Tomemos um exemplo de signo lingüístico. A exclamação "ai", de um fumante que queimou a mão com seu cigarro, é um signo natural. Mas seu xingamento, enunciado na ocasião, é um signo natural ou artificial? Isto depende de certas circunstâncias, como os hábitos lingüísticos daquele que os pronuncia, a presença ou ausência de testemunhas. Tomemos um signo procedente da mímica. Em que medida uma expressão de desgosto é um signo natural (reflexo involuntário) ou um signo artificial (ato voluntário para comunicar o desgosto)?

Os signos de que se serve a arte teatral pertencem todos à categoria dos signos artificiais. São signos artifi-

---

7. F. de Saussure distingue o signo *natural* do signo *arbitrário*. Charles Bally opõe *índice* ao *signo*. Emprega-se também, por oposição ao signo *natural*, o termo do signo *convencional*.

101

ciais por excelência. Resultam de um processo voluntário, são criados, geralmente, com premeditação, sua finalidade é a de comunicar no próprio instante. Isto não é nada extraordinário numa arte que não pode existir sem público. Emitidos voluntariamente, com plena consciência de comunicar, os signos teatrais são perfeitamente funcionais. A arte teatral faz uso dos signos extraídos de todas as manifestações da natureza e de todas as atividades humanas. Mas, uma vez utilizados no teatro, cada um destes signos obtém um valor significativo bem mais pronunciado que no seu emprego primitivo. O espetáculo transforma os signos naturais em signos artificiais (o relâmpago); daí seu poder de "artificializar" os signos. Mesmo que eles não sejam, na vida, senão simples reflexos, tornam-se, no teatro, signos voluntários. Mesmo que na vida não tenham função comunicativa, obtêm esta função, necessariamente, em cena. Por exemplo, o solilóquio de um sábio que procura formular seus pensamentos, ou de uma pessoa em um estado de superexcitação nervosa, compõe-se de signos lingüísticos, logo de signos aritificiais, mas sem intenção de comunicar. Pronunciadas em cena, as mesmas palavras reencontram seu papel comunicativo, o monólogo do sábio ou da personagem, em estado de raiva, não tem outra intenção senão a de comunicar aos espectadores os seus pensamentos ou seu estado emotivo.

Acabamos de afirmar que todos os signos de que a arte teatral se serve são signos artificiais. Isto não exclui a existência, em uma representação teatral, de signos naturais. Os meios e as técnicas do teatro estão demasiadamente enraizados na vida para que os signos naturais possam ser totalmente eliminados. Na dicção e na mímica de um ator, os hábitos estritamente pessoais são vizinhos das nuanças criadas voluntariamente e os gestos conscientes mesclados de movimentos reflexos. Os signos naturais confundem-se, neste caso, com os signos artificiais. Mas as complicações para o teórico vão ainda mais longe. A voz trêmula de um jovem ator interpretando um velho é um signo artificial. Contrariamente, a voz trêmula de um ator octogenário, não tendo sido criada voluntariamente, é um signo natural tanto na vida como na cena. Mas ela é, ao mesmo tempo, um signo empregado voluntária e conscientemente na medida em que este ator interpreta uma personagem muito

102

idosa. Esta voz está presente não pela vontade do ator, que não pode falar de outro modo; sua voz torna-se signo artificial pela vontade do diretor ou do dono do teatro que a escolheu para este papel.

Vemos então que a escolha do ator para um papel ou a escolha da peça em função de um ator, escolha efetuada pelo seu físico (expressão do olhar, voz, idade, porte, constituição, temperamento, tudo aquilo que entra na noção de emprego) já é um ato semântico, visando obter os valores mais adequados às intenções do autor ou do diretor. Aproximamo-nos, aqui, do problema dos sujeitos da volição no signo teatral, problema que será preciso retomar no decorrer deste artigo.

Depois destas considerações gerais, concernentes à noção de signo e da especificidade do signo empregado no teatro, tentemos delimitar os principais sistemas de signos de que uma representação teatral faz uso. A classificação proposta abaixo é, como toda classificação, arbitrária. Discernimos treze sistemas de signos. Poder-se-ia fazer cortes mais distintos, limitando o número de sistemas a quatro ou cinco, poder-se-ia igualmente proceder a uma classificação bem mais detalhada. Esta que propomos quer conciliar, numa certa medida, os objetivos teóricos e os objetivos práticos afim de servir a uma pesquisa semiológica mais aprofundada e ao mesmo tempo dar um instrumento provisório à análise científica do espetáculo teatral.

1. *A palavra*

A palavra está presente na maioria das manifestações teatrais (exceto na pantomima e no balé). Seu papel, com relação aos signos dos outros sistemas, varia segundo os gêneros dramáticos, os modos literários ou teatrais, os estilos da *mise en scène* (cf. um espetáculo--leitura e uma representação). Consideramos os signos da palavra sob a acepção lingüística. Trata-se das palavras pronunciadas pelos atores durante a representação. Pelo fato de a semiologia lingüística estar bem mais desenvolvida do que a teoria de qualquer outro sistema de signos, é preciso referir-se aos inúmeros trabalhos dos especialistas (que, aliás, não estão de acordo sobre muitos problemas essenciais) para elaborar as bases de uma semiologia da palavra, no espetáculo. Limitar-nos-

-emos a assinalar que a análise semiológica da palavra pode situar-se em diferentes níveis: não somente ao nível semântico (que concerne tanto às palavras como às frases e às unidades mais complexas) mas ao nível fonológico, sintático, prosódico etc. A superabundância, numa réplica, das consoantes sibilantes e chiantes (s, z, ch, j) pode constituir, em certas línguas, o signo da cólera, da irritação da personagem falante[8]. A ordem arcaizante das palavras é o signo de uma época histórica longínqua, ou de uma personagem anacrônica, vivendo à margem dos hábitos lingüísticos de seus contemporâneos. As alternâncias rítmicas, prosódicas ou métricas podem significar as mudanças de sentimentos ou de humor. Todos estes casos são uma questão de supersignos (signos compostos em segundo e terceiro grau), onde as palavras, mais do que sua função puramente semântica, têm uma função semiológica suplementar ao nível da fonologia, da sintaxe ou da prosódia.

Eis agora, a título de exemplo, um problema especificamente teatral, problema das relações entre o sujeito falante e a fonte física da palavra. Contrariamente àquilo que se passa na vida, eles nem sempre se fundem no teatro e, o que é mais importante, esta inadequação tem conseqüências semiológicas. Num espetáculo de marionetes, as personagens são representadas, do ponto de vista visual, pelos bonecos, enquanto que as palavras são pronunciadas pelos artistas invisíveis. Os movimentos consecutivos desta ou daquela marionete, no decorrer do diálogo, significa que é ela (marionete) que "fala" neste momento, enquanto eles (artistas) indicam o suposto sujeito desta ou daquela réplica, fazem ponte entre a fonte da palavra e a personagem "falante". Pode acontecer que o procedimento do teatro de marionetes seja imitado numa representação dramática com atores vivos, mas agora o papel semiológico deste jogo é inteiramente diferente, se não contrário. Tomemos uma personagem que executa gestos rígidos e nada mais faz senão abrir a boca, enquanto suas palavras são transmitidas, mecanicamente, através do alto--falante. A ruptura intencional entre a fonte natural da voz e o sujeito "falante" é o signo da personagem-títere,

---

8. Os famosos versos de Racine: "Pour que sont ces serpents que sifflent sur vos têtes" (*Phèdre*).

da personagem-marionete. A separação da palavra e do sujeito falante, expediente muito difundido no teatro contemporâneo graças às técnicas modernas, pode assumir diferentes formas e desempenhar diferentes papéis semiológicos: como signo de um monólogo interior do herói, como signo de um narrador visível ou invisível, de uma personagem coletiva, de um espectro (o pai de Hamlet em certas representações) etc.

2. O tom

A palavra não é somente signo lingüístico. O modo como é pronunciada dá-lhe um valor semiológico suplementar. "C'est le ton qui fait la chanson." A dicção do ator pode fazer ressaltar uma palavra, seja ela aparentemente neutra e indiferente, os efeitos mais sutis e mais despercebidos. Um comediante do elenco de Stanislavski fez-se famoso pelas quarenta maneiras de dizer "esta noite", sendo seus ouvintes capazes de adivinhar, na maioria dos casos, seus contextos semânticos. Isto que chamamos aqui de tom (cujo instrumento é a dicção do ator) compreende elementos tais como entonação, ritmo, rapidez, intensidade. É sobretudo a entonação que, utilizando-se da altura dos sons e seu timbre, cria, por todos os tipos de modulações, os mais variados signos.

É preciso situar igualmente nestes sitemas de signos, aquilo que se chama de sotaque (sotaque camponês, aristocrático, provinciano, estrangeiro) se bem que os signos de sotaque estejam entre o tom e a palavra propriamente dita (ao nível fonológico e sintático).

Cada signo lingüístico possui então uma forma normalizada (a palavra como tal), bem como variações (o tom) constituindo um "campo de liberdade" (A. Moles), que cada indivíduo falante e, sobretudo o ator, explora de um modo mais ou menos original. Estas variações podem ter um valor puramente estético, e podem, também, constituir signos.

3. A mímica facial

Passemos agora à expressão corporal do ator, aos signos espaço-corporais criados para as técnicas do corpo humano, signos que podem ser chamados de cinésicos, cinestésicos, ou cinéticos.

Começamos pela mímica facial, porque ela é o sistema de signos cinésicos mais aproximados da expressão verbal. Há um grande número de signos mímicos requeridos pela articulação. Neste nível é muito difícil precisar a fronteira entre a mímica espontânea e a mímica voluntária, entre os signos naturais e os signos artificiais. Um exemplo evidente está na execução de uma ópera, onde a mímica facial, muito desenvolvida, está quase inteiramente na função da emissão de voz e da articulação.

Contrariamente, os signos mímicos, em função do texto pronunciado pelo ator, quer dizer, a palavra ao nível semântico, são, na maioria dos casos, signos artificiais. Acompanhando a palavra, eles fazem-na mais expressiva, mais significativa, mas acontece também que atenuam os signos da palavra ou os contradizem. Os signos musculares do rosto têm um valor expressivo tão grande que substituem, às vezes com sucesso, a palavra. Há igualmente todos os tipos de signos mímicos ligados às formas de comunicação não-lingüística, às emoções agradáveis ou desagradáveis, às sensações musculares (o esforço, por exemplo) etc.

4. O gesto

O gesto constitui, depois da palavra (e sua forma escrita) o meio mais rico e maleável de exprimir os pensamentos, isto é, o sistema de signos mais desenvolvido. Os teóricos do gesto pretendem que seja possível fazer com a mão e o braço até 700000 signos (R. Paget). Quanto à arte do espetáculo, foi anotado que os 800 signos executados com as duas mãos pelos atores do "drama dançado" indiano, Kathakali, correspondem, do ponto de vista quantitativo, ao vocabulário do inglês básico ou do "francês fundamental", e permitem às personagens manterem longos diálogos. Diferenciando o gesto de outros sistemas cinéticos, nós o consideramos como movimento ou atitude da mão, do braço, da perna, da cabeça, do corpo inteiro, visando criar ou comunicar signos. Os signos gestuais compreendem várias categorias. Há aqueles que acompanham a palavra ou a substituem, que suprimem um elemento do cenário (movimento de braço para abrir uma porta imaginária), um acessório (jogo do pescador sem linha, sem vara, sem peixe, sem balde), gestos que significam um sentimento, uma emoção etc. Todos os gestos sendo mais ou menos convencionais (cf. os signos da polidez ou do conforto físico nas diferentes áreas de civilização), é conveniente sublinhar que nas artes de espetáculo de certos países, como os da Ásia, os gestos são superconvencionais: cuidadosamente codificados e transmitidos de geração a geração, não são acessíveis a não ser para um público iniciado.

5. *O movimento cênico do ator*

O terceiro sistema de signos cinestésicos compreende os deslocamentos do ator e suas posições no espaço cênico. É principalmente uma questão de:

— lugares sucessivos ocupados em relação aos outros atores, aos acessórios, aos elementos do cenário, aos espectadores;

— diferentes maneiras de se deslocar (andar lento, precipitado, vacilante, majestoso, deslocamento a pé, sobre um carro, uma carruagem, sobre uma padiola);

— entradas e saídas;

— movimentos coletivos.

Estas categorias principais do movimento cênico do ator, consideradas do ponto de vista semiológico, são suscetíveis de prover-nos com os mais variados signos. Uma personagem sai de um restaurante (signo de suas relações com o restaurante: ela mesma é o dono do restaurante ou o garçom, é freguês ou lá entrou para ver alguém). Percebendo uma outra personagem, no meio da cena, detém-se bruscamente (desejo de não entrar em comunicação com esta personagem), ou então se dirige a ela (desejo de pôr-se em comunicação).

Uma terceira pessoa aparece, os dois interlocutores separam-se precipitadamente (signo de cumplicidade).

O andar titubeante é o signo de embriaguez ou de extrema fadiga. O andar de costas pode ser o signo de reverência exigida pelo protocolo, da timidez, da desconfiança em relação àquele de que se afasta, ou de afetação (o valor real deste signo depende do contexto

107

semiológico). A entrada do ator (bem como a saída) pelo pátio ou pelo jardim, pela porta ou pela janela, abaixo do platô ou acima da rampa, são signos utilizados tanto pelo autor dramático como pelo diretor. Enfim, os movimentos dos grupos ou de multidões podem criar signos específicos que não a simples soma de signos proporcionados pelos movimentos individuais. Por exemplo, a marcha lenta e apática torna-se signo de um poder ameaçador, desde que seja executada por algumas dezenas de figurantes, em grupo ou vindos de todas as direções (o mesmo signo, multiplicado por um certo número de casos individuais, muda de significado, obtém um novo valor).

6. *A maquilagem*

A maquilagem teatral está destinada a valorizar o rosto do ator que aparece em cena em certas condições de luz. Contribui, com a mímica, para constituir a fisionomia da personagem. Enquanto que a mímica, graças aos movimentos dos músculos da face, cria sobretudo signos móveis, a maquilagem forma signos que têm um caráter mais duradouro. Às vezes é aplicada em outras superfícies descobertas do corpo, como as mãos ou os ombros. Utilizando técnicas e materiais variados (cremes, *crayons*, pós, resina, verniz, *appliques*), a maquilagem pode criar signos relativos à raça, idade, estado de saúde, de temperamento. Eles estão fundamentados, sobretudo, em signos naturais (cor da pele, brancura ou vermelhidão da face, linha dos lábios e das sobrancelhas). Chega-se, através da maquilagem, a levantar um conjunto de signos que constituem uma personagem-tipo, por exemplo, uma *vamp*, uma feiticeira, um bêbado. Os signos da maquilagem (na maioria das vezes combinados com aqueles do penteado e do figurino) permitem também representar uma personalidade histórica ou contemporânea. A maquilagem como sistema de signos está em interdependência direta com a mímica do rosto. Os signos dos dois sistemas reforçam-se mutuamente ou se completam, mas acontece também que a maquilagem entrava a expressão mímica do ator. Os homens da profissão conhecem bem a maquilagem dita *au masque* que imobiliza parcialmente a visão; a técnica de maquilagem tem igualmente o recurso da máscara propriamente dita na semiologia do espetáculo. Em nossa opinião, a máscara liga-se ao sistema de signos da maquilagem, se bem que, do ponto de vista do material, possa fazer parte do figurino, e, do ponto de vista funcional, da mímica.

7. O penteado

Como produto artesanal, o penteado teatral está classificado, mais freqüentemente, dentro da área da maquilagem. Como fenômeno artístico, pertence ao domínio do figurinista. Todavia, do ponto de vista semiológico, o penteado tem, freqüentemente, um papel que demonstra ser, em certos casos, decisivo. É por isto que decidimos considerá-lo como um sistema autônomo de signos. Por exemplo, nos *Físicos*, de Dürrematt, o espectador, advertido que entre as personagens há um pseudo-Newton, reconhece-o desde o primeiro momento graças à peruca típica do século XVII, na Inglaterra; neste caso, a maquilagem tem um papel secundário. O penteado pode ser o signo pertencente a uma área geográfica ou cultural, de uma época, de uma classe social, de uma geração que se opõe aos hábitos de seus pais. O poder semiológico do penteado não está somente no estilo, nas variantes históricas e sociais, mas também no estado mais ou menos tratado em que se encontra. Falando-se do penteado, não se deve esquecer o papel semiológico que a barba e o bigode podem ter, como complementos indispensáveis do penteado ou como elementos autônomos.

8. O vestuário

No teatro, "o hábito faz o monge". O vestuário transforma o Sr. Dupont-ator, ou o Sr. Dubois-figurante, em marajá hindu ou num mendigo parisiense, em patrício da Roma antiga ou em capitão de um navio, em cura ou em cozinheiro. Mesmo na vida real, a vestimenta é portadora de signos artificiais de uma grande variedade. No teatro é o meio mais exteriorizado, mais convencional de definir o indivíduo humano. O vestuário significa o sexo, a idade, a pertinência a uma classe social, a profissão, uma posição social hierárquica particular (rei, papa), a nacionalidade, a reli-

109

gião; às vezes determina uma personalidade histórica contemporânea. Nos limites de cada uma destas categorias (e também fora delas), o vestuário pode significar todos os tipos de nuanças, como a situação material da personagem, seus gostos e certos traços do seu caráter. O poder semiológico do vestuário não se limita a definir aquele que o veste. A vestimenta é também o signo do clima (casacão colonial) ou da época histórica, da estação (um chapéu panamá) ou do tempo que está fazendo (uma capa de chuva), do lugar (maiô de banho ou uma roupa de alpinista) ou da hora do dia. Evidentemente, um vestuário corresponde, em geral, a muitas circunstâncias; ao mesmo tempo, e mais freqüentemente, é associado aos signos que pertencem a outros sistemas. Em certas tradições teatrais (Extremo Oriente, Índia, *commedia dell'arte*), o traje, esclerosado dentro de convenções rigorosas, torna-se (como a máscara) o signo de um dos tipos imutáveis que se repetem de peça em peça e de geração em geração. Convém sublinhar que os signos do traje, como aqueles da mímica, da maquilagem ou do penteado, podem funcionar ao avesso: acontece que a vestimenta serve para esconder o verdadeiro sexo da personagem, sua verdadeira posição social, sua verdadeira profissão etc. Toda questão do travestimento está aí.

9. *O acessório*

Os acessórios constituem, por vários motivos, um sistema autônomo de signos. Em nossa classificação, situam-se melhor entre o vestuário e o cenário porque numerosos casos limítrofes aproximam-nos de um ou de outro. Todo elemento do vestuário pode tornar-se acessório, desde que tenha um papel particular, independente das funções semiológicas da vestimenta. Por exemplo, a bengala é um elemento indispensável do vestuário de um dândi em uma comédia de Musset. Mas, esquecida na penteadeira da mulher cortejada, torna-se um acessório carregado de conseqüências. Por outro lado, a fronteira entre o acessório e o cenário é, talvez, difícil de definir. Um automóvel é, de preferência, acessório na terceira cena do *Sr. Puntila e seu criado Matti*, e é elemento essencial do cenário no primeiro ato de

Knock. E a carroça da *Mãe Coragem*, é um acessório ou um cenário na peça de Brecht?

Uma multidão praticamente ilimitada de objetos existentes na natureza e na vida social pode transformar-se em acessórios de teatro. Estes acessórios, se significam somente os objetos reencontrados na vida, são signos artificiais destes objetos, signos de primeiro grau. Mas, além desta função elementar, podem significar o lugar, o momento, uma circunstância qualquer que se reporta às personagens que se servem dessa função (profissão, gostos, intenção), e é sua significação em segundo grau. A lanterna acesa na mão de um criado significa que é noite, a serra e o machado são os signos do lenhador. Há casos onde o acessório pode obter um valor semiológico em um grau mais elevado. A gaivota empalhada, acessório na peça de Tchekov, é o signo, em primeiro grau, de uma gaivota recentemente morta; esta é o signo, em segundo grau, (ou símbolo, na linguagem corrente) de uma idéia abstrata (aspiração frustrada da gaivota) que é, por sua vez, o signo do estado de espírito do herói da peça. Para sermos exatos, diremos que o significado do signo em primeiro grau encadeia-se ao significante do signo em segundo grau, o significado deste último encadeia-se ao significante do signo em terceiro grau, e assim por diante (fenômeno de conotação).

10. *O cenário*

A tarefa primordial do cenário, sistema de signo que se pode também denominar de dispositivo cênico, decoração ou cenografia, é a de representar o lugar: lugar geográfico (paisagem de pagodes, mar, montanha), lugar social (praça pública, laboratório, cozinha, bar), ou os dois ao mesmo tempo (rua dominada por arranha-céus, salão com vista para a torre Eiffel). O cenário ou um de seus elementos pode também significar o tempo: época histórica (templo grego), estações do ano (tetos cobertos de neve), certa hora do dia (o sol se escondendo, lua). Ao lado de sua função semiológica de determinar a ação no espaço e no tempo, o cenário pode conter signos que se relacionem com as mais variadas circunstâncias. Limitar-nos-emos a constatar que o campo semiológico do cenário teatral é quase tão vasto quanto os de todas as artes plásticas: Pintura, Escultura, Arquitetura, Arte Decorativa. Os meios dos quais o cenógrafo se serve são muito variados. Sua escolha depende da tradição teatral, da época, das correntes artísticas, dos gostos pessoais, das condições materiais do espetáculo. Há cenários ricos em detalhes e cenários que se limitam a alguns elementos essenciais, até mesmo a um único elemento. Num interior burguês sobrecarregado, cada móvel e cada objeto (maciço, pintado ou de papelão) é o signo em primeiro grau de um móvel ou de um objeto real, mas a maior parte deles somente tem significação individual no segundo grau; são as combinações de diversos signos no primeiro grau e, às vezes, sua totalidade, que constituem o signo no segundo grau, signo de um interior burguês. No caso em que o cenário teatral limita-se a um único elemento, a um único signo, este torna-se automaticamente o signo no segundo (e mesmo no terceiro) grau.

O valor semiológico do cenário não se esgota nos signos implicados em seus elementos. O movimento dos cenários, a maneira de colocá-los ou de mudá-los podem trazer valores complementares ou autônomos. Um espetáculo pode dispensar inteiramente o cenário. Neste caso, seu papel semiológico é retomado pelo gesto e o movimento (expediente ao qual recorre, voluntariamente, a pantomima), pela palavra, ruído, vestuário, acessório e também pela iluminação.

11. A iluminação

A iluminação teatral é um procedimento bastante recente (na França ela foi introduzida somente no século XVII). Explorada principalmente para valorizar os outros meios de expressão, pode ter, não obstante, um papel semiológico autônomo. Em vista dos rápidos progressos, desde a aplicação da eletricidade, quer dizer, desde mais de um século, a iluminação teatral, com seus mecanismos aperfeiçoados de distribuição de comando, encontra um emprego cada vez mais amplo e rico do ponto de vista semiológico, tanto na cena fechada como nos espetáculos ao ar livre.

Inicialmente, a iluminação é capaz de delimitar o lugar teatral: o facho de luz concentrado numa determi-

112

nada parte do palco significa o lugar momentâneo da ação. A luz do projetor permite também o isolamento de um ator ou de um acessório. Ela o faz não somente com o fim de delimitar o lugar material, mas também para pôr em relevo tal ator ou tal objeto em relação com aquilo que os rodeia; ela se torna o signo da importância, momentânea ou absoluta, da personagem ou do objeto iluminado. Uma função importante da iluminação consiste em poder ampliar ou modificar o valor semiológico novo; o rosto, o corpo do ator ou o fragmento do cenário são às vezes "modelados" pela luz. A cor difundida pela iluminação pode também desempenhar um papel semiológico.

Deve-se reservar um lugar especial para as projeções. Por seu funcionamento, elas se ligam ao sistema de iluminação, mas seu papel semiológico ultrapassa largamente o sistema em questão. É necessário, inicialmente, distinguir a projeção imóvel da projeção móvel. A primeira pode completar ou substituir o cenário (imagem ou fotografia projetada), a segunda acrescenta feitos dinâmicos (o movimento das nuvens, movimento das ondas, imitação da chuva ou da neve). O emprego da projeção no teatro contemporâneo toma formas bastante variadas: ela se tornou um meio técnico de comunicar signos pertencentes a sistemas diferentes, e mesmo situados fora deles. Por exemplo, a projeção cinematográfica no decorrer de um espetáculo teatral deve ser analisada, inicialmente, no quadro da semiologia do cinema; o fato de que esta projeção exista é, para nós, um signo de grau composto: este se passa simultaneamente em um outro local, ou trata-se de sonhos da personagem.

12. *A música*

A música, que é um dos grandes domínios da Arte, exigiria estudos especializados a fim de destacar seus aspectos semânticos ou semiológicos. De qualquer maneira, o valor significativo da "música de programa", da "música imitativa" tem sido evidente. Mas um método de análise válido só é possível a partir da pesquisa semiológica ao nível das estruturas fundamentais da música — ritmo, melodia, harmonia — baseadas nas relações de intensidade, de duração, de altura e de timbre dos sons. Estas pesquisas ainda não ultrapassaram um estágio preliminar. No que concerne à música aplicada ao espetáculo, sua função semiológica é quase sempre indubitável. Os problemas específicos e muito difíceis colocam-se no caso em que ela é o ponto de partida de um espetáculo (ópera, balé). No caso em que ela é acrescentada ao espetáculo, seu papel é o de sublinhar, de ampliar, de desenvolver, às vezes de desmentir os signos dos outros sistemas, ou de substituí-los. As associações rítmicas ou melódicas ligadas a certos gêneros de música (minueto, marcha militar) podem servir para evocar a atmosfera, o lugar ou a época da ação. A escolha do instrumento tem também um valor semiológico, podendo sugerir o lugar, o meio social, o ambiente. Entre os numerosos empregos que os diretores fazem da música, pensemos, por exemplo, no tema musical que acompanha as entradas de cada personagem e torna-se signo (em segundo grau) de cada uma delas, ou num exemplo de motivo musical que, acrescentado às cenas retrospectivas, significa o contraste presente-passado. Um lugar particular deve ser reservado à música vocal, cujos signos estão estritamente ligados aos da palavra e da dicção (como palavra e tom estão ligados na linguagem falada). Portanto, a música significa às vezes outra coisa diferente do texto (por exemplo, música suave e texto cruel). Num espetáculo de ópera, a tarefa do semiólogo é mais complicada porque os signos da música manifestam-se simultaneamente em dois níveis: ao nível instrumental e ao nível vocal. Numa certa medida, também é assim no caso da opereta e da canção.

13. O ruído

Chegamos à categoria dos efeitos sonoros do espetáculo que não pertencem nem à palavra nem à música: os ruídos. Em primeiro lugar, há todo um domínio de signos naturais, ruídos de passos, rangidos de portas, sussurros dos acessórios e das vestimentas que permanecem signos naturais no espetáculo.

Eles são resultados involuntário e secundário da comunicação feita através de outros signos, resultado que não se pode, não se deve evitar. Somente nos interessam os ruídos que, sendo signos naturais ou artificiais na vida, são reconstituídos artificialmente para os objetivos do espetáculo, formando o domínio do ruído. O campo semiológico do ruído é tão vasto, e talvez mais vasto ainda, quanto o universo dos ruídos na própria vida. Os ruídos produzidos no teatro podem significar a hora (batidas do relógio), o tempo que está fazendo (chuva) e lugar (ruídos de grande cidade, trinados de pássaros, voz de animais domésticos), o deslocamento (ruído de um carro que se aproxima ou que se distancia), podem ser signos de fenômenos e circunstâncias as mais diversas. Os meios empregados para obter os efeitos de ruído são de uma grande variedade: desde a voz humana que imita o canto de um galo, nos bastidores, até a fita magnética que produziu uma verdadeira revolução neste domínio. Ela permite, por um lado, o registro e a reconstituição dos ruídos naturais mais raros e, por outro lado, o verdadeiro trabalho criador e as experiências mais audaciosas visando construir signos que estão freqüentemente no limite da música e também da palavra. Um texto falado, registrado na fita magnética e reproduzido fora do palco, não é uma espécie de balbucio num estágio de ruído?

Quando se abarca de uma só vez os treze sistemas de signos que acabamos de examinar superficialmente, resultam observações que conduzem a uma classificação mais sintetizante. Os sistemas 1 e 2 reportam-se ao texto pronunciado; 3, 4 e 5 à expressão corporal; 6, 7 e 8 às aparências exteriores do ator; 9, 10 e 11 ao aspecto do lugar cênico; 12 e 13 aos efeitos sonoros não-articulados. Disto resultam cinco grandes grupos de signos. Observamos que os oito primeiros sistemas (três grandes grupos) dizem respeito diretamente ao ator.

Uma outra classificação permite fazer a distinção entre signos auditivos e signos visuais. Os dois primeiros e os dois últimos sistemas da nossa classificação — palavra, tom, música, ruído — englobam signos auditivos (ou sonoros, ou acústicos), enquanto que todos os outros reúnem signos visuais (ou ópticos). A esta última classificação, fundamentada na percepção dos signos, liga-se aquela que os situa numa relação com o tempo e com o espaço. Os signos auditivos são comunicados no tempo. O caso dos signos visuais é mais complicado: uns (maquilagem, penteado, vestuário, acessório, cenário) são, em princípio, espaciais, outros (mímica, gesto, movimento, iluminação) funcionam geralmente no espaço e no tempo.

Aplicando a distinção que diz respeito à percepção sensorial dos signos (auditivo-visuais) àquela que os divide segundo seu portador, obteremos quatro grandes categorias: signos auditivos emitidos pelo ator (sistemas 1 e 2), signos visuais, localizados no ator (3, 4, 5, 6, 7 e 8), signos visuais, extrapolando o ator (9, 10 e 11), signos auditivos fora do ator (12 e 13).

O quadro, adiante, esquematizando os fenômenos que são, na realidade, bem menos simples, ajudará a seguir as classificações marcadas.

Pode-se igualmente classificar os signos e seus sistemas segundo os sujeitos da volição, quer dizer, as pessoas que o criam por sua vontade (já que todo signo artificial implica uma criação voluntária).

Temos, em primeiro lugar, o autor dramático; ele é principalmente criador de signos da palavra, mas pode inspirar, pelo próprio texto ou participando dos ensaios, signos que pertencem a todos os outros sistemas. O diretor é, hoje em dia, o senhor todo-poderoso do espetáculo, podendo criar ou suprimir os signos de qualquer sistema (abrangendo aqueles da palavra, fazendo cortes, mudanças, ou acrescentando algo ao texto). O ator determina, de uma maneira mais ou menos independente, os signos do tom, da mímica, e do gesto, parcialmente aqueles do movimento cênico, por vezes os da maquilagem, do penteado ou do vestuário. O papel do cenógrafo (chamado também de autor do dispositivo cênico, ou decorador) é criar signos do cenário, dos acessórios, às vezes da iluminação; ele mesmo ou os colaboradores especializados criam os signos do vestuário, do penteado, da maquilagem. Por determinada disposição no espaço cênico, o cenógrafo pode sugerir os signos do movimento. Enfim, o compositor, para não falar somente dos principais co-autores do espetáculo teatral, cria os signos da música e, eventualmente do ruído; no caso da música do balé ou da pantomima, o compositor inspira os signos do movimento do ator (como o autor do texto dramático o faz com relação aos diferentes sistemas de signos). No balé e nos interlúdios dançados, o coreógrafo é o principal criador de signos do gesto e do movimento.

1. Palavra 2. Tom	Texto Pronunciado		Signos auditivos	Tempo	Signos auditivos (Ator)
3. Mímica 4. Gesto 5. Movimento	Expressão Corporal	Ator	Signos visuais	Espaço e Tempo	Signos visuais (Ator)
6. Maquilagem 7. Penteado 8. Vestuário	Aparências Exteriores do Ator			Espaço	
9. Acessório 10. Cenário 11. Iluminação	Aspecto do Lugar Cênico	Exterior ao Ator		Espaço e tempo	Signos visuais (fora do ator)
12. Música 13. Ruído	Efeitos sonoros não--articulados		Signos auditivos	Tempo	Signos auditivos (fora do ator)

Depois destas tentativas para sistematizar os fenômenos semiológicos do espetáculo teatral, convém insistir sobre o fato da intercambiabilidade dos signos entre diferentes sistemas. Este problema já apareceu no curso da apresentação deste ou daquele sistema. A palavra, em primeiro lugar, tem o poder de substituir a maior parte dos signos dos outros sistemas. O gesto vem em segundo lugar. Mas acontece que os signos mais materiais, os do cenário por exemplo, substituem-se uns aos outros.

"Um homem ou outro deverá representar o muro: é preciso que o untem de gesso ou argila, ou cal para figurar o muro; e, pois, ele que tenha os dedos desta maneira, e Pyrame e Thisbé cochicharão através da abertura" diz Bottom em *Sonho de uma Noite de Verão* (Ato III, c. I), e, efetivamente, a vestimenta de Groin será um elemento do cenário: "Esta cal, este gesso e esta pedra de cunha, mostram-vos que eu sou um muro. É a verdade" — afirma ele (Ato V, c. I). Numa outra representação deste tipo, os atores vêm declamando quadras, colocando suas caras nos buracos de um pano sobre o qual estão engenhosamente desenhadas suas silhuetas. Desta vez, um elemento do cenário substitui o vestuário.

Notemos, de passagem, que há, no teatro, signos equívocos, no duplo sentido, conscientemente embaralhados ou herméticos, tanto ao nível da palavra como ao dos outros sistemas, signos suscetíveis de serem interpretados de diferentes modos. Um cenário pode significar, ao mesmo tempo, as abóbadas de uma catedral e a floresta (pelo rosto artístico da simplificação, por razões práticas, para criar uma significação de grau composto). Uma vestimenta pode conter elementos misturados, de dois sexos, ou de diferentes épocas. Um ruído pode significar, ao mesmo tempo, a batida do coração de uma personagem e o som dos tambores de um exército, pode passar de uma significação a outra.

O problema da percepção e da interpretação dos signos merece ser analisado com os métodos da teoria da informação. Onde há um sistema de signos deve existir um código. Os códigos dos signos empregados no teatro nos são fornecidos pela experiência individual ou social, pela instrução, pela cultura literária e artística. Há gêneros de espetáculo onde o conhecimento de um código especial (ou de códigos especiais) é necessário.

Para nos colocarmos no centro da questão, tomemos o exemplo radical de um surdo ou de um cego assistindo a uma representação dramática: este perceberá exclusivamente os signos auditivos, aquele, os signos visuais. O exemplo de um espetáculo em língua estrangeira é muito mais detalhado (grau de conhecimento desta língua, grau de conhecimento da peça representada). Em todos os casos, o número e o valor dos signos emitidos variam segundo a cultura geral do espectador, seu conhecimento dos locais e dos costumes, o grau de engajamento com aquilo que se passa em cena, sua capacidade de concentração, a quantidade de signos emitidos simultaneamente (problema da economia de signos ao qual retornaremos), as condições de transmissão dos signos (por exemplo, má dicção de um ator ou luz insuficiente), enfim, o lugar ocupado pelos espectadores, depois das primeiras filas da platéia até o anfiteatro, é isto que diferencia suas possibilidades de ver e entender, diferenciados já, *a priori,* por suas próprias capacidades auditivas e visuais. Mas estas considerações correm o risco de distanciar-nos muito do objeto principal de nossa pesquisa, pois elas se ligam tanto à teoria da informação quanto à psicologia do espectador.

O que é de uma importância essencial do ponto de vista da semiologia teatral, é o problema da economia dos signos comunicados no decorrer do espetáculo. A prodigalidade e a parcimônia semiológicas constituem, aí, dois pólos.

Antes de começar a representação, o espectador contempla o telão que o informa, sem equívocos, sobre o lugar e a época da peça. Um trecho de música confirma que somos transportados para o tempo de Offenbach. Levantada a cortina, um calendário enorme na parede comunica-nos a data exata e uma das primeiras réplicas da personagem da comédia contém informação, bastante preciosa: "estamos em 18..."

Numa outra representação, enquanto os atores falam e se deslocam, um "jornal luminoso" corre acima de suas cabeças, ao mesmo tempo em que imagens projetadas sucedem-se numa tela, de maneira que é quase impossível seguir simultaneamente os três planos. Num tal excelente espetáculo, o diretor não está limitado a representar o lugar e a atmosfera da ação dramática (asilo de loucos) fazendo seus doentes andarem: ele os instala, às dezenas, em todos os cantos do cenário, construído em diversos níveis, e faz com que produzam ruídos e gestos dos mais elaborados enquanto dura toda a representação. A prodigalidade de signos é enorme, mas ela está aqui com uma finalidade artística indubitável. O desperdício semiológico pode, então, apresentar-se sob várias formas: duplicação ou multiplicação do mesmo signo, justaposição de signos onde os significados são idênticos ou muito aproximados, reprise reinterada dos mesmos signos, emissão simultânea de um grande número de signos, semelhantes ou diferentes, onde uma parte, somente, pode ser percebida pelo espectador. É fácil constatar que a noção de redundância, emprestada da teoria da informação, não explica todos os problemas relativos àquilo que chamamos de prodigalidade dos signos do espetáculo.

Uma cena quase vazia, com panos de fundo negros e um praticável. O elenco entra como uma equipe homogênea com macacões de trabalho. Um ator se destaca, pega um chapéu, uma bengala; a personagem está formada. A luz do projetor anima um outro comediante que avança e dá a réplica. Pouco a pouco, alguns acessórios e alguns elementos de vestuário, com a palavra e o movimento, todo um pequeno mundo começa a viver, a se debater, a sofrer, a se divertir. Eis uma *mise en scène* "despojada", onde a parcimônia semiológica permite colocar em relevo cada signo, impor-lhe uma tarefa que, habitualmente, é repartida entre vários signos de vários sistemas.

Entre estes dois extremos, prodigalidade e parcimônia, situa-se o problema da economia dos signos. Ela exige não somente que não haja multiplicação nem repetição, sem necessidade semântica ou artística, mas também que, entre uma grande quantidade de signos comunicados simultaneamente (exigência da obra dramática ou do estilo da *mise en scène*), o espectador possa destacar facilmente os mais importantes, os que são indispensáveis à compreensão da obra representada.

Com base em algumas análises e em vários exemplos extraídos de diferentes sistemas de signos, é preciso que reconsideremos o problema do signo teatral em geral e sobretudo nas relações entre significado e significante. Aceitamos, em princípio, o esquema saussuriano significado-significante, duas componentes do signo. Como este esquema, elaborado para as necessidades da Lingüística, sustenta a experiência do signo teatral, signo que se estende sobre campos semiológicos extremamente vastos?

Um certo ruído é o signo da chuva. O som emitido pelo prato de metal do sonoplasta é, neste caso, o *significante,* a idéia de que chove é o *significado.* Mas a chuva pode ser representada (significada) no teatro de diversas maneiras, através de diferentes sistemas de signos: pela iluminação (projeção), pelo vestuário (impermeável e capuz), pelo acessório (guarda-chuva), pelo gesto do ator (que se seca, entrando), pelo penteado (cabelos molhados), pela música e, sobretudo, pela palavra. Há então diferentes signos (simultâneos, sucessivos ou virtuais), diferentes significantes, mas o significado é sempre o mesmo: "chove". (Sem esquecer que cada um destes signos pode ter um valor semiológico suplementar, por exemplo, o tom particular para pronunciar a palavra "chove", o gesto que significa um homem rústico ou um homem distinto.) Tomemos outro exemplo.

A noção de homem sem cultura é representada numa personagem teatral por vários signos: palavra, tom, mímica, gesto, movimento, penteado, vestuário, acessório. Seu significado é: "homem sem cultura". No quinto ato de *Pigmalião* de E.G.B. Shaw, Doolittle chega em casa de Mme Higgins. Desta vez o varredor de ruas está vestido como um burguês rico: redingote, colete branco, cartola. O ator que interpreta este papel instala-se numa poltrona, coloca a cartola sobre o assoalho ao seu lado, acende um charuto; ele hesita um instante e depois, na falta de um cinzeiro, serve-se de sua cartola. Seu gesto significa: 1) que ele quer depositar a cinza de seu charuto; 2) que ele não tem modos; 3) que ele quer ser considerado como um cavalheiro. Eis um signo, um significante e três significados superpostos ou, como havíamos dito muitas vezes para simplificar, o signo em primeiro grau, em segundo grau e em terceiro grau.

Acabamos de evocar o caso em que vários signos têm o mesmo significado e o caso onde um só signo tem

121

vários signos superpostos. É importante acrescentar um caso mais complicado, aquele em que o espectador é obrigado a associar dois ou mais signos que pertencem a diferentes sistemas para descobrir o significado composto (ou, numa outra nomenclatura, o signo de grau composto). Um grupo de manifestantes atravessa a cena, as mãos vazias, enquanto *slogans* são projetados na tela. Há então muitos signos de dois sistemas (movimento e cenário projetado), diferentes significantes e diferentes significados; é associando estes signos ao nível de seus significados que se apreende o significado composto (o signo em grau x): as pessoas manifestam-se com cartazes, reclamam a realização de seus postulados. E eis uma outra combinação. O ator permanece imóvel em cena, enquanto suas palavras são difundidas pelo alto-falante e sua face, fazendo a mímica, é projetada como um filme. Na maioria dos signos emitidos da moldura de cada sistema, o signo em grau x, ou o significado composto, resultado da associação destes três elementos, é: "É um monólogo interior". Os exemplos citados provam suficientemente a complexidade do signo teatral. A noção de conotação (Hjelmslev, Barthes) pode ajudar a resolver certos problemas, mas mostra-se ineficaz em casos mais complicados.

O aspecto teórico do signo do espetáculo se esclarecerá e se precisará passo a passo com as pesquisas sobre os sistemas particulares de signos e sobre os diferentes gêneros de espetáculo. Atrevemo-nos a esboçar este apanhado geral (ainda que limitado a certos gêneros de espetáculo), na esperança de encorajar e facilitar as pesquisas práticas, sem as quais uma pesquisa válida é irrealizável. As observações propostas aqui talvez servirão à análise científica da representação teatral. Uma análise verdadeiramente científica e comparativa se impõe em nossos dias. O Colóquio de Royaumont no teatro contemporâneo, organizado e dirigido por Jean Jacquot em novembro de 1966, foi uma das primeiras tentativas neste sentido. Veio à tona, no decorrer dos debates, o problema de saber em que medida as pessoas que se interessam seriamente pelo problema — pesquisadores, universitários, diretores, críticos — têm necessidade de um método que lhes permita um esforço coletivo e eficaz. Parece-nos que o método semiológico convém perfeitamente, como ponto de partida, a este gênero de espetáculo, tanto mais que as técnicas existentes, filmagem e gravação em fita magnética fornecem o meio de examinar e de reexaminar à vontade, ao nível dos signos visuais e auditivos, cada fragmento de uma representação escolhida para este fim.

A aplicação do método semiológico na análise do espetáculo requer a elaboração de alguns princípios metodológicos, em primeiro lugar a determinação da unidade significativa (ou semiológica) do espetáculo.

Se considerarmos que os lingüistas não estão de acordo quanto à unidade semântica da língua (monema? palavra? frase? enunciado?) tem-se uma idéia da dificuldade que esta tarefa apresenta. É preciso determinar a unidade significativa para cada sistema de signos e em seguida achar o denominador comum a todos os signos emitidos ao mesmo tempo. Poder-se-á postular *a priori,* a seguinte definição, partindo-se da noção de tempo: a unidade semiológica do espetáculo é um pedaço que contém todos os signos emitidos simultaneamente, pedaço cuja duração é igual à do signo que dura menos. Na prática, isto poderá conduzir a uma atomização excessiva das unidades (sobretudo ao nível da palavra e dos signos cinestésicos).

Além destas funções utilitárias, além dos serviços que ela é capaz de prestar aos estudos teatrais, a pesquisa semiológica, no domínio do espetáculo, abre vastos horizontes do ponto de vista teórico. A confrontação dos signos mais heterogêneos no seio de uma entidade artística, em um tempo e um espaço relativamente restritos de signos, onde as interdependências são numerosas e diversas, obrigam a procurar soluções teóricas e tirar conclusões que serão valiosas para o signo, numa acepção mais ampla possível. O estudo semiológico do espetáculo pode tornar-se o terreno das manobras privilegiadas pela elaboração de uma semiologia geral. Graças à necessidade de se colocar os sistemas mais variados face a face, a semiologia da arte do espetáculo pode demonstrar ser a pedra de toque de uma ciência geral dos signos.

Trad.: *Isa Kopelman*

6. A MOBILIDADE DO SIGNO TEATRAL
Jindrich Honzl

Já no primeiro número de *Travail Théâtral* exprimíamos nosso desejo de dedicar atenção a proposições de métodos elaborados no passado, de revelar textos teóricos desconhecidos ou mal conhecidos, porém capazes de nos ajudar na elaboração progressiva de um novo uso da crítica. A publicação do texto de J. Honzl é uma primeira conseqüência dessa preocupação.

Quem é Jindrich Honzl? É pouco conhecido o teatro tcheco de entre-guerra, mas pode-se prever que ele será descoberto com alguns decênios de atraso, tal como aconteceu com Meyerhold e com o teatro soviético imediatamente posterior à Revolução: Burian, Honzl, Frejka não são mais do que simples nomes para a maioria de nós, enquanto que, na verdade, sua produção teatral nos anos vinte e trinta é de capital importância. Em Honzl (1894-1953), que foi professor antes de se tornar um dos fundadores do "Teatro Libertado" em 1926, responsável pelo Teatro Nacional de Praga em 1948 e finalmente titular da cadeira de estudos teatrais da Universidade de Praga, o animador e o encenador misturam-se com um observador atento do teatro contemporâneo, com um analista penetrante, com um teórico considerável que, baseando-se em seus conhecimentos sobre o teatro do passado e dos tempos atuais, bem como em sua própria prática cênica, é capaz de nos propor uma análise global do fenômeno teatral e de seu *funcionamento*. Pelo que sabemos, é um dos primeiros a fazê-lo.

Reconhecemos que "A Mobilidade do Signo Teatral" apresenta alguns aspectos um tanto "ultrapassados", e já ouço os espíritos mordazes gritarem "superado", os doutos exclamarem "tudo isso é evidente". Mas, que observem o texto com maior atenção! Honzl tem o mérito — não pequeno —

de nos libertar de alguns de nossos apriorismos ("Não há teatro sem obra dramática", "não há teatro sem atores" etc.);

de basear a realidade do espetáculo na ação de seus diversos elementos (texto, ator, cenário, iluminação, música etc.) suscetíveis de se libertarem das funções que tradicionalmente lhes são atribuídas sem realmente levar em consideração a realidade teatral e de mudar seus papéis significantes;

de definir o teatro pelo primado da ação dramática, do ator, da palavra, do traje, da música, do cenário etc., todos sendo portadores possíveis dessa ação. Existe uma metáfora particularmente esclarecedora no fato de Honzl fazer da ação dramática uma corrente elétrica que percorre diversos condutores (o ator, o cenário etc.) e que pode, num dado momento da representação, passar por um deles apenas ou, pelo contrário, por vários ou mesmo por todos simultaneamente.

Com isso, Honzl não apenas nos ajuda em nossa análise do fenômeno teatral, enfatizando a percepção desse fenômeno, como também nos permite encarar de uma maneira nova a própria história do teatro.

No momento em que, na França, a semiologia teatral tateia à procura de si mesma, seria bom ler Honzl e, particularmente, este texto que já tem mais de trinta anos, ver como, nele, a teoria não é um sistema artificialmente colocado sobre a realidade, descobrir com ele a contribuição considerável que podem repre-

126

sentar os intercâmbios entre práticos do palco e teóricos da arte (penso, de maneira particular, no enriquecimento mútuo de Jindrich Honzl e Jan Mukarovský), constatar enfim que a análise do fenômeno teatral não exige uma formulação obscura nem um vocabulário reservado a uma "elite" de especialistas que seriam os únicos capazes de compreendê-lo e manejá-lo. Jindrich Honzl fala de uma maneira clara porque nunca perde de vista o fato teatral em sua realidade concreta e porque a fórmula brilhante não lhe serve de álibi. Acautelemo-nos, nós também, com as armadilhas da linguagem.

Denis Bablet

Todas as realidades do palco, o texto do autor, o desempenho do ator, a iluminação, são realidades que representam outras realidades. Uma manifestação teatral é um conjunto de signos.

O. Zich declara em sua *Estética da arte dramática:* "a arte dramática é uma *arte da representação*, e isto de um modo uniforme em todos seus elementos" (p. 234). O ator *representa* uma personagem (Vojam representou Hamlet), o palco *representa* o local da ação (uma ogiva gótica representa um castelo), a luz branca *representa* o dia, a luz azul é a noite, a música *representa* um evento (grito de guerra) etc. O. Zich explica que o palco é de fato uma arquitetura que, no entanto, não faz parte da arquitetura, pois a arquitetura não tem função de representação. E a única função do palco é a representativa, pois deixa de ser palco a partir do momento em que não representa mais nada (p. 227). Se quisermos expor em outros termos esta afirmação de Zich, diremos que pouco importa que o palco seja ou não uma construção, que ele seja uma parte do Teatro Nacional ou um prado à beira de um bosque, ou algumas pranchas colocadas sobre tonéis, ou um canto da praça do mercado cercado por espectadores: o que importa é que o palco do Teatro Nacional possa representar um prado, ou que o prado do teatro campestre represente claramente uma praça, ou que o canto da praça do mercado ocupado pelo teatro represente o interior de um albergue etc. Está claro que o próprio Zich não nega a disposição arquitetônica do palco.

Quando fala em palco, ele está pensando no palco de um teatro *construído*. Mas das próprias explicações de Zich poderíamos extrair o seguinte corolário: a função representativa do palco é independente de sua disposição arquitetônica.

Mas, deduziremos igualmente por analogia que a função representativa do palco, tomado como exemplo, aplica-se também aos outros aspectos do fenômeno teatral. Normalmente, o palco é uma construção, mas não é, de modo algum, sua disposição arquitetônica que lhe permite ser palco; o que lhe possibilita isso é o fato de ele *representar* o local da ação dramática. Da mesma forma, pode-se dizer do ator que, normalmente, ele é um *homem* que fala e se desloca num palco, mas que a essência do ator não é o fato de ser ele um homem que fala e se desloca num palco, mas sim o fato de esse homem *representar* alguém, o fato de *"significar" uma personagem*. O fato de ser ele um homem não tem nenhuma importância. Poderia ser indiferentemente um pedaço de pau. Se esse pedaço de pau executar movimentos e se alguém acompanhar seus movimentos com palavras, ele se torna um ator — pode representar uma personagem dramática.

Libertamos o conceito de "palco" de seus limites arquitetônicos, e podemos igualmente libertar o conceito de ator dos limites que nos obrigam a pensar que o ator é um homem que representa uma personagem. Se o que realmente importa é que uma coisa real qualquer possa assumir essa função, o ator não é necessariamente um homem, pode ser um boneco de madeira (marionete) ou uma máquina (por exemplo, os teatros mecânicos de Lissitzky, de Schlemmer, de Kiesler), ou ainda um objeto (teatro publicitário das cooperativas de compra da Bélgica, no qual as personagem são representadas por um rolo de tecido, uma rede de pesca, um moinho de café etc.)

Mas se apenas uma voz conseguir representar uma personagem, o ator é essa voz apenas, que pode ser ouvida nos bastidores ou através de um alto-falante. No *Fausto* de Goethe, temos um ator desta espécie: no prólogo, Deus normalmente aparece, nas versões representadas entre nós, sob a forma de uma simples voz. Nas peças radiofônicas, a voz e o som representam não apenas personagens dramáticas como também todos os outros fenômenos do teatro: palco, cenário, acessórios, iluminação. O rádio utiliza, para tanto, signos sonoros. É possível, aqui falar em cenário acústico: um escritório sugerido pelo tac-tac da máquina de escrever, uma mina de carvão pelo ruído das perfuradoras pneumáticas, pelo ranger das vagonetas etc. Um copo é sugerido pelo ruído de vinho servido ou pelo barulho de dois copos que se entrechocam etc.

Está claro que, no que diz respeito às personagens, O. Zich atém-se ao aspecto convencional do fenômeno teatral. Ele fala apenas "do drama ou da ópera representados num teatro". Pensa apenas nos atores que representam em nossos palcos e nos cantores que aí se apresentam. A partir do momento, porém, em que Zich admitiu que o palco não ficava limitado por sua arquitetura, todos os outros fatores do fenômeno teatral precipitaram-se pela brecha assim aberta: a personagem, ligada até então à mímica do homem, à mensagem do autor (que até aqui era apenas uma "fala") etc., e descobrimos surpresos que o espaço cênico não é necessariamente um espaço, mas que o som pode igualmente representar um palco, que a música pode ser o evento, o cenário é a mensagem etc.

Examinemos inicialmente o palco e os signos que o sugerem. Admitimos que o palco pode ser representado por uma realidade espacial qualquer; que uma construção, um canto de praça cercado por espectadores, um prado, uma sala de albergue etc., podem muito bem servir de palco. O palco, porém, que é espaço, não é necessariamente indicado por um espaço. Já citamos o exemplo do palco radiofônico (escritório, mina de carvão...) sugerido por sons, mas poderíamos citar exemplos tirados de nossas peças, nas quais o som torna-se palco. Na última cena de *As Cerejeiras*, de Tchekov, são exatamente essas cerejeiras que representam o papel principal. Estão em cena, mas não as vemos; não são indicadas espacialmente, mas sim pelo som: o barulho das machadadas que, no último ato, abatem as árvores. O autor e o encenador podem, portanto, sugerir a cena através deste fenômeno sonoro que corresponde melhor às suas intenções, que estabelece do modo mais eficaz o contato entre o autor e o encenador, de um lado, e o público, de outro.

Tais constatações, longe de serem simples deduções científicas, decorrem da observação e da apreciação do trabalho concreto do artista. Estamos de acordo com Zich em que a explicação científica do palco — que a define, com razão, como uma realidade que sugere um local dramático — não chega a tirar desta definição as conseqüências que permitiriam ir além de uma concepção tradicional do palco. Para Zich, o palco é sempre parte de um teatro, de uma arquitetura teatral "onde se representa o drama e a ópera". É exatamente o trabalho concreto do artista que nos faz penetrar ali onde a reflexão científica não tinha ousado aventurar-se, ainda que ela nos tenha mostrado o caminho. Vemos exatamente o teatro moderno libertar o palco dos dados arquitetônicos constantes.

As experiências teatrais cubo-futuristas chamaram nossa atenção para outros palcos, para outros teatros que não os construídos para os balés do czar, para a alta sociedade que desfilava nos camarotes e para as atividades culturais dos amadores pequeno-burgueses. Estas novas experiências revelaram-nos os teatros de rua, a teatralidade cativante de um campo de jogo, o admirável movimento teatral das gruas nos portos etc. E descobrimos também os palcos dos teatros primitivos, as barracas dos pregoeiros de feira, as peças infantis, as pantomimas de circo, os teatros de cabaré dos comediantes ambulantes, os espetáculos aldeões com máscaras etc. O palco poderia ser criado num lugar qualquer; não havia mais o lugar do qual a imaginação teatral não se pudesse apossar.

Os outros procedimentos de que se servia o fenômeno teatral foram igualmente libertados junto com o palco. Os cenários, estruturas cobertas com pano pintado, também escaparam a esta maldição. Continuava-se ainda, no teatro estilizado (Teatro de Arte na França, as tentativas de Fuchs e Appia na Alemanha , Companheiros do Novo Drama na Rússia e Kvapil na Boêmia), a utilizar signos decorativos, que se poderia chamar de metonímias decorativas. Uma ogiva gótica representava toda uma igreja (*A Anunciação de Maria*, encenada por Kvapil), um chão verde significava um campo de batalha (o ciclo Shakespeare, igualmente por Kvapil), as armas inglesas sobre uma cortina de seda bastavam para designar uma cena numa sala do palácio (mesmo ciclo). Assim, uma parte representava o todo; mas, uma parte podia significar ao mesmo tempo vários todos; uma coluna veneziana e uma escadaria bastavam para ilustrar todas as cenas do *Mercador de Veneza,* com exceção das cenas na casa de Portia, na casa de Shylock e no jardim. A coluna e a escada serviam de cenário para a rua, o porto, a praça, mas também para a corte de justiça. O cenário indicativo de uma encenação estilizada procurava sempre, tanto quanto possível, meios unívocos. Podia-se, sem dúvida, situar a coluna veneziana tanto numa praça quanto numa rua ou na arquitetura interior de uma casa, mas esta coluna significava sempre uma construção veneziana e nada além da construção da qual ela constituía um elemento. Com o teatro cubo-futurista, observamos novos materiais aparecer em cena, e objetos antes nunca utilizados assumir diversas funções representativas. Com o construtivismo russo, podemos ver o pátio de uma fábrica, uma estufa de jardim, um campo de aveia e um moinho representados por uma construção de ripas. Que parte ou qual particularidade de uma tal construção assumia, então, as funções representativas? Não era a cor, nem um arranjo de cores, uma vez que as construções eram de madeira nua, não pintada ou pintada com uma única cor. O construtivismo excluiu de cena todos os signos pintados ou coloridos (pelo menos o construtivismo de Popova e de Meyerhold). Freqüentemente, porém, a simples forma da construção não bastava para criar signos. A construção de Meyerhold para *A Morte de Tarelkine* era uma simples caixa de ripas e um conjunto de ripas que formavam um círculo que se projetava para a frente, o que podia evocar muitas coisas e nenhuma em particular. O conjunto fazia pensar sobretudo num cepo de cortar carne, mas podia também significar uma janela redonda, uma jaula arredondada ou um imenso espelho, pois o que saltava aos olhos era o aspecto circular da construção. Sendo a circularidade, no entanto, tão rica em significações possíveis, esse objeto circular podia ser o signo de muitas coisas. Que elementos da estrutura cênica podem assim, preencher uma função significante, se não forem nem a cor, nem a forma?

Redigi, há mais de quinze anos, um artigo sobre a encenação de Tairov para *Giroflé-Girofla,* em que dizia mais ou menos o seguinte: enquanto o ator não se serve, não se senta, não agarra ou não vaga entre os elementos dispostos em cena, ignoramos o que estes significam. É apenas no momento em que Giroflé e Marasquin vêm sentar-se que reconhecemos o "banco dos namorados" oculto nas sombras de um parque. Durante a ária, no entanto, o banco oscila como uma embarcação num lago tranqüilo, embalada ao ritmo dos remos. O mesmo elemento será tomado de assalto pelos piratas: veremos, pela maneira como mudam o peso do corpo de uma perna para outra, que se trata da ponte de um navio, mais exatamente dos degraus que levam ao posto do timoneiro. A função significante dos cenários e dos elementos é determinada apenas pelos gestos dos atores ou pela utilização que fazem deles; e mesmo então, essa função não seria unívoca.

Retomemos o exemplo da construção de Popova para a encenação de *A Morte de Tarelkine* por Meyerhold. É só quando se vê o ator percorrer a construção circular à maneira de um prisioneiro e segurar as ripas como se fossem barras, que podemos determinar a função representativa desse elemento cênico: trata-se de uma prisão. Mas ao mesmo tempo guardamos na mente todas as associações de formas que se criaram na observação inicial. A noção de "cepo de carne" ligada à noção de "prisão" adquirem, graças a uma polarização recíproca entre elas, novas significações.

Se examinarmos os dispositivos de outros espetáculos de Meyerhold que datam dessa época, veremos freqüentemente uma vaga reunião de superfícies suspensas, de escadarias e de móveis. Os detratores dessas encenações e dessas construções falaram muitas vezes em "cenário abstrato", quando a questão de um cenário abstrato nunca se colocou nem para Meyerhold, nem para nenhum dos artistas. As construções cênicas assumiam, no palco, tarefas e funções absolutamente concretas. Não sendo determinadas nem pela sua forma, nem pela sua cor, tornavam-se signos apenas em função dos movimentos do ator. Pode-se dizer que nem a forma, nem a cor tinham função representativa, a qual aparecia apenas no momento em que o ator representava sobre a construção, sobre o palco nu, sobre as

132

superfícies suspensas, sobre as escadarias, sobre os planos inclinados etc.

Mas esta constatação não põe um ponto final em nosso exame das modificações sofridas pelos signos cenográficos no palco. A estrutura de signos que é o fenômeno teatral deve manter seu equilíbrio em cada situação, propícia ou não.

Se a estrutura possui pontos de apoio de uma solidez a toda prova, as modificações que se produzem em sua trama complexa compensam-se sem mudanças notáveis. Mas se excluirmos uma de suas bases, é indispensável realizar modificações fundamentais no traçado de toda a estrutura. Um bom exemplo de imobilismo estrutural nos é dado pelos teatros de tradição secular, como o Nô japonês, o teatro Kabuki, de tradição mais recente, o teatro da China tradicional, nosso teatro de marionetes, o teatro folclórico, o teatro dos primitivos etc. A solidez da estrutura leva os signos teatrais a assumirem significações complexas. A estabilização dos signos aumenta seu potencial de significação e de relacionamentos. No teatro chinês, cada passo de um ator oculta um sentido, cada movimento de mão significa um apelo determinado, um passo na direção da saída esquerda do palco significa "o retorno", e esse passo adquire uma nova significação em cada situação. Esse passo poderia sugerir um campo de batalha onde reaparece o herói ferido, e pode significar também a força do desejo, que torna a mergulhar o amante em suas recordações.

Consideremos também o exemplo de nosso teatro de marionetes, no qual a entrada das marionetes se "lexicalizou" em signos. A entrada pelo alto significa "aparição repentina", o desaparecimento sob o palco significa "morte" ou "viagem ao inferno" etc. Se soubermos apreciar a riqueza significante do fenômeno teatral, constataremos que a imobilidade das bases da estrutura não empobrece, necessariamente, a expressão, pois mutações, cada vez mais refinadas e matizadas, podem criar-se no interior da estrutura tradicional. O espectador é sensível a toda vibração, por mais tênue que seja, da trama traçada. Mas é necessário ressaltar a todos os que gostariam de tomar os teatros tradicionais como modelo, opondo-os à perpétua inquietação dos artistas amantes da novidade, que são exatamente essas mudanças no interior de uma estrutura que suscitam impressões no espectador. Quanto mais é sólida a trama, mais delicados são os fios que desenham, no tecido, os temas e os arebescos cuja beleza nos encanta.

Acrescentarei a isto uma citação extraída do *Teatro Popular* de Bogatyrev:

> O que é mais surpreendente, no público do teatro popular, é que ele não procura essencialmente, numa peça, a novidade de seu conteúdo; de um ano para outro, ele gosta de reencontrar seus velhos dramas de Natal e da Páscoa... O espectador observa essas peças com um interesse muito grande, mesmo conhecendo-as um pouco de cor. É nisso que reside a diferença fundamental entre o espectador do teatro popular e o freqüentador médio de nossos teatros... Dado que o espectador do teatro popular conhece perfeitamente o conteúdo da peça representada, não se pode surpreendê-lo com uma novidade no desenrolar da trama, novidade essa que representa um papel tão fundamental em nossos espetáculos. É por isso que *espetáculo popular repousa inteiramente no esmero dos detalhes.*

A arte é constantemente dominada pela tendência de procurar a liberdade de expressão e de meios. O teatro oriundo da revolta cubo-futurista, que exigia "ar fresco", adquiriu muitos meios e perdeu outros tantos. O constrututivismo russo limpou o palco dos cenários, das estruturas de bastidores, das bambolinas, do telão de fundo. O palco perdeu com isso a faculdade de situar a ação através de signos pintados que criavam um interior ou um exterior. Mas esta limitação não foi a única. Os encenadores abandonaram não apenas os cenários, as perspectivas, os bastidores, as bambolinas, mas também o palco que ficara nu depois de sua revolta. Rejeitaram da mesma forma as cinco superfícies que delimitavam o espaço visível para o espectador. Outros encenadores que se seguiram (Oklopkov, projeto de teatro por Gropius) suprimiram de todo o palco; ou, mais exatamente, colocaram o palco entre os espectadores de tal maneira que não importava qual zona livre diante, em cima, do lado ou atrás do público podia constituir um palco. Todos esses preciosos e dispendiosos mecanismos tão bem dominados que, a uma simples indicação do encenador, desciam pela ponta de uma corda uma parte qualquer do mobiliário, do cenário ou da construção, acessório ou ator, que faziam todo um cenário dar meia volta, deslizar sobre o palco toda uma cena antecipadamente preparada, puxar telhados inteiramente equipados — foram com isso abandonados a

134

seu triste destino. O ilusionista do palco ficou privado, de uma só vez, de todos os artifícios que lhe permitiam realizar seus "truques". Restava-lhe apenas as mãos vazias. Representar ou sugerir o local de um drama tornou-se-lhe tanto mais difícil quanto inúmeros dos meios convencionais sancionados por uma longa tradição de entendimento entre o palco e o espectador foram abolidos de um só golpe.

Além do mais, colocar o palco no meio dos espectadores era privar-se de todos os meios de construir signos através do cenário. Um palco assim concebido não pode nem mesmo utilizar construções, cujas funções representativas, ainda que mais vagas que as dos cenários, permitem ao menos situar e articular o espaço cênico através de escadas, de superfícies diversamente dispostas, de planos inclinados, de móveis, de mecanismos etc. De todos os mecanismo cênicos, o teatro de Cetnerovic e Oklopkov conservava apenas a superfície do tablado do palco, à qual vinham somar-se o ator, a luz e o som.

A estrutura teatral, abalada desta forma em suas próprias fundações, deve adaptar-se instantaneamente a suas novas condições. Num organismo vivo, se um músculo que se liga a outros músculos se atrofia, sua função (levantar o antebraço, por exemplo) será desempenhada pelos outros músculos com ele relacionados. A função do teatro, que consiste em situar um drama num espaço (sugerir uma praça de aldeia ou uma taberna, representar um cemitério ou uma sala de banquetes) cabe necessariamente ao palco. Um palco com cenários assume essa tarefa tanto quanto um palco com construções, e um teatro com um palco visto de longe deve assumi-la tanto quanto um teatro cujo palco está situado no meio dos espectadores. Os signos escolhidos para uma comunicação com os espectadores tendem sempre a uma determinação do espaço. Mas é nesta determinação que reside a estabilidade desses signos. Quanto ao resto, os signos mantêm toda a mobilidade possível. O fato de deverem os signos determinar a espacialidade da ação não os contrange de modo algum a serem signos espaciais. Já mostramos que o espaço pode ser indicado por um signo sonoro, tanto quanto por um signo luminoso. Num palco central, as possibilidades de situar objetos, móveis importantes ou cenários são muito limi-

135

tadas. Se o palco construtivista apegou-se de maneira especial aos gestos do ator, o palco central remete-se muitas vezes, de uma maneira quase exclusiva, ao ator. Assim, vemos em Oklopkov toda uma série de exemplos que nos mostram o ator enquanto signo da espacialidade. Ele é não apenas um ator-cenário, um ator-construção como também um ator-móvel, um ator-acessório.

Exemplo: o "ator-oceano" criado por Oklopkov. Um jovem vestido de um modo neutro (macacão azul "invisível" e rosto coberto por uma máscara azul) agita uma vela azul-verde fixada por uma das extremidades ao tablado: as ondulações dessa vela sugerem o movimento do mar. O ator-móvel: dois atores vestidos de maneira "invisível" ajoelham-se um de frente para o outro, segurando uma toalha retangular pelos seus quatro cantos. O ator-acessório: ao lado de um ator que representa o papel de um capitão, um outro ator em macacão azul segura a alavanca de uma sirene de barco, esperando que o capitão a abaixe para assinalar sua passagem aos outros navios.

Aí estão três exemplos característicos da transferência das funções cênicas para a pessoa dos atores. Mas poderia citar outras, ainda mais interessantes: atores sugerindo, por exemplo, uma tempestade de neve. Sabemos que no teatro é possível sugerir uma tempestade através de diversos truques sonoros. Em Oklopkov, é um cortejo carnavalesco que irrompe no palco. Moças e rapazes — outra vez usando um roupão azul — atiram uns nos outros punhados de confete, enquanto assobiam e gritam. Esta metáfora da tempestade (multidão de carnaval), utilizada por Oklopkov numa encenação de *Aristocratas,* não era absolutamente uma ação, um efeito de cena; era um cenário espacial que servia para situar a ação: era o signo da tempestade.

Todo amador do teatro constatará imediatamente a analogia entre tais procedimentos de encenação e os costumes dos teatros chinês ou japonês tradicionais. O teatro chinês possui um palco rudimentar, e as indicações espaciais transpõem-se para os outros elementos cênicos. Lá também existem "homens invisíveis" (em negro) que ajudam a transformar o palco, por exemplo cobrindo com um lençol negro os combatentes mortos no campo de honra. O campo de batalha desaparece e a ação pode prosseguir em outro lugar. O palco japonês

136

igualmente utiliza, para as indicações espaciais, todos os meios de expressão do teatro. Também aqui não é indispensável que um espaço seja significado por um espaço, um som por um som, uma luz por uma luz, um ato humano pelo movimento do ator etc. Aqui também pode acontecer de "vermos um som", de "ouvirmos a vasta região", de darmos uma simples olhada no traje do ator e apreendermos tudo aquilo que, no teatro europeu, apreendemos através das palavras. Penso num outro exemplo do teatro japonês que nos informa sobre esta substituição de meios:

Yransuke sai do castelo assediado. Caminha para a frente do palco.

De repente, o cenário do fundo, que representa a porta do castelo em tamanho natural, sobe. Surge um segundo cenário: a mesma porta em tamanho menor; o ator afastou-se.

Yransuke continua seu caminho. À frente do telão de fundo é abaixado um telão verde-escuro: Yransuke perdeu de vista o castelo.

Alguns passos ainda. Yransuke entra no caminho florido. Este novo afastamento é sugerido pelos sons do *samizen*, espécie de bandolim japonês, que provêm da parte posterior do palco.

Portanto, primeiro afastamento: *um passo no espaço.*

Segundo afastamento: *mudança do cenário pintado.*

Terceiro afastamento: signo convencional (*uma cortina*) que impede a visão do cenário.

Quarto afastamento: *som.*

A alternância dos diversos meios de expressão, que assumem sucessivamente a mesma função, é interpretada aqui como a progressão do mesmo comportamento: a caminhada de Yransuke seu afastamento do castelo.

Poderíamos da mesma maneira, neste caso, interpretar os passos do ator que se afasta da tela de fundo como tendo uma função espacializante. O encenador "pinta" através dos passos do ator, ou do som do bandolim. Em cada caso, ele situa a ação através de outros meios. Podemos imaginar ainda outras interpretações: a mudança dos segundos-planos (portas do castelo) poderia muito bem ser o equivalente pictórico de uma mensagem do autor que, traduzida em palavras, daria: "Saí do castelo". Da mesma forma, o som queixoso do *samizen* seria o substituto para a expressão: "Entrei no vásto deserto". Poderíamos, no entanto, procurar ainda outras interpretações sem chegarmos a atingir a essência das coisas. Não saberíamos dizer quais seriam as

137

interpretações fundamentais, nem recusar às demais uma autenticidade.

Evitemos acreditar, no entanto, que esta transformabilidade dos meios de expressão do teatro seja própria do teatro chinês ou japonês, ou mesmo de um inovador russo de 1935. Eu poderia encontrar exemplos análogos em várias encenações tchecas: lembraria minha própria montagem de *O Mestre e o Discípulo* de Vancura, realizada em colaboração com o pintor Jindrich Styrsky no Teatro Municipal de Brno em 1930.

A cena IV de *O Mestre e o Discípulo* situa-se nas proximidades de uma cidadezinha. Foi a uma máscara que confiamos a tarefa de localizar o espaço. Mas esta máscara, *ao invés de cobrir um rosto de ator, foi colocada diretamente no palco como signo de localização.* A máscara, cuja parte inferior estava oculta por um lenço (de modo a lembrar o rosto de um bandido de estrada), estava projetada sobre uma ampla superfície horizontal circular. Esse rosto ameaçador, com a cabeça coberta por um chapéu, balançava-se por sobre o palco e projetava uma sombra sobre o cenário, no lugar onde o espectador normalmente veria nuvens desfilando no céu.

Graças à *transferência*, a máscara de ator adquire assim uma nova significação.

Mas, nessa mesma peça, a máscara de ator, projetada em ampliação sobre o palco, assumia igualmente uma outra função: esse fragmento de cenário tornava-se ator (cena III). Jan, o discípulo, que vegeta em sua terra natal como numa prisão, defende teimosamente seu projeto: quer ir-se embora. Defende-o contra as censuras de sua tia e contra as advertências de seu mestre. Através dos muros da casa, procura desesperadamente "o abismo do mundo, radiante, brilhante" que se abre diante de seus olhos. Toma sua decisão no decorrer do longo monólogo da cena III.

Mergulhando o palco numa obscuridade quase completa, apagando assim a imagem do ator, quisemos criar a impressão de que as palavras do ator saíam diretamente daquela máscara ampliada cujos olhos pareciam obstinadamente fixos no objetivo tanto desejado.

O desdobramento oriundo da projeção da máscara, que além do mais aparece, ela mesma, em cena, foi utilizado também na montagem do *Carrasco do Peru* (Ribemont-Dessaignes) em 1929.

138

Substituímos por uma imagem de cenário as palavras do poeta na encenação de *Mamelles de Tirésias* (1927): os atores figuravam letras que se deslocavam no palco, criando a cada vez um novo verso.

Na montagem de *Matusalém* de Goll (1927), os *acessórios* (pão, garrafa etc.) intervinham na peça, como se fossem atores revoltados contra Matusalém.

Seria possível citar inúmeros outros exemplos desta particularidade do signo teatral, que é a de intercambiar os materiais e de passar de um aspecto a outro, de animar uma coisa inanimada, de passar do domínio acústico para o domínio visual etc.

Como dissemos, é impossível decidir no teatro, de uma maneira definitiva, se aquilo que normalmente chamamos de um gesto (de ator) não será executado por um elemento do palco, de prever se aquilo que é fenômeno pictórico não será confiado à música...

Sim, é esta transformabilidade do signo teatral que constitui seu caráter específico. É graças a ele que se explica a transformabilidade da estrutura teatral.

É nesta mesma transformabilidade que reside a principal dificuldade de uma definição do fato teatral. Ou essas definições reduzem o teatro ao nível de nossos espetáculos tradicionais (dramáticos ou líricos) ou, pelo contrário, elas o ampliam ao ponto de retirar-lhe toda significação.

É através da mobilidade do signo teatral que podemos dissipar uma outra confusão teórica, que nos impede de distinguir claramente o que constitui o elemento central, essencial, do fenômeno teatral. Se respondermos que este elemento é o próprio texto, teremos certamente razão no que diz respeito a inúmeras formas de teatro. Mas não atingimos a essência do teatro em muitas de suas formas históricas e não podemos estabelecer, em vários casos, que o *pivot* do teatro seja o próprio texto. Constatamos, no teatro de tema inteiramente livre ou mesmo sem tema (comédias italianas improvisadas) que também o dramaturgo ou o texto são suscetíveis das mutações mencionadas acima. Da mesma forma, não podemos considerar como absolutamente verdadeira a idéia de que o suporte principal do teatro seja o ator. Basta pensar na distribuição "estática" dos atores pelo palco tal como é praticada em muitos dos estilos teatrais, onde se pode ver em cena um diálogo recitado de maneira hierática (Teatro de Arte, teatro alemão estilizado, Meyerhold), ou que reduzem o ator ao estado de marionete que executa movimentos esquemáticos (com o ator tornando-se assim um acessório ou um elemento do cenário). E se um encenador atual pretender ser ele mesmo o centro da criação teatral, poderemos dar-lhe razão mas apenas quanto ao caso que ele nos apresentar, e não se ele falar no teatro antigo no qual o diretor não existia.

Dito isto, não estamos provando que o autor, o texto, o autor ou o encenador sejam fatores secundários ou contingentes na determinação do equilíbrio da estrutura teatral. Queremos simplesmente mostrar que cada período histórico atualiza um elemento diferente do fenômeno teatral, e que a energia criadora deste ou daquele fator pode substituir ou apagar o resto, sem com isso ganhar em eficácia teatral. Poderíamos mostrar também que certas épocas exigem exatamente um remanejamento deste tipo no equilíbrio da estrutura: há, ou houve, teatros sem atores, ou sem grandes atores; há e houve teatro sem diretores. Mas se prestarmos maior atenção, constataremos que a função de ator sempre esteve presente, ainda quando se metamorfoseava ou se disfarçava em outras funções; do mesmo modo, admitiremos que aquilo que se chama de poder organizador do encenador estava presente em todas as épocas do teatro, ainda quando faltava a pessoa do encenador.

Esta curiosa contradição (o ator participando do espetáculo, mesmo num teatro sem atores; o texto como parte essencial do teatro, mesmo num teatro "sem palavras"; a "função cenográfica" presente, mesmo num teatro sem cenários), esta contradição é portanto legitimada pela natureza específica do signo teatral e do material teatral. Penso ter dado suficientes exemplos da transformabilidade do signo teatral que passa de um material a outro com uma liberdade não encontrada em nenhuma outra arte. Não existe, seguramente, música sem som, arte poética sem palavras, pintura sem cor e escultura sem matéria. Ou, para ser mais exato: a pintura não é pintura se se pintar com palavras no lugar das cores, a música não é musica se a harmonia é de materiais e não de sons etc. Naturalmente, há casos em que o artista toma emprestado de outros setores seus meios de expressão, se seu próprio material não lhe

140

permitir expressar-se com suficiente intensidade, tal como o exemplo dado por Beethoven ao final de sua *9.ª Sinfonia*, onde a expressão musical chega a um ponto extremo no qual ela exige impressionar o ouvinte a um tal ponto que o som não basta, sendo que só a *palavra* consegue o efeito desejado. No domínio da poesia, poderíamos invocar o exemplo dos *Caligramas* de Apollinaire, ou os "poemas de quadros" descobertos na Boêmia, assim como há na pintura exemplos análogos (o cubismo, que pinta fragmentos de jornais ou de cartazes etc.). Mas estes exemplos são exceções que confirmam a regra da imutabilidade do material em cada uma dessas artes, enquanto que no teatro, como vimos a transformabilidade é a regra, é seu caráter específico.

E é nisso que se basearam várias teorias do teatro que procuram organizar ou unificar a pluralidade do material, dos meios e dos procedimentos do teatro. A teoria certamente mais conhecida é a de Wagner, que concebe o teatro como uma "arte total" (*Gesamtkunstwerk*), teoria esta recentemente retomada pelo encenador E. F. Burian.

"A arte total" organiza a pluralidade dos meios de maneira a que se unifique em seu resultado, a fim de que produza um "efeito total". A personagem do drama está então presente não apenas no palco mas também na orquestra; seu estado de alma, sua evolução, seu destino nos são perceptíveis não apenas através das palavras, dos eventos que presenciamos em cena mas também através dos sons que ouvimos. Trata-se, portanto, de um paralelismo entre o fluxo musical, o desempenho do ator, as palavras, o cenário, os ascessórios, a luz e todo o demais.

Em *Parsifal*, Wagner não se contenta com situar a ação através de um cenário: paisagem de primavera no palco; também a orquestra retrata essa paisagem. O autor de *O Anel dos Nibelungos* situa um accssório de diferentes maneiras: apresenta no palco a espada de Siegfried, projeta sobre ela um feixe luminoso, faz ouvir pela orquestra o *leitmotiv* resplandecente da espada. Uma personagem de Wagner sempre entra em cena não apenas sob o aspecto do ator, mas também sob o de seu *leitmotiv*. Um ato da personagem repercute na orquestra (...), a pompa dos trajes e dos cenários que acolhe os hóspedes de Wartburg também é duplamente indicada... Poderíamos a todo instante ver confirmar-se o princípio da concordância que faz unirem-se inúmeros meios teatrais, no sentido em que ele os guia paralelamente uns aos outros.

Este princípio da "arte total" subentende que o poder do efeito teatral, isto é, a intensidade da impressão sentida pelo espectador, é função direta da quantidade de percepções que se despejam ao mesmo instante sobre os sentidos e sobre o espírito do espectador. A tarefa do artista de teatro — no sentido wagneriano — é assim, a de conduzir os diversos meios teatrais à produção de impressões de um mesmo tipo.

Por conseguinte, esta teoria não reconhece as mutações do signo teatral, que passa a cada vez por um material diferente; pelo contrário, a teoria da arte total afirma implicitamente que não existe um material específico, único, teatral, mas que há muitas espécies de materiais e que é necessário justapô-los. Propriamente falando, não existe arte teatral, mas a música, o texto, o ator, o cenário, o acessório, a luz concorrem para a produção de uma arte teatral. Portanto, a arte teatral não pode existir em si, ela só existe como manifestação concordante da música, da poesia, da pintura, da arquitetura, da comédia etc. Surge como resultado de uma combinação das outras artes.

No entanto, se nos referirmos ao espectador, à psicologia da percepção, esta teoria, a meu ver, não se sustenta. Inicialmente, a questão é saber se o espectador percebe ao mesmo tempo com a mesma intensidade os signos acústicos e visuais, ou se a percepção se concentra sobre um único aspecto. Para uma avaliação deste ponto, devemos lembrarmo-nos, entre outras coisas, que se trata de uma percepção de *signos artísticos* e que, neste caso, trata-se de um modo particular da percepção. Se o espírito do espectador tem de concentrar-se para alcançar o valor significante de uma realidade qualquer, pode-se supor com toda certeza que ele se concentra também numa espécie determinada de percepções, percepções visuais ou acústicas. Mas, ainda que uma atenção muito concentrada permita ao mesmo tempo as percepções visuais e acústicas, não se trata certamente de uma adição de impressões, mas de um relacionamento particular entre essas duas ordens de percepção, de uma *polarização dessas percepções.*

Afinal, encontramos muitas pessoas que vão ao teatro para ouvir a música, o poeta, ou para ver um ator etc. Mas mesmo as pessoas sem um interesse particular surpreendem-se ora ao ouvir a música, ora a observar um ator, ora a experimentar o encantamento de um poema. Diria que quase todos os espectadores, no teatro, percebem desta maneira; ao mesmo tempo, o interesse do espectador passa de uma realidade para outra não ao acaso, mas ao sabor de um procedimento calculado. Observemos o público no teatro: todo mundo vira os olhos para o mesmo lugar, sente o mesmo interesse por um ator num dado momento, por um efeito do cenário num outro. A psicologia da percepção desmente, por conseguinte, os princípios da teoria wagneriana da "arte total".

Essa teoria igualmente não se sustenta diante da evolução da arte teatral que evoquei ao me basear em alguns exemplos. Houve uma arte teatral sem música, houve teatros sem cenário, encenadores inventaram um teatro sem atores e mesmo um teatro desprovido daquilo que se poderia chamar de ação teatral. E, no entanto, todas essas foram manifestações que não deixavam nenhum lugar vazio no espírito do espectador. Se fosse correto que a arte teatral é uma colagem de artes diversas, não se poderia qualificar de "fenômeno teatral" o espetáculo dado por um único ator representando sozinho; um ator privado de teatro, de texto, de música, de cenário etc. No entanto, devemos considerar como fenômeno teatral a pantomima cujos meios de expressão na arena vazia do circo resumem-se unicamente ao gesto do ator. Inúmeros exemplos provam que os gestos de um ator bastam para entusiasmar o espectador (*clowns* célebres como Grock, Fratellini etc.).

A meu ver, a teoria wagneriana dissimula, sobremaneira, o fato de não desvendar a essência do teatro. Esta teoria espalha ao redor da arte do teatro tantas outras artes que o próprio fato teatral se funde e desaparece nelas; não sabemos onde procurá-lo...

Mas não é nosso propósito reanimar a controvérsia a respeito da "arte total". Pretendi apenas tomar um exemplo típico das imprecisões que surgem quando se repudia a possibilidade de conceber claramente esta particularidade do material e dos meios do fenômeno teatral de que falei. A respeito desta controvérsia, pode-

143

ria citar outras teorias que padecem de confusões análogas pelo fato de que seus autores não puderam ou não quiseram compreender o caráter particular do material teatral e não fizeram mais que aplicar à arte teatral, um pouco superficialmente, a situação que impera na poesia, na música, na pintura etc.

Tendo abordado minha explicação com uma citação de Zich, gostaria de, concluindo, voltar à sua teoria. É necessário ressaltar que o próprio Zich, no começo de sua *Estética da Arte Dramática*, não dá uma definição satisfatória da arte teatral. Não é um adepto da arte total, mas apesar de tudo não ousa proclamar sem reservas que a arte dramática é "uma arte única e não a fusão de várias artes". Segundo Zich, o caráter específico da unidade do teatro é a união de "dois elementos concomitantes, indissociáveis e sugestivos de natureza heterogênea, o elemento visual e o elemento acústico".

Pois bem, mesmo esta "combinação" não deveria impedir-nos de continuar a procurar a unidade da arte teatral, de afirmar que ela é una e indivisível. A dualidade do material (procedimentos visuais e procedimentos acústicos) não quebra a unidade da natureza do teatro, pois se, no palco, o visual e o acústico substituem-se um ao outro, o que acontece é que um dos componentes passa pelo nível do inconsciente: a significação do diálogo cobre, no espectador, a percepção do desempenho e dos gestos do ator, do cenário, da iluminação etc., ou então pelo contrário, o jogo do ator recalca para o inconsciente a percepção auditiva (palavras, música, ruídos etc.).

Devemos observar, entre outras coisas, que o filme mudo era às vezes chamado de *teatro* visual e que uma peça radiofônica podia ser chamada de *teatro* sonoro. A especificidade da arte teatral não está, portanto, na distribuição dos meios entre visual e acústico; é necessário procurar sua essência em outro lugar.

Penso que ao analisar a transformabilidade do signo teatral, abordamos um aspecto que permitirá por a prova o fundamento de inúmeras definições do teatro, e ver em que medida lhes corresponde os gêneros novos e os gêneros tradicionais, nascidos no seio de estruturas sociais diversas, em épocas diversas, sob a influência de personalidades diversas (atores ou autores), com a evo-

144

lução da técnica etc. Acreditamos, com isto dar lustro à velha teoria que vê a essência do teatro na *ação*.

Com as coisas sendo examinadas sob este ângulo, não mais veremos a teatralidade da personagem, a do local, a da ação como eternamente distintas; a relação entre estes três elementos do drama não nos aparecerá mais como a relação de três *teatralidades independentes* que se desenvolveriam paralelamente sem se tocar e adicionando-se numa *arte teatral coletiva* que agiria de um modo tanto mais eficaz quanto maior fosse o número de artes independentes que concorreriam para a sua constituição. Constataremos também a fragilidade da teoria sobre a "independência relativa da imagem cênica" em relação ao todo teatral, teoria que "chega mesmo a afirmar que a imagem cênica (o local dramático) não é um elemento essencial da obra dramática, pela simples razão de que é possível reduzir a extrema riqueza desta imagem a um simples espaço, delimitado unicamente pela arquitetura" (Zich, p. 45).

A ação — essência mesma da arte dramática — faz fundir a palavra, o ator, o traje, o cenário e a música no sentido em que os reconhecemos como condutores de uma corrente única que os atravessa passando de um a outro ou por vários ao mesmo tempo. Continuaremos a comparação acrescentando que essa corrente (a ação dramática) não passa pelo condutor de resistência mais fraca (a ação dramática não está eternamente concentrada no desempenho do ator), mas que o fenômeno teatral nasce exatamente quando se encontra dominada a resistência que opõe à expressão este ou aquele meio teatral (efeitos particulares que se criam quando a ação é concentrada unicamente na palavra, ou num gesto do ator, num ruído nos bastidores etc.), da mesma forma que um filamento elétrico brilha em função da resistência que ele opõe à corrente.

Sem dúvida podemos falar da não participação relativa do local (cenário e palco) no drama, mas não podemos fazer disso uma propriedade constante de cada local teatral; ela só é adequada a uma *certa forma de teatro*, a um certo gênero de drama, a um certo método criador do encenador etc. No teatro elisabetano, os locais eram indicados apenas por painéis com inscrições: terraço diante do castelo, sala do trono, quarto ou cemitério, campo de batalha... A ação teatral do local residia unicamente nessa inscrição. É verdade que nosso teatro em nada difere, no essencial, desta maneira de indicar o local cênico (se nos referirmos justamente à ação como elemento dramático): pouco importa, sob este aspecto, que a mudança do local seja indicada por uma inscrição ou por um painel que representa um terraço, a sala do trono, um cemitério ou um campo de batalha.

O teatro moderno nasce justamente a partir do momento em que o cenário é considerado em relação à função que representa na ação real. Se o Teatro de Arte dos anos 90 se ateve a um cenário constituído por "uma tela de fundo e algumas cortinas móveis", é necessário explicar este fato, de nosso ponto de vista, como um reconhecimento da função exata dos cenários numa peça ou num drama cujo caráter teatral repousa no texto (Maeterlinck). Se as montagens alemãs de Shakespeare contentaram-se com uma ogiva gótica ou com uma coluna diante de um telão de fundo azul, isso decorre da constatação de que, no drama shakesperiano, o aparelho cênico entra em consideração apenas sob o aspecto de um signo extremamente simples que indica ao espectador a mudança do local.

A nova limitação que o construtivismo russo trouxe à arquitetura cênica está ligada a uma concepção do teatro na qual a ação se manifesta essencialmente pelos movimentos dos atores e tudo aquilo que os facilita: acessórios e móveis acrobáticos, paredes ou pranchas móveis etc.

Considerando-se a ação dramática, pode-se julgar o caráter teatral da música exatamente segundo a parte que ela ocupa na ação dramática. Ela assume a forma seja de música decorativa de cena, seja de música-ação. Todas as dificuldades que surgem na composição de uma ópera ou na elaboração de uma teoria advêm da incapacidade ou da impossibilidade de estabelecer um critério diferencial, de definir a música-ação.

Conforme todos os exemplos citados, está claro que não existem leis permanentes, nem regras imutáveis segundo as quais a corrente da ação dramática unificaria os meios empregados no teatro. Em sua evolução autônoma, componente estrutural do desenvolvimento de toda arte, o teatro atualiza a cada momento um elemento diferente do fenômeno teatral. O simbolismo de Maeterlinck atualiza a palavra com suporte da ação dramática (em *Os Cegos,* a ação é criada graças às falas de atores imóveis que discutem em cena), o construtivismo russo "atua" graças aos movimentos dançantes ou "biomecânicos" do ator.

A transformabilidade da ordem hierárquica dos elementos que constituem a arte teatral corresponde à transformabilidade do signo teatral. Explicando estes dois pontos, procurei realçar esta transformabilidade que torna a arte cênica tão diferente e cativante mas ao mesmo tempo tão difícil de compreender. Suas metamorfoses proteiformes fizeram com que, até aqui, se negasse sua existência. Foi admitida a do poema dramático, a da arte do comediante, a da pintura, a da música enquanto arte independente — mas não a da arte teatral, considerada como um simples entreposto das outras artes. O teatro não conseguia encontrar nem seu centro, nem sua unidade. Pretendo provar que ele possui tanto centro quanto unidade, que ele é, tal como o Deus triádico de Santo Agostinho, uno e múltiplo.

Trad.: *J. Teixeira Coelho Netto.*

III. TEXTO ESCRITO

7. AS FUNÇÕES DA LINGUAGEM NO TEATRO*
Roman Ingarden

§1. Em *A Obra de Arte Literária* [1] — por duas vezes ocupei-me de teatro. A primeira vez, no §30, onde fiz a distinção entre texto principal e texto secundário de uma obra: depois, no §57, onde encarei o teatro como um caso-limite da obra de arte literária. As palavras pronunciadas pelas personagens formam o texto principal da peça de teatro enquanto as indicações para a direção dadas pelo autor formam o texto secundário. Essas indicações certamente desaparecem assim que a obra é encenada, e é somente na leitura da peça que elas são lidas e exercem sua função de representação. O

---

* Publicado originariamente em *Zagadnienja rodzajow literachich* (Os Problemas dos Gêneros Literários) I (1958), pp. 65-86.

1. INGARDEN, R. *Das literarische Kunstwerk*. Halle, 1931, pp. 209-210, 326-332.

teatro constitui todavia um caso-limite da obra literária, na medida em que ele utiliza além da linguagem, um outro meio de representação: os quadros visuais fornecidos e concretizados pelos atores e "decorações", nos quais aparecem os objetos, as pessoas, bem como suas ações. Em meu livro, por falta de espaço, não pude tratar mais precisamente das complicadíssimas funções exercidas pelas formações lingüísticas que constituem o texto principal. E durante trinta anos, desde o aparecimento deste livro, que eu saiba, esta questão não foi objeto de nenhum estudo aprofundado, nem pelos lingüistas, como Karl Bühler, nem pelos filósofos, como Nicolau Hartmann. Esses problemas passaram quase desapercebidos mesmo para os pesquisadores da literatura, como B.R. Petsch[2]. Parece-nos, pois, necessário indicar, pelo menos sumariamente, as diferentes funções e utilizações da linguagem (ou mais exatamente, das formações lingüísticas faladas) no teatro[3].

Deve-se lembrar, antes de tudo, que toda obra literária é uma forma lingüística bidimensional. Com efeito, por um lado, ela apresenta quatro níveis ou estratos distintos, mas estreitamente ligados entre si: nível fônico e das formações e fenômenos fônico-lingüísticos de ordem superior; nível dos sentidos das frases e das unidades semânticas superiores; nível dos quadros esquematizados; e por fim, nível das objetualidades* representadas. É preciso, por outro lado, distinguir entre a sucessão das partes (capítulos, cenas, atos) e uma estrutura específica quase temporal, que abarca a obra e seu conjunto, do começo ao fim. Quando uma peça é realmente encenada, constitui um espetáculo teatral onde os objetos, as personagens representadas e suas ações — ou alguns de seus traços, pelo menos — aparecem em quadros visuais. Quanto às palavras que formam o "texto principal" ou frase, elas são *mostradas* ao ou-

---

2. Cf. PETSCH, *Wesen und Formes des Dramas*, Halle, 1945.

3. Apareceram na Polônia, durante estes últimos anos, duas obras que abordam problemas semelhantes; trata-se de S. SKWARCZYNSKA, *O rozwoja tworzyma slownego i jego form podewczych w dramacie* (O desenvolvimento do material lingüístico e de suas formas de apresentação no drama), 1951 e, I. SLAWINSKA, *Problematyka Badan nad jezykiem dramatu* (Problemas do estudo da linguagem no drama), Lublin, Roczniki Humanistyczne, t. IV, 1953-1955. Estes dois estudos apresentam algumas conclusões interessantes.

* Utilizei a tradução dada por A. ROSENFELD em *Estrutura e Pro-*

vinte pelas personagens representadas sob sua forma *fônica* concreta, ao serem realmente pronunciadas pelos atores.

A constatação essencial que nos introduz em toda a problemática da linguagem no teatro é que o "texto principal", tomado em seu conjunto, constitui um *elemento do universo representado* no espetáculo teatral. A enunciação de cada palavra, de cada frase, torna-se logo um *processo que se desenvolve* neste universo e, em especial, uma parte do comportamento da personagem representada. Esta constatação, aliás, não basta para dar uma idéia do papel que as falas pronunciadas exercem na peça apresentada. Com efeito, elas cumprem igualmente a função representativa da linguagem (que pode subdividir-se de outro modo) e devem, em conseqüência, relacionar-se com os outros meios de representação próprios do teatro: os quadros visuais concretos fornecidos pelos atores[4].

§2. Antes de examinar mais de perto cada uma das funções exercidas pelas formações lingüísticas no teatro, é preciso desde logo que tomemos consciência do fato de que o universo representado resulta da combinação de vários fatores. De fato, eles se compõe de três domínios diferentes que, do ponto de vista de seu modo de ser e de sua constituição, são apenas elementos bastante semelhantes de um mesmo universo, mas que devem necessariamente ser distinguidos, do ponto de vista de sua base de representação ou dos meios que esta utiliza. São eles:

1. Objetualidades (coisas, seres humanos, processos) que são mostradas aos espectadores *exclusivamente* por via perceptiva[5] através do jogo dos atores ou da atuação dos cenários;

2. Objetualidades que se adaptam à representação por dois caminhos diferentes: por um lado, apa-

---

blemas da Obra Literária, São Paulo, Editora Perspectiva, 1977 (ELOS 1), para o termo alemão *Gegenständlichkeiten* (N. do T.).

4. É preciso não esquecer que os atores reais (os homens e os "acessórios") do teatro não são elementos do espetáculo teatral. Constituem apenas *fundamentos de ser* psicofísicos do espetáculo, que reside todo ele no desenvolvimento em cena, e do qual só fazem parte as personagens aí representadas: *dramatis personae.*

5. A expressão "via perceptiva" só pode ser empregada aqui com muita prudência, e não deve ser considerada mais que uma cômoda abreviação. Falta-me espaço para explicar mais precisamente do que se trata.

recem por via perceptiva (como os da primeira rubrica), e por outro lado, são representadas por meio da linguagem, na medida em que se fala delas no palco. A representação pela linguagem desde logo completa a representação visual, especialmente no que concerne aos estados psíquicos das personagens representadas. Deve reinar, pois, entre estes dois modos de representação uma concordância que permita evitar toda contradição entre as objetualidades representadas, embora nas obras de arte literárias sejam evidentemente toleradas certas "licenças poéticas";

3. Objetualidades que não se adaptam à representação, a não ser *exclusivamente* por meios lingüísticos, as quais, portanto, não são mostradas "em cena"[6], embora estejam presentes no texto principal. À primeira vista, estas objetualidades parecem situar-se, no que concerne ao seu modo de representação, exatamente no mesmo plano que as das obras puramente literárias. Entretanto, quando as examinamos mais de perto, aparecem de uma maneira ligeiramente diferente. Com efeito, algumas dentre elas, ao menos, mantêm relações diversas com as objetualidades mostradas em cena (pertencem, por conseguinte, ao ambiente que as envolve) e adquirem assim um caráter de realidade mais sugestivo do que nas obras puramente literárias. Para conservar, mesmo neste caso, a uniformidade do universo representado, é preciso que a forma da representação lingüística das objetualidades ausentes do palco concorde com a das objetualidades que aí aparecem realmente, por via perceptiva. Um caso especial deste grupo de objetos representados pode ser constituído por todos os objetos "passados" em relação aos objetos mostrados no momento presente (como, por exemplo, os acontecimentos, os processos passados, bem como os objetos e seres que existiram "outrora"). Pode-se definir, em seguida, no interior deste grupo, um outro grupo especial de objetos "passados" (que se poderia igualmente classificar entre as objetualidades da segunda rubrica) que são idênticos aos que pertencem ao passado dos objetos que "agora" estão em

---

6. Eu ponho "em cena" entre aspas porque se trata, no sentido restrito, do espaço representado no meio do palco. A solução "em cena" é, aliás, mais concisa e mais cômoda.

cena. Com efeito, quando se segue, em *Rosmersholm* de Ibsen, o curso dos destinos "presentes" de Rosmer e de Rebeca West, percebe-se, toda vez que se apreende um dado novo sobre o passado dos dois seres, quando este passado se mistura cada vez mais intimamente a seus destinos "atuais", a que ponto mesmo ele vai dominando os acontecimentos do presente, até provocar, no fim, a decisão trágica. Embora seja representado unicamente pela linguagem, este passado alcança no fim trágico de Rosmer e Rebeca quase o mesmo caráter de auto-revelação que tem a decisão, imediatamente realizada em cena, pela qual as duas personagens vão juntas para a morte. Esta morte, por sua vez, não é evocada nas falas dos dois heróis, sob forma de intenção, mas deve parecer ao espectador tão real e presente quanto as últimas palavras daqueles dois que a escolheram.

§3. A estas três categorias de objetualidades representadas ligam-se as diferentes funções das palavras "realmente" pronunciadas. Começamos por uma enumeração geral das funções que desempenham um papel "no interior" do universo representado, deixando para examinar só mais tarde aquelas que são preenchidas junto ao público da sala pelas palavras pronunciadas "em cena". Devemos examinar, inicialmente, a função de *representação* [7] das objetualidades às quais as palavras pronunciadas fazem referência intencional por sua significação ou por seu sentido. De acordo com o tipo de formação lingüística em questão, que é diretamente pronunciada, pode tratar-se de objetos que se

---

7. Em seguida, como veremos na seqüência do meu artigo, retomo a distinção entre função de representação, função de expressão, função de comunicação e função de influência das formações lingüísticas (palavras, frases, seqüências de frases). Um leitor que não conheça detalhadamente o histórico desta distinção pensará logo em KARL BÜHLER, autor de *Sprachtheorie* (1934), obra que teve grande repercussão, particularmente entre os lingüistas. A propósito, já se encontram distinções semelhantes em K. TVARDOVSKI (*Zur Lehre von Inhalt und Gegenstand der Worstellungen*, 1894). Mais tarde EDMUND HUSSERL aprofundou em *Logischen Untersuchungen* (1901), as noções de "expressão" (*Ausdruck*) e de "informação (*Kundgabe*), que na sua terminologia posterior serão substituídas por "significação" (*Bedeutung*) e "expressão" (*Ausdruck*). KARL BÜHLER distinguiu, no artigo "Kritische Musterung der neueren Theorien de Satzes" (1920), três tipos principais de frases: *Kundgabe-, Auslosungs-* e *Darstellungssatze* (literalmente: frases informativas, frases de arranque e frases representativas). Em meu livro, *Das literarische Kunstwerk* (1931), não só retomei a crítica a certas teses de Bühler (principalmente contra seu conceito de representação) como estudei de forma mais pre-

155

designam por um substantivo (coisas, seres humanos, processos, eventos) ou de relações objetivas determinadas ao nível das frases, que por sua vez servem para representar coisas ou seres humanos. Esta forma de representação pode realizar-se ou de modo puramente "conceitual", portanto "signitiva" — como dizia Husserl —, ou de modo que os objetos presumidos se conformem com a representação sob forma de quadros imaginativamente evocados[8]. Esta função da representação não desempenha, aliás, senão um papel de *complemento* na constituição do universo representado no espetáculo teatral: pois o principal resultado da representação é aqui alcançado através dos quadros concretos dos objetos mostrados em cena (mas somente no espaço representado). Todavia, os elementos complementares do universo representado podem ter uma tal importância que sua ausência não só tornaria o espetáculo teatral *incompreensível,* como o privaria de momentos *mais essenciais* para ação dramática. O exemplo da pantomima ou do filme mudo mostra a que ponto é difícil, em um espetáculo dramático, renunciar a este modo de representação pela linguagem, e não obstante, oferecer uma totalidade artística e objetivamente plena. Contudo, o papel e a participação, que a representação pela linguagem tem na constituição do universo representado, são extremamente variados nos diferentes espetáculos teatrais e seria interessante examinar sob este ângulo cada obra (e cada autor) em particular, a fim de determinar mais precisamente o tipo de arte da representação utilizada.

cisa os conceitos de "expressão" e de "representação".

Em 1934, Bühler distinguiu três funções em sua *Sprachtheorie:* as funções de expressão, de representação e de apelo (*Ausdrucken, Darstellen, Appel*). Enfim, no meu tratado *Über die Übersetzung* (1956) defini, em lugar destas três, cinco funções diferentes da linguagem, retomando aqui as quatro que citei acima.

8. Aqui deve-se levar em conta que os elementos visuais que fazem parte de um espetáculo teatral são de dois tipos: de um lado, aqueles que são apresentados ao espectador pela presença dos atores em sua forma visual concreta no palco e que lhes permite perceber de uma maneira quase sensível as personagens e os objetos representados; de outro, aqueles que contêm as formações lingüísticas do texto principal, somente sugeridas ao espectador. Este pode concretizá-los de maneira mais ou menos viva, mas unicamente na forma sensível que eles assumem durante a representação. Como os objetos intuídos por meio deste segundo tipo encontram-se em diferentes relações de ser com os

A segunda função essencial das palavras pronunciadas é a de *exprimir* as vivências, os diferentes estados e processos psíquicos vividos pela personagem que fala neste momento. Essa expressão, que se efetua graças às qualidades de manifestação[9] do tom do discurso, insere-se na função expressiva global, que se exerce por meio dos gestos e do jogo mímico da personagem que fala. É, no fundo, uma parte integrante da função expressiva global e, a este título, um processo que ocorre no interior do universo representado, embora contribua, ao mesmo tempo, para a constituição deste universo em algumas de suas partes componentes. Existe, pois, entre este processo de expressão pela linguagem e as outras funções expressivas, laços mais ou menos estreitos, conforme o universo representado apresente uma unidade mais ou menos acabada.

As palavras e frases pronunciadas pelas personagens representadas exercem, em terceiro lugar, a *função de comunicação:* o que o locutor está a ponto de dizer é comunicado a outra personagem, aquela a quem as palavras são *dirigidas.* O discurso vivo, na medida em que se conforma com seu uso natural, dirige-se sempre a um outro (parceiro). Os chamados "monólogos", cuja função resta ser examinada, fazem, neste sentido, exceção à regra, mas sua importância viu-se reduzida ao mínimo no drama moderno, precisamente porque foram considerados como desprovidos desta função de comunicação.

O diálogo, entretanto, muito raramente se reduz a uma pura comunicação: o jogo é muito mais vital, pois se trata de exercer uma *influência* sobre aquele a quem o discurso se dirige. Em todo conflito "dramático", que se desenvolve no universo representado no espetáculo teatral, o discurso endereçado a uma das personagens *é uma forma de ação do locutor* e só tem, no fundo, uma significação real nos eventos apresentados no espetáculo, quando contribui de modo decisivo para impulsionar a ação[10]. Estudaremos mais tarde as formas que

que são mostrados sob forma de aparição sensível, sua representação sensível pode atingir um grau de vivacidade raramente encontrado nas obras puramente literárias.

9. Cf. *Das literarische Kunstwerk*, § 13.

10. S. Skwarczynska distingue notadamente uma "função dramática" da linguagem no "drama". Se entendi bem seu raciocínio, esta função é reapli-

assume a palavra pronunciada, enquanto móvel da ação. Por enquanto, contentar-nos-emos em acentuar que esta função da influência exercida sobre o interlocutor e as outras personagens envolvidas na ação global da peça é um dos principais resultados das falas das personagens representadas.

§4. As quatro funções do discurso no espetáculo teatral que acabamos de indicar dizem respeito unicamente às que exercem as *palavras* pronunciadas para e dentro do universo representado. Mas elas não são as únicas funções da linguagem falada no teatro. Não se pode esquecer, com efeito, que o espetáculo é representado e destinado a um público, e que as palavras pronunciadas pelas personagens representadas têm de cumprir ainda outra função (de tipo diferente) junto ao público. Aqui descobrimos uma nova perspectiva de estudo que, aliás, foi tratada mais de uma vez na literatura [11]. Limitar-me-ei, pois, às constatações indispensáveis.

O teatro não é apenas o palco mas também a sala e o público que a preenche. O universo representado e tornado visível no espetáculo teatral constitui uma notável superestrutura intencional e uma reinterpretação do que se passa *realmente* "em cena", durante a representação. Para o público da sala, a cena real é, certamente, sempre "aberta" durante a "representação" (no curso dos diferentes "atos"): diz-se que a cortina "se levanta". Mas o espaço, de um certo modo fictício, que é representado no "palco" onde se desenrola a ação do espetáculo, tanto quanto os processos e os eventos que ocorrem nessa ação, podem ser considerados e figurados de duas maneiras diferentes: seja como se tudo

---

cada, como caso particular, à constatação de que as palavras pronunciadas durante o espetáculo constituem um elo do processo dramático e que, conseqüentemente, o falar constitui um processo no seio do universo representado. É somente a partir desta hipótese que se pode compreender que as palavras pronunciadas impulsionem a ação, como afirma S. Skwarczynska. S. Skwarczynska distingue também a função de "caracterização mediata e imediata" das personagens que aparecem no espetáculo. Trata-se, de um lado, da expressão, e do outro, da representação das qualidades das personagens pelo sentido do discurso e, enfim, de certas conclusões que o espectador tira das qualidades específicas do discurso com respeito ao caráter da personagem que fala.

11. Waldemar Conrad preocupou-se particularmente com esse aspecto da representação teatral num artigo publicado na revista *Zeitschrift für Aesthetik und allgemeine Kunstwissenschaft* (vol. VI).

158

isso se passasse num mundo "aberto" para o público ou, ao contrário, "fechado" para ele. No primeiro caso, pode-se ainda distinguir duas variantes da forma do universo representado e do modo como é mostrado ao público (como os atores interpretam e como se dispõem os cenários). É preciso então examinar se este "estar aberto" da cena (espaço representado) é concebido e destinado para o público enquanto multidão de simples espectadores ou enquanto multidão de pessoas que, abandonando esse papel de espectadores passivos, devem, até certo ponto pelo menos, participar do que se passa "em cena". No primeiro caso, classificam-se, por exemplo, os dramas pseudoclássicos e também os de Shakespeare, quando representados de tal maneira que os atores se dirigem claramente ao público e lhe apresentam, de algum modo, "números", concertos, sem ao mesmo tempo saírem inteiramente de seu papel, que é o de dirigir propriamente a sua fala a uma outra personagem *representada*. No segundo caso, nos referimos às tragédias gregas da Antigüidade, espécies de mistérios dos quais o público participava.

Mas só o teatro "naturalista" moderno — também ele destinado a uma multidão de "espectadores" que deve desfrutar a peça em uma atitude estética — constrói a ficção da "cena fechada". Trata-se, com efeito, de uma cena "aberta", mas representada como se realmente houvesse uma "quarta parede" e como se espectador algum assistisse aos acontecimentos que se desenrolam "em cena". O ator deve dar a impressão de não estar sendo visto e ouvido senão pelas personagens que com ele se encontram no universo representado e com as quais e para as quais fala. E todo este universo representado e tudo o que nele acontece deve ser de tal modo figurado como se não houvesse ninguém para observá-lo de fora (isto é, de um lugar que fica fora do universo representado): esse mundo deve ser tão "natural" quanto possível. Tal modo de composição do universo representado e do jogo dos atores é, apesar de tudo, talhado segundo o espectador, mas de um espectador considerado ausente. Estima-se, com efeito, que o objetivo máximo da arte consiste em dar ao espectador a "natureza" em toda a sua nudez e no seu caráter inalterável na presença de espectadores. Toda modificação introduzida no comportamento de uma perso-

159

nagem ou no desenvolvimento dos sucessos, e que tenderia a produzir um "efeito" no espectador, é percebida como um "artifício", como uma "falta de naturalidade", uma "falsificação da natureza". Assim, é preciso afastar o espectador enquanto alguém a quem as personagens representadas no drama conhecem e levam em conta no seu modo de comportar-se e nas suas decisões, porque ele se constituiria em fator de perturbação no universo representado. Daí que as personagens representadas (em conseqüência, o próprio ator) devam portar-se como se não considerassem ninguém mais, exceto as restantes personagens representadas. Assim, a "quarta parede" se fecha de maneira fictícia, e é somente quando tudo se passa como se estivesse fechado que de alguma maneira ela pode tornar-se transparente: atinge-se a máxima arte do atuar através da aparência do não-querer-atuar [12]. Mesmo o chamado drama "impressionista" é, afinal, "naturalista", considerando-se que a natureza, de onde se cria a ilusão, consiste em "impressões", em "atmosferas" vividas e fruídas por todas as personagens que participam de uma mesma cena.

Seja qual for o tipo de cena "aberta" ou aparentemente "fechada" em um espetáculo ou em um número teatral, vêm sempre juntar-se às funções já citadas do discurso representado outras funções que se relacionam com as pessoas da sala (e particularmente com os "espectadores"). Trata-se de funções de influência e de comunicação, mas *orientadas de outro modo* que as do caso precedente, conforme seja a cena "aberta" ou (aparentemente) "fechada"; estas novas funções se exercem em um sentido diferente e intervêm, para o modificar em maior ou menor escala, no processo das funções dessas mesmas palavras, na sua relação com determinados elementos do universo representado. Mas na óptica de uma cena "fechada" ideal, elas devem evidentemente se desenvolver de modo a não estorvar a ação destas últimas funções. Poder-se-ia talvez objetar que seria impossível evitar completamente tal perturbação e que, se não se chegasse realmente a isso, não se exerceria sobre o espectador nenhuma função de comunicação e de influência. Mas poderíamos reconhecer, de

---

12. Era, por exemplo, o ideal de teatro de Stanislavski.

modo puramente empírico, que é raro eliminar-se totalmente esta perturbação ou, de modo mais geral, a transformação do processo "natural" do falar e da palavra pronunciada através das funções dirigidas ao espectador. Quando esta perturbação, porém, é reduzida ao mínimo — como no drama naturalista ou no Ibsen da fase final — não se pode dizer que a função de influência e a de comunicação dirigida ao espectador se reduza também ao mínimo ou a zero. Com efeito, se esta função chega a exercer-se é porque o ator — ou a personagem representada — regula mais ou menos a sua atuação em função do espectador, e porque procura não somente mostrar-lhe o discurso representado e comunicar-lhe o seu sentido, como também atuar sobre ele. Sucede, porém, que o tipo de atuação neste caso, é inteiramente diferente do que é exercido sobre outra personagem representada pela palavra pronunciada *dentro* do universo representado. Ainda que não se trate de um mistério, esta influência sobre o espectador consiste em suscitar nele a vivência estética e a emoção que lhe causam os destinos humanos representados, não porém numa resposta lingüística ou de outra ordem ao discurso da personagem que fala. Segundo os princípios do naturalismo, quando o ator parece não notar a presença do espectador é que se deve atingir a maior influência estética sobre o espectador. O ator observa, entretanto, esta presença e deve contar com ela, embora não pareça. Assim, o maior problema do modelamento da palavra falada na arte teatral consiste em que desempenhe com êxito e de modo harmonioso todas as funções já assinaladas, em todas as situações em que elas são formuladas (no universo representado *e* na sala) e se adapte aos diferentes objetivos da arte teatral, que variam segundo as épocas, os estilos e as formas de espetáculo de teatro.

Trad.: *J. Guinsburg**

* Tradução feita a partir do texto constante em *Das Literarische Kunstwerk,* 2ª edição ampliada, Max Niemeyer Verlag, Tübingen, 1960, pp. 403-413.

8. O TEXTO DRAMÁTICO COMO COMPONENTE DO TEATRO

Jiri Veltruski

Este trabalho propõe-se a analisar um dos componentes fundamentais da estrutura teatral, o texto dramático. Não se trata de examinar todos os aspectos de sua teatralidade — seria impossível fazê-lo no espaço de um único artigo — mas antes de enfocar aquelas feições da peça que de um modo geral determinam seu lugar na estrutura do teatro.

O fato de atualmente muitos diretores tomarem grandes liberdades com o texto escrito não será levado aqui em conta. A teoria pode colher pouco lucro da polêmica provocada por semelhante prática, que está centrada em torno dos assim chamados diretores de vanguarda. Olvida-se com demasiada freqüência que Stanislavski também costumava interferir na obra produzida pelo dramaturgo[1]. E tampouco sabemos

1. Ver CONSTANTIN STANISLAVSKI, *Minha Vida na Arte.*

como o problema foi enfrentado em outros tempos — nem sequer como o ator Shakespeare tratava suas próprias peças.

De qualquer modo, as implicações teóricas das práticas conhecidas por nós são tão enormes que elas demandariam um estudo especial. Basta dizer que às vezes alterando o texto o encenador e os atores trazem à tona aspectos que o próprio autor percebe como defeitos de seu drama, mesmo como obra literária. A forma atual de *R.U.R.*, por exemplo — estabelecida em sua segunda edição — difere em muitos sentidos da primeira edição, porquanto Karel Čapek adotou todas as mudanças introduzidas na primeira realização teatral de seu texto. Apenas dois fatores são relevantes para o presente estudo. De um lado, o texto dramático representado no teatro pertence ao gênero dramático, seja ou não idêntico em suas falas diretas com o que o dramaturgo escreveu (se as modificações do diretor de cena substituíram a estrutura dramática por uma estrutura lírica ou narrativa, a questão não cai mais no âmbito do que vai ser examinado aqui). De outro lado, o texto existe com todos os seus traços estruturais antes de estarem criados os demais componentes da estrutura teatral; o fato de que possa sofrer modificações ulteriores no curso da criação destes outros elementos é de importância menor.

O drama como literatura e sua representação no teatro

A querela sem fim acerca da natureza do drama, isto é, se é um gênero literário ou uma peça teatral, é inteiramente fútil. Uma coisa não exclui a outra. O drama é uma obra de literatura por direito próprio; não requer mais do que a simples leitura para penetrar na consciência do público. Ao mesmo tempo, é um texto que pode, e na maioria das vezes pretende, ser usado como componente verbal da representação teatral. Mas algumas formas de teatro preferem ao drama textos líricos ou narrativos; o teatro entra em relação com a literatura como um todo e não apenas com o gênero dramático.

O diálogo dramático e a pluralidade de atores

O traço característico primordial do drama como gênero literário é que sua linguagem radica no diálogo, enquanto que a lírica e a narrativa derivam do monólogo. Como resultado, a construção semântica de uma peça depende da pluralidade de contextos que se desdobram simultaneamente, revezam, interpenetram e em vão lutam para subjugar e absorver uns aos outros. Cada um deles está associado com uma personagem diferente.

A contrapartida teatral do complicado relacionamento entre os contextos semânticos é muito simples: cada personagem é em geral interpretada por um ator diferente. Tal fato pode parecer evidente por si e dever-se a simples razões técnicas. Mas não é assim. Na maioria das vezes, só uma personagem fala em qualquer momento dado porque no diálogo os locutores se alternam. Seria factível que um só ator representasse a todos. É o que na realidade acontece em algumas formas de teatro. Por exemplo, no folclore, certos contadores de relatos tradicionais montam uma representação teatral em *solo*, encarnando as personagens do conto, mimando seus gestos e até ações complicadas, movendo-se constantemente de lugar para lugar e mudando o diapasão, a altura e a velocidade da elocução no decurso do diálogo de acordo com a alternação dos locutores[2].

Quando um ator à parte representa cada personagem, o espectador percebe continuamente todos os participantes de um diálogo e não apenas aquele que diz algo em dado momento. Isto o leva a projetar cada unidade semântica em todos os contextos concorrentes imediatamente, sem esperar até que as outras personagens reajam de um modo ou de outro ao que está sendo dito. No entanto, é isto precisamente o que distingue o diálogo dramático do diálogo de tipo comum. A mera presença dos atores representando todos sinais participantes assinala a coexistência de vários contextos. Além do mais, neste arranjo, a ação dramática raramente se limita ao locutor corrente. Significativamente, a representação simultânea de mais de uma personagem por um único ator verifica-se em geral na

---

2. Ver I. V. Karnauxova, em sua descrição do desempenho do contador de estórias russas P. J. Belkov, tal como é reproduzido em PETR BOGA-TYREV, *Lidove divadlo ceske a slovenske* (*Teatro Popular Tcheco e Eslovaco*). Praga, 1940, pp. 17 e ss.

apresentação de uma narrativa mais do que em um texto dramático. O diálogo narrativo difere do dramático principalmente pelo fato de enfatizar a sucessão de falas mais do que o desdobramento e a interação simultânea dos contextos de onde brotam.

Falas diretas, notas do autor e sua transposição

Uma das oposições fundamentais dentro do drama como obra literária é entre as falas diretas e as notas e observações do autor, geralmente sob a denominação enganadora de rubricas cênicas. Na representação teatral tais notas são eliminadas e os hiatos resultantes na unidade do texto são preenchidos amiúde por signos de natureza diferente da lingüística. Trata-se de um processo não arbitrário, mas essencialmente de uma questão de transpor significados lingüísticos para outros sistemas semióticos. No entanto, mesmo lá onde ele se empenha em ser tão fiel quanto possível, leva a cabo necessariamente importantes modificações nos próprios significados. A inteira estrutura semântica da obra é refundida. A extensão da mudança depende principalmente do número e do peso das notas do autor no texto, quer dizer, da importância das lacunas criadas por sua supressão.

Na medida em que tais lacunas rompem o fluxo contínuo de significados, a peça tende a desintegrar-se em papéis ou partes separadas e abandonar estas partes aos atores como meros componentes das figuras cênicas que lhes cumpre criar. Quanto menos acentuados são tais hiatos, mais a linguagem tende a manter sua unidade. Se esta tendência leva a melhor, a liberdade criativa do ator fica encerrada em limites bastante estreitos; a figura cênica que ele constrói é muito mais absorvida pela linguagem da peça do que as sentenças são absorvidas pela figura cênica. As peças de Maeterlinck, sobretudo as mais antigas, constituem um caso assaz ilustrativo. Significativamente, foi na montagem de *La mort de Tintagiles* de Maeterlinck que Meierhold conseguiu realizar, pela primeira vez, de um modo satisfatório para ele, o "teatro estilizado" com o qual sonhava; diga-se de passagem que no conjunto dos dois primeiros atos de *La mort de Tintagiles* nenhuma fala é interrompida por uma rubrica cênica.

O peso relativo das falas e das notas do autor no texto dramático reflete-se também nos vários tipos de relação entre figuras cênicas (e personagens) que surgem no palco. Lá onde a supressão das notas não abre fendas realmente importantes, estas relações tendem a permanecer na maior parte no plano dos puros significados, característico da linguagem como um sistema semiológico: as sucessivas e simultâneas interações de contextos semânticos, suas tensões recíprocas, sua porfia em decompor a unidade de sentido uma da outra. Todas as relações variáveis entre personagens são mais ou menos percebidas contra o plano de fundo de relações constantes que lhes dá uma perspectiva mais larga; isto, por certo, não impede que tais relações constantes hauram sua própria concretitude das relações variáveis, à medida que a peça se desenrola. Hiatos mais importantes abrem caminho para o que se pode chamar de relações materiais, isto é, para a ação no sentido estrito da palavra. Quando tais relações entre figuras cênicas prevalecem sobre as relações puramente semânticas, tudo o que é variável nelas se torna mais importante do que aquilo que é constante. Atos físicos isolados multiplicam e atraem tanta atenção que ensombram as relações básicas menos variáveis, porém imateriais, entre contextos semânticos. A superioridade momentânea de uma personagem sobre outra, que muda de uma situação para a próxima, obscurece quase totalmente a hierarquia geral de todas as personagens, que permanece constante para a peça inteira.

Texto dramático e espaço teatral

Todas as relações entre as figuras cênicas e personagens são projetadas no espaço. Constituem o assim chamado espaço dramático, um conjunto de relações imateriais que muda constantemente no tempo à medida que tais relações mesmas mudam[3]. Sem dúvida, a variabilidade só é possível contra o plano de fundo de algo constante. Lá onde relações imateriais, puramente semânticas, apresentam-se veladas pelas relações materiais variáveis entre as figuras cênicas ou, para dizê-lo

---

3. ZICH, Otakar. *Estetika dramatichého umeni* (*Estética da Arte Dramática*). Praga, 1931, p. 246.

diferentemente, lá onde o equilíbrio do espaço dramático não é mantido pelas forças constantes que derivam da componente lingüística da representação, o espaço dramático é forçado a haurir suas forças estáveis em algum outro lugar. Esta é a função do cenário ou dos objetos cênicos que são semanticamente signos independentes — o cenário não se modifica substancialmente durante uma dada situação. Sempre que o espaço dramático contém um elemento constante desta espécie, ele pode expandir-se, através de seus componentes variáveis, além dos limites do palco (estou me referindo à interação entre o ator e o espectador, de um lado, e ao assim chamado palco imaginário, isto é, à ação audível fora do palco, de outro). Ele também pode restringir-se em dados momentos a pequenas partes do palco.

Assim, a existência e a importância do cenário também depende da estrutura do texto dramático ou, mais precisamente, da extensão em que a continuidade do significado é interrompida pela expunção dos reparos do autor. Quanto mais adequadas são as relações constantes entre os contextos semânticos como plano de fundo para a variabilidade do espaço dramático, mais vago semanticamente pode tornar-se o cenário. Em caso extremo, pode mesmo perder todo significado próprio independente, recebendo diferentes significados à medida que são outorgados por outros componentes teatrais (comparem a localização através do diálogo no teatro elizabetano). Os significados que o cenário recebe desta maneira são por certo tão constantes como seu próprio significado independente. O cenário funde-se com o palco, uma área de atuação limitada, semanticamente não especificada.

A construção do palco, seu formato e localização, é determinada pelas necessidades da representação. Como todos os outros componentes do teatro, o palco depende, embora em grau variável, da estrutura do texto dramático; uma vez que o auditório está inseparavelmente ligado ao palco, podemos dizer que o arranjo de todo espaço teatral depende em certa extensão da estrutura do texto dramático. No teatro elizabetano, por exemplo, o uso do palco superior, que não diferia radicalmente, parece, de certos aposentos dos espectadores, corresponde ao relacionamento íntimo que as peças tendiam a estabelecer com a platéia. A presença de

168

alguns espectadores no palco — bem como a estrita separação dos camarotes com as galerias e especialmente com a platéia — correspondia à mesma tendência, visto que convertia os espectadores no palco e nos camarotes em algo parecido com intérpretes em relação aos outros espectadores, especialmente os que estavam em pé na platéia. Similarmente, as vastas dimensões do auditório no teatro clássico grego satisfazia o empenho da tragédia em fazer a linguagem predominar sobre o ator e tornar a figura cênica, tal como criada pelo ator, tão abstrata a ponto de permanecer atrás do limiar da consciência como um simples portador razoavelmente irrelevante de uma função.

A idéia de que o palco e o inteiro espaço teatral são parcialmente dependentes da estrutura dramática parece conflitar com a experiência de muitos diretores de vanguarda. Condenam o palco de moldura pictórico porque acham que as relações entre os atores e o público precisam ser cabalmente refundidas. No entanto, na maioria dos casos tal condenação permanece puramente teórica; não existem edifícios com auditório e palco diferentes à disposição. Com pouquíssimas exceções, por mais convincentemente que possa escrever sobre a necessidade de reorganizar o conjunto do espaço teatral, o encenador tem, na prática, de recorrer à moldura cênica tradicional. Mesmo projetos pormenorizados para a edificação de um novo teatro, como o Teatro Total[4] de Gropius e Piscator ou o Teatro de Trabalho de Kouril[5] e Burian, permanecem no papel por falta de financiamento. Entretanto, a contradição pode ser mais aparente do que real. Uma representação teatral é efêmera por sua própria natureza, ao passo que a construção de um edifício teatral é, usualmente, uma empreitada a longo termo. Portanto, leva tempo para que o espaço teatral se ajuste aos requisitos da estrutura dramática. Tal atraso no tempo tem ocorrido amiúde na história do teatro, especialmente quando uma nova estrutura dramática emerge gradualmente. E no que tange ao teatro de vanguarda, ninguém poderia pretender que ele é uma nova estrutura que já adquiriu forma;

4. PISCATOR, Erwin. *Das politische Theater*. Berlim, 1929, pp. 122 e ss.

5. KOURIL, Miroslav. *Divadlo práce (O Teatro da Obra)*. Praga, 1938.

por sua vocação mesma, é experimental e largamente diversificado, impelindo cada inovador os seus experimentos em direção diferente.

Além do mais, uma prova negativa de que o espaço teatral depende mais da estrutura dramática do que o contrário foi dada quando um novo teatro, que poderia ter satisfeito as ambições de Meierhold, Tairov, Vakhtangov, Piscator, Schlemmer, Honzl, E.F. Burian e todos os demais, foi erigido em Paris na esperança de que daria origem a obras comparáveis às deles. Mas o fato é que ele não estimulou o desenvolvimento de uma nova estrutura, nem atraiu encenadores e teve, por fim, de ser convertido em cinema[6].

Texto dramático e música

Até agora pouca atenção foi prestada aos intrincados problemas da semiologia da música. Portanto, devo limitar-me a algumas observações.

Como um componente do teatro, a música tem seu ponto de partida no texto dramático. Isto aplica-se tanto à música vocal quanto ao acompanhamento musical da palavra falada. Em ambas as funções, a estrutura musical está ligada à estrutura sonora do texto. As possibilidades de musicar um texto dramático ou de compor música para ser tocada durante a declamação deste são limitados pela linha fônica — *ligne phonique* — do próprio texto.

A maneira e o grau da delimitação acima são variáveis, dependendo da natureza da linha fônica. Por exemplo, o texto pode exigir arranjo musical e, ao mesmo tempo, impor poucas restrições à criação musical. Tal é especialmente o caso de um texto escrito no que se chama verso cantado[7]. Mas a linha fônica de um texto também pode ser de uma tal natureza e intensidade que um compositor, para musicar o texto, tenha

---

6. HONZL, Jindrich. *Slava a bida divadel* (*Glória e Miséria dos Teatros*). Praga, 1938.

7. Ver a análise do verso cantado no tcheco antigo em: ROMAN JAKOBSON, "Vers staročesky" ("Verso Tcheco Antigo"), in *Ceskoslovenska vlastiveda*, Praga, 1934, vol. III, pp. 429 e ss. Algumas observações sobre qual é a provável forma de um verso cantado em tcheco moderno encontram-se em meu artigo "Zpevni kultura obrozesnké deby" ("A Cultura da Canção no Período da Revivescência Nacional"), in *Slovo a slovesnost*, VI, 1940.

de efetuar uma busca estrênua dentro do repertório de meios musicais a fim de descobrir aqueles que mais se aproximam da linha fônica em questão. Pode acontecer mesmo que seja obrigado a infringir certas normas musicais canonizadas, por exemplo, a consonância (cf. as transcrições feitas por Looš Janáček das entonações da fala nos tons musicais). Há também casos onde a linha fônica do texto resiste ao intento de musicá-la.

Portanto, as possibilidades da música teatral são, de um modo ou de outro, determinadas pela linguagem do drama. Isto é também atestado pelas dificuldades especiais que surgem quando o libreto de uma ópera é traduzido em outra linguagem, não menos do que pelas numerosas modificações textuais que alguns compositores realizam. De outro lado, mesmo se o texto dramático é o seu ponto de partida, a música, especialmente a música operística, tende muitas vezes a eliminá-lo inteiramente da estrutura teatral. A observação feita por Meierhold com referência à sua encenação de *Tristão e Isolda* de Wagner, ou seja, que a ópera está muito mais próxima do mimo do que da representação do drama, torna-se aqui relevante. Na medida em que isto é verdade, a música teatral fica fora do escopo do presente estudo.

De qualquer maneira, a música teatral não se acha tão estreitamente ligada ao texto dramático quanto o desempenho do ator. Mesmo quando soam da maneira mais parecida possível, os componentes da música e os componentes sonoros do texto pertencem a dois sistemas semiológicos totalmente diversos. Por contraste, os mesmos componentes sonoros do texto entram diretamente nas figuras cênicas, tornando-se parte do desempenho vocal do ator.

Predeterminação da figura cênica pelo texto

Movimentos independentes

Movimentos semanticamente independentes constituem transposições dos significados transmitidos pelas notas, reparos e comentários do autor. Além disto, são com freqüência exigidos, portanto predeterminados, pelo diálogo que se lhes refere enquanto estão sendo realizados, por exemplo:

Hamlet: — Vamos lá, senhor.

Laerte: — Vamos, meu senhor.

(*Duelam.*)

Hamlet: — *Um.*

Laerte: — Não.

Hamlet: — Julgamento!

Osrico: — Um toque, um toque visível.

Laerte: — Bem, *de novo!*

Rei: — *Alto, tragam vinho.* Hamlet, esta pérola é tua. À tua saúde. Dêem-lhe a taça.

Hamlet: — Este assalto, primeiro; *deixem isso aí, por um instante.* Vamos. (Duelam, de novo.) *Outro toque.* O que diz?

Laerte: — Um toque, um toque. Confesso.

Rei: — Nosso filho vai ganhar.

Rainha: — Está suado e *perde o fôlego. Olha, Hamlet, toma o meu lenço; limpa a testa. A rainha bebe ao teu bom êxito, Hamlet* (...)

(Hamlet, V, 2)

Em outra parte, há uma lacuna na comunicação verbal e a fala subseqüente reage à ação física que ocorre entrementes. No seguinte exemplo, o último verso responde ao movimento ordenado pela direção, que é em si realmente redundante.

Laerte: — (...)

Parem com a terra por um instante,

até que eu a tenha uma vez mais em meus braços.

(Salta dentro da cova.)

Agora acumulai vosso pó sobre o vivo e o morto (...)

Quer o movimento seja determinado pelo diálogo quer pelas rubricas do autor, o intérprete dispõe de margem considerável para escolher os meios específicos a fim de levar a cabo o movimento, pois este lhe é imposto apenas no sentido global, nunca exatamente transponível da linguagem para a ação dos músculos.

Movimentos acessórios

O ator também complementa o texto dramático através dos diferentes tipos de movimentos que ajudam a moldar o significado das falas. Os movimentos pertencentes a esta segunda categoria são muitas vezes numerosos e importantes, mesmo quando a peça representada encerra poucas notas autorais. Também eles estão longe de se achar completamente à discrição do ator. Aparecem ali para veicular significados contidos no texto escrito, mas dificilmente transmissíveis pelos recursos vocais de que depende a linguagem falada:

1. A ênfase assinalada pelo grifo na seguinte fala em *John Gabriel Borkaman*: "Você abandonou a mulher que você *amava*! A mim, a mim, a mim!" não pode ser suscitada por intensidade, uma vez que o pico da altitude sonora é alcançado ao fim da tripla exclamação que segue. O significado do signo gráfico será quase automaticamente transposto para um gesto.

2. O significado irônico de uma palavra, que é possível assinalar com sinais de aspas, não pode ser adequadamente expresso por timbre de voz quando a linha fônica da fala é dominada pela ondulação contínua de entonação, porque a mudança abrupta no timbre vocal romperia a continuidade da entonação; assim, será necessário significar a ironia mediante um gesto, um trejeito, etc.

3. Os gestos também são muitas vezes empregados a fim de marcar a articulação de uma sentença sintaticamente complicada, assinalada por diacríticos no texto, mas talvez situado além do âmbito dos recursos vocais do ator.

4. Alguns significados não possuem significador próprio no texto escrito porque derivam o sentido do contexto todo, como, por exemplo, quando uma fala é dirigida a uma personagem específica, que não está explicitamente indicada de alguma maneira. O leitor reconhece o destinatário por causa do sentido conjunto da fala em tela, embora talvez o faça apenas ao fim da fala ou quando o destinatário responde. No teatro, o ator precisa em geral estar face a face com o destinatário desde o começo. Tudo isto aparece mais claramente nos casos freqüentes em que uma personagem primeiro replica ao que outra diz e depois, imediatamente, na mesma fala, dirige-se a uma terceira.

5. Gestos deíticos também pertencem a esta categoria, especialmente quando acompanham pronomes ou advérbios tais como revela a realidade à qual eles se referem apenas em conjunção com o contexto da

fala ou com a situação extralingüística. O que tenho em mente aqui são proferições como:' "Foi ele". Na peça escrita, isto não necessita de nota autoral quando o leitor já sabe quem é o culpado. Na representação teatral, seria muito estranho — na verdade seria um expediente artístico notável atrás do qual perceberíamos a mão do diretor — se não fosse acompanhado de um gesto deítico.

6. Gestos lexicalizados amiúde acompanham clichês lingüísticos, como no caso em que um copo é erguido às palavras: "à tua saúde".

Uma vez que os movimentos acessórios recebem seus significados da fala que acompanham e que na maioria das vezes têm pouco ou nenhum significado independente e próprio, sua forma específica adapta-se à fala, especialmente à sua linha fônica.

Movimentos e desempenho de voz

A posição dominante de um componente sonoro manifesta-se através de suas livres evoluções, que independem das tendências intrínsecas dos outros. Três componentes sonoros — entonação, timbre de voz e intensidade — são, neste sentido, particularmente importantes para a construção do diálogo dramático, porque correspondem aos três tipos fundamentais de diálogo:

1. A *entonação* em posição dominante tende a ondular continuamente. Também tende a afrouxar a relação direta entre unidades de linguagem singulares e as realidades às quais se referem, a fazer a fala fluir maciamente; isto permite às significações entrarem em complicadas relações mútuas. No diálogo, a ondulação de entonação cruza livremente as fronteiras entre falas sucessivas. O fato revela inesperados deslocamentos semânticos e põe em foco conotações dificilmente perceptíveis porque tais deslocamentos lançam o significado costumeiro das palavras fora de equilíbrio. Isto gera toda sorte de conotações tênues e ligeiras entre as palavras[8]. O autor interrompe com suas notas tão pouco

8. Ver JAN MUKAŘOVSKÝ, "Próza K. Čapka jako lyrická melodie a dialog" ("A Prosa de Karel Capek como Melodia Lírica e Diálogo"), in *Kapitoly z české poetiky*, Praga, 1948, vol. II.

quanto possível a continuidade da entonação. De fato, dramaturgos tão diferentes entre si como, por exemplo, Maurice Maeterlinck, Oscar Wilde e Karel Čapek, em cujas peças o aspecto comum saliente é o domínio da entonação, todos eles utilizam com excepcional parcimônia das notas do autor.

Finalmente, a entonação visa a restringir movimentos semanticamente independentes — ações no sentido físico — porque estes perturbam sua livre e macia ondulação. Ela dá âmbito principalmente a movimentos como os que seguem em sua esteira, sem usurpar a atenção quer pela riqueza de seus próprios significados quer por sua marcante materialidade — em outras palavras, a movimentos que são considerados estilizados[9], a gestos convencionais mais ou menos lexicalizados ou a gestos deíticos.

2. O *timbre de voz* tende, por suas freqüentes e abruptas mudanças, a cortar a fala em uma multiplicidade de segmentos independentes, separados um dos outros pelo que se poderia chamar de hiatos semânticos. Cada fala é hermeticamente selada, por assim dizer, pelas que surgem antes e depois dela. Mais ainda, em geral fica dividida em segmentos separados, cada um dos quais aponta diretamente para algum traço psicológico ou momentâneo estado de espírito da personagem que o profere. A coesão de cada contexto semântico é relegada ao plano de fundo por uma rápida seqüência de respostas emocionais. O diálogo freqüentemente converte-se em atividade física, em grande parte arbitrária e imprevisível, visto que é motivada por causas puramente emotivas. As notas e rubricas do autor são numerosas porque as mudanças concretas no timbre de voz não podem ser predeterminadas pela construção da fala sozinha e precisam, pois, ser indicadas explicitamente pelas notas.

Mas isto significa que não são os componentes sonoros do texto literário que dão origem aos componentes vocais específicos da figura cênica. Estes brotam antes dos elementos transpostos de um material diferente: as qualidades emotivas das falas diretas, de um lado, e as orientações dadas nas notas do autor, de outro.

9. Ver *ibid.*

3. A *intensidade* numa posição dominante divide acentuadamente a fala em segmentos ordenados segundo uma clara hierarquia de tensões expiratórias. As fronteiras entre falas sucessivas são sublinhadas por cadências marcantes de entonação que encerram quase todas. As distinções entre contextos isolados tendem a ser muito pronunciadas e cada fala singular é formulada de tal modo que recorda o contexto ao qual pertence.

Na representação teatral, o relacionamento entre linguagem e movimento físico varia, como a própria linguagem, dependendo das combinações que a intensidade estabelece com as outras componentes sonoras do texto. Os movimentos podem ser numerosos, casos em que tendem a ser do ponto de vista semântico independentes das falas, ou podem ser extremamente limitados em âmbito e número. De especial importância neste particular é saber se o timbre de voz ou, ao contrário, a entonação é que chega mais perto da intensidade dominante na hierarquia dos componentes sonoros. Mas, como regra, os movimentos físicos tendem a ser fortemente tipificados. Em períodos em que a intensidade domina a estrutura sonora, os movimentos do ator são, com bastante freqüência, sujeitos a uma convenção e até a um certo grau de lexicalização.

Feições e componentes constantes

A estrutura sonora do texto dramático também tende a predeterminar o conjunto das assim chamadas feições ou componentes constantes da figura cênica, tais como o nome da personagem, a compleição física do ator e suas características, a indumentária, a face ou máscara do intérprete, o diapasão, altura e timbre geral de sua voz etc., assim como certos traços mais ou menos permanentes dos componentes variáveis, por exemplo gestos peculiares ou inflexão de voz de um dado ator, a maneira como ele articula certas palavras, e assim por diante. Exercem a dupla função de unificar todos os componentes variáveis da mesma figura e distingui-la de todos os outros. De fato, é esta dupla função, e não a constância, que os caracteriza. Eles não precisam ser todos realmente constantes. Na verdade, certas estruturas teatrais tornam-nos tão variáveis quanto possível e reduzem a oposição entre os componentes constantes e variáveis à oposição entre componentes que variam ocasionalmente e aqueles que variam o tempo todo.

A semiologia destes componentes não foi ainda realmente estudada, de modo que posso dar apenas algumas poucas indicações:

1. O nome da personagem, que vem do texto, pode ser pobre sob o ângulo semântico, servindo apenas para indicar o sexo da personagem (Maria, Carlos); ou nem sequer isto, como acontece muitas vezes no caso de Maeterlinck. Entretanto, o nome também pode ser empregado como meio de vincular uma variedade de significados, como a nacionalidade da personagem (nome estrangeiro), os principais traços de sua personalidade (Sir Toby Belch ou Sir Andrew Aguecheek na *Décima Segunda Noite*, os caracteres convencionais na *commedia dell'arte*) etc. Pode mesmo assumir todo um agrupamento de significados precisos e sombras de significado (o nome de uma pessoa real intimamente conhecida pela platéia ou o nome de uma personagem muito discutida e famosa, como Electra, Antígona, Fausto, Joana d'Arc).

2. A compleição e características físicas podem melhor desenvolver seu potencial semiótico no desempenho de movimentos difíceis e exigentes e quando o corpo é desnudo em parte ou no todo. Se tais elementos devem assumir uma pesada carga de significados, a indumentária passa para uma posição subordinada: não deve estorvar os movimentos do ator, nem desviar a atenção de seu corpo. É possível encontrar muitas ilustrações deste princípio na obra de Tairov. Mas o traje também pode ter funções contrárias, isto é, as de ocultar o corpo do ator. Pode servir, por exemplo, para impedir que o corpo atraia atenção indevida quando é o texto que deve dominar o conjunto da estrutura dramática (tragédia grega clássica).

3. Quando submetido a forte convenção, o traje pode transmitir significados muito ricos e diversificados. A convenção é capaz de ligar uma vestimenta específica a uma personagem famosa ou tradicional. Os trajes de Arlequim ou Pierrô perpetuaram semelhante elo muito além da *commedia dell'arte*. Outro caso pertinente, embora sob muitos aspectos diferente, é a roupa preta de Hamlet; certos diretores modernos produziram um verdadeiro choque pelo mero fato de vesti-lo de outra

177

maneira. Entretanto, a convenção também pode operar de um modo inteiramente diverso, como no teatro chinês, onde a indumentária é composta de um grande número de signos lexicalizados[10].

O traje pode portanto adquirir grande carga semântica sem o auxílio de qualquer convenção em geral. Um caso interessante é relatado por Stanislavski. Depois de observar a representação de *A Gaivota*, Tchekhov pediu-lhe que representasse Trigorin com sapatos surrados e calças rasgadas.[11]Aqui Stanislavski comenta:

> Trigorin em *A Gaivota* era um jovem escritor, um favorito das mulheres — e de repente ele ia usar sapatos surrados e calças rasgadas! Eu representei o papel no mais elegante dos trajes — calças brancas, colete branco, chapéu branco, sapatos leves e simpática maquilagem.
>
> Passou-se um ano ou mais. Tornei a interpretar o papel de Trigorin em *A Gaivota* — e, durante uma das representações, de repente entendi o que Tchekhov queria dizer.
>
> Sem dúvida, os sapatos devem estar surrados e as calças rasgadas e Trigorin não pode ser simpático. Nisto reside o sal do papel: para moças jovens e inexperientes é importante que um homem seja escritor e publique romances tocantes e sentimentais, e as Nina Zarachnaias, uma após a outra, atirar-se-ão em seus braços, sem perceber que ele não é talentoso, não é simpático, que usa calças rasgadas e sapatos surrados.

Como um dos componentes constantes da figura cênica, o rosto apresenta certos problemas que o distingue dos demais. Isto se deve principalmente à sua qualidade semiológica inerente que é muito forte, tanto nos traços variáveis quanto nos constantes. O movimento dos músculos faciais é um dos recursos mais eficazes de um homem para expressar sua personalidade e estado de espírito. Ao mesmo tempo, o rosto é, de longe, a mais importante das características pelas quais reconhecemos um indivíduo. Suas feições são o mais das vezes interpretadas como signos da mentalidade da pessoa, de sua personalidade, inteligência, temperamento e mesmo de seu modo de vida, proveniência etc. Finalmente, o que um locutor faz com seus músculos faciais complementa significativamente sua fala. Nenhuma dessas qualidades semiológicas do rosto pode ser ignorada no teatro. Precisam ser ou exploradas ou neutralizadas. Como elas se valem dos traços variáveis da face, tanto quanto dos

10. BRUŠAK, Karel. "Znaky na činském divadle" ("Signos no Teatro Chinês"), *Slovo a slovesnost*, 5, 1939.

11. STANISLAVSKI, Constantin. *op. cit.*

traços constantes, há certos problemas inerentes ao seu uso como componentes constantes da figura cênica, como é dado verificar-se através dos efeitos obtidos quando se "esculpe" o semblante do ator com uma espécie de gesso: isto pode aumentar o potencial semiológico constante do rosto mas imobilizar certos músculos faciais e, portanto, reduz o potencial expressivo de seus movimentos.

Para neutralizar as qualidades semiológicas do rosto, a máscara imóvel é utilizada em algumas formas de teatro. Esta era provavelmente a principal função da máscara na tragédia grega clássica; era a palavra do dramaturgo mais do que o jogo dos músculos faciais que dava ao semblante seus significados específicos. Mas em outras estruturas dramáticas, a máscara é empregada com o fito de incrementar o papel do rosto em meio aos componentes constantes. De outro lado, nos numerosos períodos em que a maquilagem é utilizada sistematicamente, o fato de se deixar o rosto desnudo pode constituir um meio de reduzir ou até neutralizar seu potencial semiológico, porque assinala que não se deve atribuir importância ao semblante e a seus movimentos; a nudez produz, com respeito à face, o efeito oposto ao que produz no tocante ao corpo do ator.

Através das convenções teatrais, pode-se fazer com que o rosto transmita enorme variedade de significados, alguns dos quais inteiramente desvinculados de suas qualidades semiológicas na vida cotidiana. É possível encontrar material particularmente rico deste gênero no teatro chinês, onde uma maquilagem altamente complicada, a coloração uniforme da face e a falta de maquilagem, todos os três lexicalizados, são combinados com o jogo dos músculos faciais[12] . Não seria de modo algum surpreendente se estudos ulteriores revelassem que aqui a função semiológica do jogo dinâmico dos músculos foi dissociada da do rosto como um dos componentes constantes.

5. No que se refere aos traços vocais constantes, a relação particular que existe entre timbre de voz e entonação é especialmente importante. Onde quer que a entonação prevaleça, o timbre de voz é relegado ao lugar mais baixo na hierarquia dos componentes sonoros e

---

12. Ver KAREL BRUŠAK, *op. cit.*

vice-versa. Nesta posição subordinada máxima, a entonação afirma-se principalmente como o diapasão geral da voz, colorindo como seu timbre constante e característico. A estrutura sonora do texto determina o componente que tomará esta posição, mas não determina a qualidade concreta daquele componente. Ela determina, por exemplo, que o diapasão de cada figura será relativamente imóvel, mas não que esta ou aquela figura terá um diapasão alto, baixo ou médio, isto sem falar de um registro específico; ela determina que a voz de cada figura conservará aproximadamente o mesmo timbre durante toda a representação, mas não qual voz deve ser rouca, esganiçada, melodiosa e assim por diante; isto pode, entretanto, ser indicado pela natureza dos papéis.

O timbre geral da voz é capaz de conduzir considerável carga semântica; pode denotar na personagem o sexo, a idade, alguns traços de sua mentalidade (por exemplo, ternura, rudeza, timidez) e assim por diante. Portanto, em uma peça dominada pela entonação, mesmo o conjunto de componentes constantes pode ser determinado, em grande extensão, por meios lingüísticos. Por contraste, como o diapasão tem um baixíssimo potencial semiológico, a posição dominante do timbre vocal no texto impõe a necessidade de ele apoiar-se pesadamente em componentes extralingüísticos na construção dos traços constantes da figura cênica.

A figura cênica como uma estrutura de signos

A figura cênica é uma complicada estrutura de signos que inclui todos os componentes, quer lingüísticos quer extralingüísticos, quer constantes quer variáveis, e assim por diante. Mas, embora integrada, é uma estrutura de estruturas. Todos os movimentos de uma figura também compõem uma estrutura de signos, cujas partes são todas relacionadas entre si e hierarquicamente arranjadas. O mesmo sucede com seus componentes e feições constantes, e também com seus componentes vocais. São estruturas dentro da estrutura. A estrutura total da figura cênica é composta de elos pelos quais tais estruturas se ligam entre si. Mas há uma diferença fundamental entre a estrutura da representação vocal e as outras. Em

13. Ver minhas "Notas relativas ao livro de Bogatirev sobre o Teatro Popular"; DUCARTRE, Pierre Louis, *op. cit.* e BRUŠAK, Karel, *op. cit.*

180

seu esboço geral, ela é uma tradução direta do contorno sonoro do texto que existe antes de qualquer representação teatral. Isto capacita o texto a predeterminar, embora em grau variável, a figura cênica em todos os seus aspectos.

A relação fundamental, há pouco mencionada, existe até onde o ator improvisa, como por exemplo no teatro popular, no teatro chinês, na *commedia dell'arte* e assim por diante. A improvisação é apenas um modo diferente de representar uma peça. Via de regra, a liberdade do ator na escolha quer dos meios verbais, quer dos não-verbais que ele pode usar em sua improvisação, é restringida por normas rigorosas[13].

A criação do ator nunca pode escapar plenamente da obrigação imposta a ele pelo texto dramático. É verdade que só ele cria todos os componentes extralingüísticos da figura cênica. Mas até mesmo aqui, seu âmbito não é ilimitado. Ele fica muito limitado em sua liberdade criativa quando o desempenho vocal é fortemente determinado por um componente como a entonação, que já se apresenta tão concretamente plasmada no texto que relativamente pouco pode ser acrescentado na representação. O ator precisa adaptar-se e moldar os recursos extralingüísticos conseqüentemente, de modo que eles não rompam a dominante sonora. Na prática, isto significa que precisa restringi-los tanto quanto possível, de forma a não poderem desviar a atenção, devido à sua marcante materialidade, dos significados sutis veiculados pelos movimentos do componente sonoro dominante. Pelo contrário, quando a estrutura sonora é dominada por um componente como o timbre vocal, cujos movimentos e moldes específicos são predeterminados unicamente pelo texto de uma forma muito geral, a liberdade do ator para escolher seus meios cresce. A linguagem é subordinada aos recursos extralingüísticos à sua disposição. Pode-se encontrar uma infinita variedade de combinações entre esses dois extremos.

Como estrutura de signos, a figura cênica é não apenas uma estrutura de estruturas, mas também uma

---

14. O conceito de sujeito aqui utilizado é o mesmo que na filosofia moderna (por exemplo, na *Filosofia das Formas Simbólicas*, de ERNST CASSIRER, particularmente no seu terceiro volume), quer dizer, como um membro da antinomia sujeito-objeto. Neste sentido, o sujeito percebe o objeto, atua sobre o objeto, faz o objeto etc. O sujeito neste sentido é aquilo ao qual todas as representações mentais ou todas as operações e ações são atribuídas.

parte integral dessa estrutura mais ampla de signos, a representação toda. Aí reside outra fonte de sua predeterminação pelo texto dramático.

O dramaturgo, o encenador e o ator

Devido à unidade que apresenta, a despeito de sua grande diversidade, toda estrutura artística aparece não somente como um objeto mas também como o ato de um sujeito[14]. O problema está longe de ser simples no melhor dos casos. Não é possível delineá-lo plenamente, e muito menos analisá-lo, dentro do quadro do presente trabalho. Limitar-me-ei a efetuar algumas poucas observações, mais esboços do que outra coisa, com respeito ao modo como as características do texto dramático afetam a posição do sujeito na representação teatral.

As personagens empenhadas no diálogo são sujeitos, digamos sujeitos operativos. Mas são sujeitos apenas em certo grau porque há também o autor. Ele também é um sujeito — e na verdade um sujeito operativo igualmente —, ainda que em um nível diferente. Em contraste com as personagens, o autor é um sujeito central — o sujeito que está por trás das personagens, o produtor de todos os contextos semânticos aos quais elas se acham respectivamente ligadas, de todas as situações, de todas as falas etc. Assim, temos uma dupla complicação no drama com respeito ao sujeito de sua estrutura: de um lado, há uma pluralidade de sujeitos, digamos de sujeitos parciais, vinculados à pluralidade dos contextos semânticos; de outro, há uma antinomia definida entre esses sujeitos parciais e o autor, que é o sujeito central.

Entretanto, o drama não é apenas diálogo mas também enredo. No enredo, todas as contradições intrínsecas, inversões e modificações do conflito dramático são unificadas em um único conjunto. Assim como a interpenetração dos contextos semânticos dá origem a deslocamentos e inversões semânticas, do mesmo modo o enredo proporciona todas aquelas mudanças semânticas com uma única motivação.

Quando são focalizados à luz do enredo, todos os deslocamentos semânticos, tão abundantes no drama, convergem para um único ponto, a partir do qual a estrutura inteira pode ser vista em perspectiva, por assim dizer. É neste lugar que podemos descobrir o único sujeito central operativo da estrutura dramática. Embora permaneça no plano de fundo, este sujeito central sempre faz sentir sua presença e sua operação como veiculador do enredo e a fonte de sua "proporcionalidade", momento e unidade.

Quando chega a vez da representação teatral do texto, o dramaturgo pode ou não manter sua posição chave. O fato será determinado principalmente pela estrutura do próprio texto. Naturalmente, muita coisa dependerá do que vai acontecer na representação teatral: se a estrutura leva os componentes lingüísticos a predominar sobre os extralingüísticos ou se ocorre o contrário. Mas o problema também oferece outros aspectos.

O dramaturgo será, por exemplo, percebido como o principal gerador da estrutura teatral se a maneira como o diálogo se desdobra afigurar-se necessária, inevitável. Isto sucede particularmente lá onde a espontaneidade das personagens é restrita, enquanto as diferenças em suas atitudes básicas são acentuadas — em tais casos os elementos fortuitos são em geral eliminados do diálogo e cada segmento do diálogo contribui para a progressão do enredo. A falta de decisões espontâneas de parte das personagens aponta para o dramaturgo como uma força invisível situada acima das personagens, como o sujeito cuja intenção se manifesta na ordenação tanto do diálogo quanto do enredo. As tragédias de Sófocles proporcionam um exemplo típico.

A operação do dramaturgo pode também ser enfatizada quando as personagens em situação específica, única, efetuam enunciados de aplicação mais geral do que seus garantes cenográficos imediatos. Isto tende a projetar o que quer que seja dito ou feito sobre o palco em um plano diferente e a relacioná-lo a certas "verdades" gerais. As falas transmitem uma espécie de sabedoria que se deve esperar de alguém que observa a ação à distância, mais do que de pessoas diretamente envolvidas, resultando daí que são, em certa extensão, percebidas como sendo formuladas e postas na boca das personagens pelo sujeito central. Pode-se achar muitos exemplos disso nas peças de Shakespeare[16]

Em peças que colocam a emoção das personagens

---

15. A fim de evitar qualquer mal-entendido possível, cumpre salientar que a questão aqui discutida é a de um expediente artístico e não a de saber se as máximas usadas pelas personagens de Shakespeare refletem ou não os sentimentos, as idéias ou até a *Weltanschauung* do dramaturgo.

183

na linha de frente, a situação do dramaturgo é diferente. Os sujeitos isolados, parciais, aparecem como mais ou menos emancipados da dependência imediata do sujeito central e o diálogo surge como uma cadeia de reações espontâneas que revela as mentes e disposições das personagens muito mais do que sua atitude para com a realidade. O diálogo baseado em estado de ânimo parece progredir de maneira extremamente casual e tortuosa, de modo que a audiência cessa em grande parte de perceber seu caráter organizado; conseqüentemente, a operação do sujeito central tende a naufragar sob o limiar da consciência. Naturalmente, no drama enquanto literatura, o autor faz sentir sua presença em tais peças através de notas e rubricas freqüentes. Mas estas acham-se ausentes na representação.

A estrutura sonora do texto também é relevante para o problema em discussão. Na representação de um texto dominado pela entonação, as personagens isoladas tendem a dissolver-se no diálogo e o autor a permanecer continuamente presente no espírito do público.

Sua presença também tende a ser fortemente sentida onde quer que predomine a intensidade, embora aqui ele remanesça mais no fundo e tenda a manifestar-se através das personagens. Uma vez que toda fala se relaciona de maneira muito clara com o contexto específico ao qual pertence, a ênfase recai na filosofia definida, propósito ou perfil psicológico permanente da personagem. *O Discípulo do Diabo* de Shaw fornece uma boa ilustração. O enredo está organizado de maneira a dar preeminência a duas inversões na situação do herói: a primeira ocorre quando, no momento mais crítico, ele atua de forma contrária à expectativa de todas as personagens; a segunda, quando o discípulo do diabo converte-se em ministro do evangelho. Mas como a linha fônica da peça é dominada pela intensidade (embora em certas cenas o timbre de voz chegue bastante perto do predomínio), não há inversões no contexto semântico composto pelas linhas de Richard Dudgeon. Em seus confrontos com as outras personagens, o herói reage mui claramente da primeira à última como "um puritano dos puritanos", para usar a descrição de Shaw[16].

A situação é inteiramente diversa quando mu-

16. O prefácio de Bernard Shaw para as suas *Três Peças para Puritanos*.

184

danças abruptas no timbre dominam o desempenho vocal dos atores: as personagens aparecem no plano de frente e o dramaturgo permanece mais ou menos escondido atrás delas. Além disso, para ser representado, este tipo de drama também levanta numerosos problemas que não estão solucionados no texto; o texto indica meramente a direção em que se deve procurar a solução.

É aqui o ponto onde o encenador substitui o dramaturgo. Em primeiro lugar, precisa escolher atores cuja compleição, qualidades físicas e voz correspondam às exigências dos papéis. Ele tem igualmente de participar da escolha e moldagem de movimentos semanticamente independentes que são numerosos e muito importantes aqui, enquanto que o texto os determina apenas de uma forma muito geral. Ele precisa influenciar e harmonizar as intenções dos atores, individualmente, na escolha que fazem do timbre e gestos específicos, assim como para criar uma "situação psicológica" integrada. Por fim, cumpre-lhe dirigir a interação e a coordenação entre eles, porque a relação entre as personagens não pára de modificar-se e criar a "proporcionalidade" do conjunto da representação, porque a proporcionalidade do enredo tende a recuar para o plano de fundo, sob o impacto do diálogo emocionalmente carregado e da materialidade da ação física.

Na representação de um texto que depende sobretudo do timbre, a liberdade do ator também cresce. Os muitos hiatos semânticos nas falas diretas capacitam-no a moldar seus movimentos independentes como lhe parecer conveniente. O texto predetermina apenas seus significados globais, o ponto de partida e o de chegada de cada movimento, e não os meios específicos pelos quais é mister levá-lo a cabo. Entretanto, quando a emancipação da representação do ator vai além de um certo limite, uma mudança qualitativa enceta-se. A figura cênica torna-se um signo independente e tende a colidir com as exigências semânticas do texto. Várias inibições começam a afligir o ator: por exemplo, ele não pára de esquecer suas falas. Daí porque a tendência a desenvolver a própria criatividade do ator tanto quanto possível pode demandar a constante intervenção de um forte encenador. A contribuição decisiva de Stanislavski, como diretor, para a posição dominante do ator no Teatro de Arte de Moscou é um caso clássico na questão.

Alguns textos parecem conceder ao ator considerável grau de liberdade na seleção de meios lingüísticos, bem como extralingüísticos, e limitam-se a predeterminar somente o sentido global do diálogo e da ação. No entanto, mesmo em um caso tão extremo como o da *commedia dell'arte*, a estrutura teatral era predeterminada pelo texto. De fato, em aditamento ao sentido geral, o texto na realidade também prescrevia o conjunto inteiro de meios específicos que o ator tinha à sua disposição. Fazia-o, assim, de duas maneiras diferentes. Primeiro, o nome de cada personagem designava um tipo-padrão ao qual estava vinculado um conjunto fixo de artifícios por convenção. Segundo, cada situação, tal como indicada pelo texto, era marcada por um certo conjunto de artifícios específicos, governado também pela convenção. Somente a escolha dentro desse repertório é que ficava à discrição do ator. Finalmente, as relações entre as personagens-padrão eram também fixadas pela convenção, de modo que o nome de uma personagem, tal como dado no texto, também predeterminava a relação desta personagem para com qualquer outra. Tudo isto se destina a mostrar que mesmo quando o ator predomina sobre outros sujeitos operativos da estrutura teatral no mais elevado grau possível, ele o faz não em desafio ao texto mas em conformidade com este.

Conclusão

O drama provoca a incidência de intensa pressão sobre todos os outros componentes do teatro. Mas nenhum entrega-se inteiramente a tal pressão, nem cessa de manter certo grau de resistência. Isto acontece porque cada qual é uma parte integral de uma arte independente: interpretação, música, arquitetura e assim por diante. A cada momento de seu desenvolvimento, uma arte pode abrir um novo terreno em mais de uma direção. Mas o número e a natureza de tais aberturas não são infinitas. Portanto, qualquer componente singular do teatro pode responder às exigências do drama somente até um certo ponto; se fosse além deste ponto, cortaria a si próprio da arte à qual pertence.

Conseqüentemente, as artes individuais, por seu turno, influenciam o desenvolvimento da literatura dramática por intermédio do teatro. De fato, quando escreve uma peça, o dramaturgo não desconhece a estrutura teatral existente e as várias aberturas que ela apresenta para novos desenvolvimentos. Isto é verdade, muito embora a peça seja uma obra de literatura auto-suficiente, que não requer necessariamente representação teatral; o sujeito criador em geral sente, conquanto muitas vezes inconscientemente, as possíveis aplicações de sua obra.

Vimos, entretanto, que o dramaturgo pode designar a certos componentes do teatro um lugar de tal ordem na estrutura dramática que eles aparecerão como puros significados, destituídos de seu material específico — como, por exemplo, na localização verbal da ação em tal distância que elimina o uso do cenário material. Mesmo então, o teatro é uma síntese de todas as artes porque a contribuição de cada uma especificamente para a sua estrutura é perceptível, ainda quando essa arte está presente de modo apenas potencial[17].

Há somente uma arte cuja participação na estrutura teatral não pode reduzir-se ao grau de mera potencialidade. É a atuação, pois, até onde é de nosso conhecimento, sem atuação não há teatro, pelo menos teatro de representação de drama. O sonho de Craig a respeito de um teatro sem atores permaneceu confinado a seus escritos programáticos, ao passo que, como encenador, ele não foi além da reforma do estilo do ator. Na realidade, antecipou essa diferença entre programa e prática mesmo em seu famoso ensaio "O Ator e a Supermarionete"[18].

No teatro, o sistema de signo lingüístico, que intervém através do texto dramático, sempre se combina e se choca com a atuação, que pertence a um sistema de signo inteiramente diverso. Todos os outros componentes, como a música, conjuntos cenográficos e assim por diante, podem ser eliminados pelo próprio texto; como sinal disso, a intervenção dos sistemas de signos aos quais pertencem pode ser reduzida ao "grau zero" — a menos que eles reentrem na estrutura teatral por intermédio do ator. Portanto, a função geral do drama na moldagem da semiótica do teatro só pode expressar-se pelo confronto dos dois sistemas de signos que invaria-

17. Ver JAN MUKAŘOVSKÝ, "K dnešnimu stavu teorie divadla" ("A respeito do estado atual da teoria do teatro"), *Programa D 41*, pp. 229 e ss.

18. CRAIG, Edward Gordon. *Da Arte do Teatro.*

velmente comparecem, isto é, a linguagem e a atuação.

De todas as características da semiologia da linguagem, a mais importante neste sentido é que o significado fica assim tenuamente ligado ao material sensorial — os componentes sonoros de que depende o significado lingüístico são, em larga medida, predeterminados pelo próprio significado. Isto permite que o significado lingüístico crie as mais complicadas combinações e relações. Exatamente o oposto é verdadeiro com respeito à semiótica da atuação. Aqui, o portador material do significado — o corpo do ator, no sentido mais geral — predomina absolutamente sobre o significado imaterial. No teatro, o signo criado pelo ator tende, por causa de sua esmagadora realidade, a monopolizar a atenção do público às custas dos significados imateriais veiculados pelo signo lingüístico; ele tende a distrair a atenção do texto para o desempenho vocal, das falas para as ações físicas e até para a aparência física da figura cênica etc.

Nenhum outro sistema semiológico que intervém no teatro atinge qualquer desses extremos. Tomemos os signos que compõem o espaço cênico. Por mais escolhidos e moldados que sejam, não possuem nem o mesmo potencial semântico que as falas, nem o mesmo grau de realidade que o ator. Os significados que transmitem são limitados em suas evoluções pelo fato de estarem amarrados ao material que os porta. Por seu turno, este material não exibe o mesmo grau de realidade que o ator porque é um artefato.

Como a semiologia da linguagem e a semiologia da atuação são diametralmente opostas em suas características fundamentais, há uma tensão dialética entre o texto dramático e o ator, baseada primordialmente em que os componentes sonoros do signo lingüístico constituem parte integral dos recursos vocais de que se vale o ator. O peso relativo dos dois pólos dessa antinomia é variável. Se prevalece o signo lingüístico, emerge a tendência a despojar o signo encarnado pelo ator de sua materialidade, ou pelo menos de uma parte dela; isto explica por que Maeterlinck, Craig e muitos outros sentiram-se tão fascinados pelos bonecos. Se, ao contrário, o signo lingüístico é sobrepujado, seu potencial semântico diminui. Entretanto, ambos os sistemas de signos não só aferem como também enriquecem um ao outro. O ator dá mais peso e força à linguagem que exprime e, em troca, recebe dela a dádiva de significados extremamente variáveis e flexíveis.

Tais características dos sistemas de signos que se combinam no teatro determinam o que se pode denominar a estrutura básica e, em certo sentido, constante dos componentes. A hierarquia fundamental pode jamais materializar-se. Mas é percebida pela audiência como o plano de fundo de uma estrutura específica, na qual os componentes podem ser agrupados em uma dada representação ou em um dado período ou estilo. Portanto, a variabilidade do signo teatral, que Honzl encara como traço distintivo [19], deve ser visto em sua unidade dialética com seu oposto, a estabilidade do referido signo. Embora extremamente variável, o signo teatral é ao mesmo tempo extremamente estável dado o fato de sua estrutura básica, "não-marcada", ser fortemente pronunciada.

Trad.: *J. Guinsburg*

---

19. HONZL, Jindrich. "Pohyb divadelních znaku" ("Dinâmica do signo no teatro"), in *Slovo a slovesnost*, VI, 1940.

9. LITERATURA EM CENA
Lucrécia D'Alessio Ferrara

Une manifestation théâtrale est un ensemble de signes. HONZL, "La mobilité du signe théâtral". In: *Travail Théâtral*, Lausanne, La Cité, 1971.

Tratando da questão dos gêneros literários, os compêndios de Teoria Literária são unânimes em afirmar a necessidade de classificar as obras literárias quanto a sua espécie e portanto de caracterizar a existência dos gêneros literários. Entre estes compêndios, selecionamos três de conhecimento e divulgação notórios: *Interpretación y Análisis de la Obra Literaria* de Wolfgang Kayser, *Teoría Literaria* de Wellek e Warren e a *Teoria da Literatura* de Victor Manuel de Aguiar e Silva[1].

1. KAYSER, Wolfgang. *Interpretación y Análisis de la Obra Literaria*. Madri, Gredos, 1958. WELLEK e WARREN. *Teoría Literaria*, Madri, Gredos, 1959. AGUIAR E SILVA, Victor Manuel de. *Teoria da Literatura*. Coimbra, Almedina, 1967.

Os três compêndios tratam cautelosamente a questão dos gêneros admitindo a relatividade de qualquer divisão ortodoxa, porém, todos supõem a possibilidade de, partindo do exemplo de Aristóteles que dividia os gêneros em drama, épica e lírica, estabelecer uma distinção para os resultados da produção literária. Analisemos as propostas de cada um, respectivamente.

Kayser é, dos três, o mais ortodoxo admitindo tacitamente a divisão de lírica, épica e dramática, conforme se trate de expressão em primeira pessoa (lírica), expressão em terceira pessoa (épica) e apresentação de personagens mascaradas em um cenário (dramática). Estas três grandes divisões se bifurcam em subespécies, ocorrendo para a dramática, que é objeto de nosso interesse no momento, a subdivisão em drama (de personagem, de espaço e de ação) e comédia[2].

Na *Teoría Literaria* de Wellek e Warren, destaca-se a posição da teoria literária que, a partir de um enfoque mais funcional e estrutural, elimina a distinção entre prosa e poesia e considera três gêneros: ficção (novela, conto, épica), drama e poesia (lírica)[3].

Na *Teoria da Literatura* de Victor Manuel de Aguiar e Silva não se enfatiza propriamente a distinção entre prosa e poesia, porém considera-se a lírica como correspondente da poesia e a narrativa e o drama, correspondentes da prosa. Portanto, nas teorias das críticas modernas já se aponta, com exclusão da distinção entre prosa e poesia, para a narrativa e o drama, um pólo de ação conjunta, uma estreita ligação. Em que consiste essa ligação? — Kayser nos diz:

> Tenemos ante nosotros un drama cuando, en un espacio determinado, unos "actores" representan un acontecimiento[4].

Aguiar e Silva:

> Tanto o romance como o drama apresentam personagens situadas num determinado contexto, em certo lugar e em certa época, mantendo entre si mútuas relações de harmonia, de conflito etc. Estas personagens revelam-se através de uma série de acontecimentos, po-

2. KAYSER, *op. cit.*, p. 586 e ss.
3. WELLEK e WARREN, *op. cit.*, p. 273.
4. KAYSER, *op. cit.*, p. 586.

dendo contar-se a "história" de um romance ou de um drama (mas nunca de um poema lírico)[5].

As duas afirmações coincidem: 1) quanto à união entre drama e narrativa apoiadas em critérios de organização, de estruturas especificamente literárias; 2) ambos narrativa e drama, assumem um caráter de representação do universo e dos conflitos humanos; 3) ambos, narrativa e drama podem ser, conseqüentemente, intercambiáveis, como bem apontam os três compêndios citados, isto é, podemos ter uma narrativa encenada e um drama lido por alguém distante de qualquer aparato de cena.

Porém, apesar dessa união, Aguiar e Silva apresenta pontos de divergência estruturais entre narrativa e drama[6]. Esta paradoxal divergência estrutural, depois dos prenúncios de união apontados, é índice da indecisão teórica a respeito do problema. É necessário sintetizar estes pontos divergentes.

1.

A narrativa representa "a interação do homem e do meio histórico e social que o integra" assumindo "valor relevante a representação do ambiente, das coisas que constituem elementos de mediação da atividade humana, dos costumes da época, dos aspectos miúdos da existência, dos pequenos fatores que caracterizam uma situação". É o universo da "totalidade dos objetos".

O drama representa também "a totalidade da vida, mas através de ações humanas que se opõem, de forma que o fulcro daquela totalidade reside na colisão dramática". É o universo da "totalidade do movimento".

2.

Na narrativa, "as personagens são descritas e são contados os eventos... em que as personagens atuam diretamente".

O drama "exige a presença física do vulto humano e, embora a intriga possa situar-se no passado ou no futuro, a ação dramática apresenta-se sempre como atualidade para o espectador".

5. AGUIAR E SILVA, *op. cit.*, p. 218.
6. *Idem, op. cit.*, p. 218 e ss.

193

3.

O tempo romanesco "é um tempo longo, arrastado, tempo de gestação, de metamorfose e de degradação dos caracteres, dos sonhos e dos ideais do homem".

O tempo dramático "é um tempo curto, condensado, tempo do conflito e da luta inevitável".

4.

A narrativa admite "recuo no tempo, o *flash-back* ... onde atua como elemento regressivo".

No drama "desempenham função importante os elementos progressivos".

5.

Na narrativa "as figuras se desenham como opiniões... o romancista tem possibilidade de pintar a sua personagem penetrando na sua intimidade mais recôndita, devassando as suas reações secretas e as suas razões inexprimíveis".

No drama, "as figuras se desenham como gestos... o dramaturgo não domina as suas personagens e, para as revelar, só pode recorrer à voz, ao gesto, ao silêncio e à encenação".

6.

O público da narrativa é "leitor isolado que lê a obra segundo seus interesses, disposição de espírito e disponibilidade de tempo".

No drama, "encontramos o espectador que se congrega com outros homens para assistirem juntos à representação da obra dramática".

A análise destas comparações revelam que a divergência entre narrativa e drama nem sempre pode ser sustentada. Em relação à primeira, verificamos que, no teatro, os elementos que situam, no tempo e no espaço, as personagens e a ação são substituídos pelos recursos de cenário, figurinos, iluminação etc. Portanto, as características situacionais de uma narrativa não são abolidas no teatro, mas substituídas, isto é, o que é descrição e/ou narração do ambiente, dos costumes etc., no romance, transforma-se, no teatro, nos recursos de cena citados. Quanto à segunda distinção, ela também perde sua força quando, lembrando Propp na sua *Morfologia da Fábula*, observamos que o que caracteriza, basicamente, a narrativa são os predicados da ação, entendendo-se a personagem como motor de uma ação e não de sua revelação interior. Como no teatro, é a ação praticada que constitui a personagem. Portanto, o domínio exercido pelo autor sobre as personagens, apontado como característica narrativa na quinta observação, é desenvolvido, no teatro pelas marcações de cena e, se o núcleo da divergência é o domínio do autor sobre as personagens, ele é relativo, pode atrair, apenas, o próprio autor visto que, em relação ao leitor, é ilusório, conforme o repertório deste, as suas capacidades de decodificação da obra são até imprevisíveis. A terceira e a quarta distinções lembram, para a narrativa, certa densidade temporal mais psicológica, próxima a um tempo representado na história ou, talvez, um tempo da escritura, característico da enunciação, como apontam Todorov e Ducrot[7]. Nos dois casos e, mais no segundo do que no primeiro, constrói-se, estruturalmente, mais um espaço de ações que se tornam parelelas ou que se cruzam, por exemplo. Na estrutura da narrativa, esse tempo psicológico ou as interferências entre passado, presente, futuro sem limites intransponíveis criam, no universo representado na narrativa, certa atemporalidade responsável pelo aparecimento do espaço narrativo. Como se observa, este tempo mascarado em espaço, ou vice-versa, é um dos atrativos do teatro desde a Antiguidade; o coro grego, por exemplo, registrava os comentários da voz popular ou funcionava como *alter ego* das personagens permitindo, em cena, livre trânsito entre passado, presente e futuro, entre o consciente e o inconsciente. No teatro moderno, de recursos cenográficos mais sofisticados, trabalha-se com planos que diversificam o espaço cênico permitindo o jogo de tensões diversas, ao mesmo tempo. No teatro, portanto, as características de espacialidade temporal, que ficam subjacentes na narrativa, são até valorizadas ou são de realização mais concreta, visto que o sentido de espaço, no teatro, é de apreensão mais simples e direta, o teatro tem no espaço uma de suas características básicas. Quanto à sexta distinção, a congregação que se processa no público teatral não é elemento interferidor na ação dramática representada; o fato de uma cena ser

---

7. TODOROV e DUCROT. *Dictionnaire Encyclopédique des Sciences du Langage*. Paris, Seuil, 72. pp. 400 e ss. (Trad. bras.: *Dicionário Enciclopédico das Ciências da Linguagem*, São Paulo, Ed. Perspectiva, 1977.)

representada para cem ou para um espectador não altera sua apreensão, visto que, enquanto receptor, cada espectador processa sua decodificação conforme as condições de seu repertório particular, tal como faz o leitor de romance, no seu isolamento doméstico. A proximidade física dos espectadores não parece ser elemento capaz de condicionar maior ou menor acuidade perceptiva.

Portanto, as diferenças entre narrativa e drama redundam num duplo equívoco. O primeiro está na raiz da própria literatura e do próprio teatro. Entre narrativa e teatro temos uma tradução do que é verbal em elementos plásticos, gestuais, sonoros etc. Apenas a hegemonia do signo verbal permite fazer do teatro uma sucursal frustrada da narrativa e/ou da literatura; logo, a consciência dessa não-hegemonia fora da literatura, e por que não dizer, dentro dela própria, permite perceber, no teatro, suas características sígnicas extraverbais que lhe conferem peculiaridades que o distinguem da literatura e o situam no plano das artes, como manifestação própria e intransferível. O segundo equívoco reside na interferência do texto teatral em cena. Ainda uma vez, a hegemonia do signo verbal, que não é senão índice do desconhecimento da natureza e/ou das possibilidades desse signo, permite que o entrecho dramático ocupe o cerne do fenômeno teatral, sobrepondo-se aos demais elementos que o constituem.

Mas, apesar disso, a obra literária dramática, existe, ou não? É narrativa sob outro rótulo? Então não teria sentido a clássica distinção do gênero dramático? Por outro lado, que papel exerce no teatro o entrecho dramático? Que relações se estabelecem entre o signo verbal e o teatro? Que procedimento poderia desenvolver um profissional de teatro, um diretor, por exemplo, ao deparar com a tarefa de encenar uma obra dramática?

Tomemos, como exemplo, a obra de Peter Shaffer — *The Royal Hunt of the Sun*[8].

Propositalmente, foi escolhida uma obra que favorece a representação teatral pelo interesse do fato his-

8. PETER SHAFFER, *The Royal Hunt of the Sun*, Londres, Longmans, 1966. Utilizaremos para esse trabalho o original e a tradução inédita de Madalena Nicol sob o título *O Carrasco do Sol*, realizada por ocasião da montagem da peça no Teatro Anchieta, São Paulo, maio, 1973.

196

tórico em si e pelas características de aventura da empresa que sozinhas poderiam ser suficientes para atender a um interesse primário de entretenimento de um espectador pouco exigente. Diante dessa perspectiva, a leitura que se impõe é linear, de simples apreensão da sucessão de eventos e interferência das personagens que assumem um recorte heróico ou não pela densidade das intervenções nos diálogos e na concretização da aventura. A obra dramática é, aí, um depósito do inusitado e a linguagem é o instrumento da sua comunicação. Esta comunicabilidade, caracterizada no plano verbal, é associada ao conteúdo, ao significado voltados para as conseqüências pragmáticas que podem ter sobre o público. Na encenação, o papel do diretor é passivo, porque a narração da aventura é assumida pelo ator ao dizer o texto que encontra apoio no pitoresco do cenário e, sobretudo, nos figurinos e acessórios como convém à peculiaridade de um drama histórico; isto é, o entrecho dramático é o cerne da encenação e a sua força motriz é o ator que dizendo e não interpretando o texto, comunica a aventura. Porém, este trabalho não é ainda teatro, é leitura linear de uma trama para um público que quer entreter-se, distrair-se ou, enganosamente, ilustrar-se. Esta é uma posição possível ante a peça de Peter Shaffer, mas é, evidentemente, a primeira e, sem dúvida, a mais rudimentar. Para superá-la é necessário assumir posições mais exigentes, menos passivas, mais criativas. É necessário trabalhar com a obra, abordando-a no seu modo de atualizar-se, de estruturar-se, admitindo que ela não nos diz o fato histórico; a ciência histórica o faria melhor, mas o que tem a nos dizer está contido no modo como se compõe, ou, para dizer com os formalistas russos, no seu procedimento que tem o fato histórico como material.

O Carrasco do Sol se compõe de dois atos divididos em doze episódios cada um, montando um equilíbrio entre as duas partes. Os episódios são marcados por elementos referenciais que constituem o modo de situar cognitivamente o drama na histórica tomada do Império Inca pelos espanhóis: a caracterização referencial do nível sócio-econômico da população espanhola que poderia interessar-se pela caçada ao ouro com risco da própria vida e mal dissimulada pelo pretenso desejo de conversão do indígena à fé cristã, o inusitado do Impé-

197

rio Inca para olhos europeus, o ouro vestindo o Imperador, seus auxiliares, casas e praças, a ordem e a paz do Império, a matança dos índios como forma apaziguadora do medo espanhol etc. A estes traços referenciais fica reduzido o pitoresco histórico do drama, o resto é trabalho rigoroso de organização, de estruturação peculiar à peça e, por assim dizer, independente das amarras referenciais.

A peça está tensionada pela divisão equilibrada de três partes que se subdividem em três seqüências cada uma. Assim temos três partes estruturais: antes da matança, a matança, depois da matança. Primeira parte: antes da mantança, seqüenciada em: a escolha, a partida, o convite do chefe inca. Segunda parte: a matança, seqüenciada em: a escalada, a apreensão do encontro, a matança. Terceira parte: depois da matança, seqüenciada em: a prisão do chefe inca, o acordo, a impossibilidade de cumprimento do acordo.

Entre estas partes existe uma unidade constitutiva que compreende uma proposição, um clímax e um desfecho, unidade que se repete no interior de cada seqüência, sendo que o clímax se apresenta como um obstáculo a ser superado com conseqüente punição ou prêmio.

O recheio semântico desse esqueleto estrutural conecta-se num único eixo sêmico de oposição marcado pela palavra *contra:* signo verbal atado à servidão do seu significado:

... Qual é a tradição do soldado! Nada mais do que anos de Nós contra Eles. Cristãos contra Pagãos. Brancos contra Pretos. Homens contra Homens. Passei a vida inteira nisso, menino, e não passa de um jogo de pesadelos onde os jogadores são cegos à procura de uma causa[9].

Esta citação sintetiza uma escala de conjunções e de oposições semânticas que percorrem toda a peça, assim temos: imensidão x abrigo, força x fraqueza, juventude x velhice, riqueza x pobreza, passado x futuro, esperança x descrença. Está claro que esses eixos semânticos em oposição montam entre si eixos de conjunção como por exemplo: imensidão, força, juventude, riqueza, passado, esperança, caracterizam uma conjunção que se opõe a outra marcada por: abrigo, fraqueza,

9. SHAFFER, *O Carrasco do Sol,* p. 7 (da tradução) pp. 10-11 (do original).

velhice, pobreza, imponderabilidade do futuro, descrença.

Esses eixos semânticos de conjunção e oposição marcam todo o significado da peça, pontilham os diálogos de caráter psicológico-metafísico e impelem para um segundo nível de leitura que, ao lado da apreensão pitoresca do fato histórico, permite à obra dramática, enquanto texto, uma hegemonia sobre todas as outras possibilidades da montagem cênica.

Porém, se nos utilizarmos desse segundo nível de leitura para nos encaminharmos para a montagem sintática da ação, veremos que outra possibilidade de leitura se propõe.

As personagens se distribuem obedecendo às características de suas ações e remontando o eixo de oposições observado anteriormente. Esta norma é iconizada pela imagem do jogo repetida diversas vezes durante a peça e que passa a ser diagramatizada na própria estrutura cênica. Desse modo, ao mesmo tempo que as personagens se opõem pela lógica de suas ações como peças brancas e pretas de um xadrez, se diagramatizam em paralelismos sígnicos que montam, sintaticamente a conjunção semântica. Assim temos:

Capelão Valverde — sua ação é propagar impulsiva e preconceituosamente a fé cristã;

Frei Marcos de Nizza — sua ação é igualmente propagar a fé cristã, porém através da argumentação lógica e refletida;

Cavalheiro de Soto — nobre espanhol por herança, fiel e crente na possibilidade de estar cumprindo uma missão histórica como ajudante de ordens do general Pizarro;

Miguel de Estete — curador e administrador real da Companhia, igualmente de estirpe nobre, porém duvidosa e, aparentemente, zeloso da fidelidade ao rei na guarda ao ouro arrecadado na campanha;

De Candia — se opõe igualmente a De Soto, porque enquanto este se liga à Companhia por acreditar nas intenções honradas da empresa, ele se liga, mercenariamente, e com esperança de atingir riquezas;

Jovem Martin — ajudante de ordens que ascendeu ao cargo por ser o único letrado: duzentas palavras em latim, trezentas em espanhol — intérprete entre Pizarro e o Imperador Inca;

199

Velho Martin — tem análoga ação à do Jovem Martin, porém, agora, entre a cena e o público; sob outro ângulo, opõe-se ao Jovem Martin porque enquanto este é o intérprete literal passivo e submisso a Pizarro e ao Imperador, o Velho Martin é mais um relator-tradutor que diz o que não foi dito ou o que, aparentemente, a ação desdisse, porque filtra o pseudo-heroísmo da aventura, dizendo-a pela experiência de uma ação que é amarga porque humilha e espelha as esperanças perdidas do Jovem Martin.

Estes paralelismos de oposições encontram seu clímax entre Pizarro e o Imperador Inca. Pizarro, general experimentado pela vida e pelas rudes campanhas, velho e descrente; Atahualpa, Imperador Inca que obteve seu posto na guerra, jovem e confiante. Dissemos que entre Pizarro e o Imperador as oposições sintáticas da ação encontraram seu clímax, porque caminham para uma anulação, caracterizada pelas ações de comando comum a ambos condicionada pela bastardia que também os caracteriza:

Pizzaro: — Não conheci minha mãe. Não foi a mulher de meu pai. Largou-me na porta da igreja para o primeiro que passasse.

Ainda se fala na aldeia de como fui amamentado por uma porca.

Atahualpa: — Então não é ...
Pizarro: — Legítimo? Não Majestade, assim como...
Atahualpa: — É (Uma pausa)
Pizarro: — É.
Atahualpa: — Nascer assim é um signo de grandes homens [10].

Esta convergência é iconizada pela mediatização das falas idênticas e sucessivas repetidas por ambos, no mesmo plano cênico, porém, marcado, referencialmente, por locais diversos; a confluência entre Pizarro e Atahualpa situa-se, assim, sonoramente, como se a fala de um fosse eco da fala do outro:

Atahualpa: — Ele é mesmo um Deus, ensina meu povo a venerá-lo.
Pizarro: — Ele é mesmo um Deus. Eles morrem de medo dele [11].

Esta união do duplo no único que eclode no paralelismo entre Pizarro e Atahualpa, já vinha preparada na sintaxe da ação paralela desenvolvida pelas demais

---

10. *Idem*, p. 11 (da tradução), pp. 53 e 54 (do original).
11. *Idem*, p. 10 (da tradução), p. 14 (do original).

personagens e se atualiza nas personagens centrais, tornando-se o próprio elemento que as faz centrais.

Esta realização sintática contagia as correlações e as oposições semânticas, anteriormente apontadas, podem caminhar igualmente para uma convergência que é menos, logicamente, exposta, do que, diagramaticamente, figurada. Desse modo, a peça caminha para a criação de dois signos que constituiriam o resultado das tensões semânticas constantemente presentes: 1) pela obsessão do ouro, entre a ganância e a fome de um lado e o trabalho e a paz de outro, a tentativa de criar um Deus concreto, um Deus de ação, um Deus antipalavra:

> *Pizarro:* — E que são os seus cristãos? Infelizes que odeiam. Olha aqui, eu sou um camponês, e num negócio ninguém me passa a perna. Se for ao mercado para comprar deuses, qual acha que haverei de comprar? O Deus da Europa com todas as suas mortes, as suas guerras e a sua miséria, ou Atahualpa do Peru? O seu espírito mantém todo um Império calmo e doce como o milho no campo[12].

Ou ainda:

> *Pizarro:* — ... Deus não passa de uma palavra na sua unha e com as palavras começam os gritos e as crueldades[13].

2) da obsessão do tempo, entre passado e imponderabilidade do futuro, juventude e velhice, Atahualpa e Pizarro optam pela tentativa de criar, no tempo, a eternidade, através da ressurreição diária do sol tomado como signo da superação do tempo, da eternidade.

Essa organização sígnica onde o terceiro elemento é simbiose de outros dois já vinha preparada: 1) pela divisão da obra em três partes e cada uma delas em três seqüências com um momento de clímax, 2) pela descrença da conclusão do Velho Martin:

> *Velho Martin:* — Assim caiu o Peru. Nós lhe demos ganância, fome e a cruz: três dádivas da civilização[14].

Observe-se que a palavra cruz já figura a unidade tripartite que no dizer do Velho Martin constitui a civilização; 3) pelos olhos triangulares dos incas voltados para o céu, na marcação do canto fúnebre a Atahualpa. Essa figuração triangular é hipoícone, imagem da própria organização sintático-semântica da obra.

---

12. *Idem.* p. 22 (da tradução) pp. 70-71 (do original).
13. *Idem,* p. 28 (da tradução) pp. 78-79 (do original).
14. *Idem,* p. 28 (da tradução) p. 79 (do original).

Estas conclusões escapam à leitura lógico-linear da obra, porque é fruto da descoberta de um volume que ela adquire para além das características discursivas do signo verbal. É fruto de uma leitura que se elabora na obra e além dela, na tentativa de captar sua estrutura, a figuração que assume ao realizar-se em procedimento artístico. Em gráfico, teríamos:

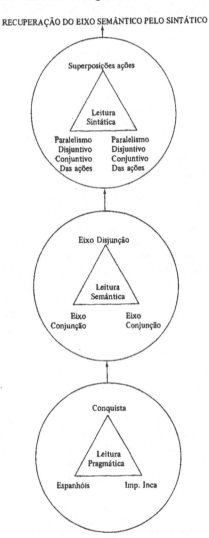

Voltando às questões que nos propúnhamos antes de iniciar, a título de exemplo, a análise da peça de Peter Shaffer, parece ser oportuno lembrar que a obra dramática sofreu a ação de uma leitura que, ao decodificá-la para surpreender-lhe a estrutura, acaba remontando-a e salientando aspectos até então imprevisíveis.

A leitura de entretenimento leva nessa peça à hipertrofia do que se pode chamar de função histórica da sua linguagem e, numa espécie de apego à veracidade arqueológica, chega-se a uma encenação representativa que supõe a passividade do consenso geral diante do fato histórico comprovado e oferecido à consumação de diretores, atores, cenógrafos, figurinistas, técnicos teatrais e público em geral. Como vimos, essa encenação representativa pode ser um contra-senso, uma espécie de desleitura ou de antileitura da peça. Porém, para realizar a leitura anti-histórica da conquista do Peru, é necessário romper com o próprio fascínio do entrecho histórico, é necessário romper com a própria obra, porque é indispensável produzi-la, fragmentar sua logicidade verbal, isto é, apreendê-la organicamente na sua função constitutiva para descobri-la enquanto teatro. E essa apreensão implica a realização daquela tarefa já proposta por Artaud:

> ... o que acima de tudo importa é romper a sujeição do teatro ao texto e recuperar a noção duma espécie de linguagem única que esteja a meio caminho entre o gesto e o pensamento [15].

Esse rompimento não supõe uma alienação da obra dramática no teatro, mas uma outra utilização dela. O teatro não é o texto falado pelo ator no palco, mas o resultado de um exercício da inteligência expresso em marcação, espaço cênico, som, luz, figurinos, a encenação de uma leitura produtiva, enfim. No dizer de Roland Barthes [16], essa leitura produtiva, no domínio literário, transforma a obra em texto, e, no domínio teatral, poderíamos dizer que ela transforma o texto em figura plástica, sonora, gestual. Essa operação não está na obra ou no texto, mas deve ser desenvolvida pelo leitor, no caso da obra literária, e pela equipe de montagem cênica, no caso do teatro, e não deve ir à procura

---

15. ARTAUD, Antonin. "O teatro da crueldade". In: *O Teatro e o Seu Duplo*, Lisboa, Menotauro, s. d. p. 130.

16. BARTHES, Roland. *S/Z*. Paris, Seuil, 1970. pp. 9-10.

de um significado que não existe, porque é sempre fluido, relativo, permissível a novos arranjos de seu organismo significante. Não é uma resposta, mas um apelo à imaginação, à capacidade criativa, à percepção de um jogo significante. É esta figura, o resultado dessa leitura criativa que estimula uma montagem teatral.

Está visto, então, que a obra dramática em si confunde-se com a obra narrativa porque o que é encenado não é a obra, mas o resultado de uma leitura peculiar, relativa, própria de um diretor ou de qualquer responsável pela montagem cênica e em nada submissa à obra dramática em si.

Talvez, nesse sentido, possamos compreender a afirmação de Ingarden [17] de que o teatro é caso-limite da literatura, não porque utilize outros signos além do verbal, mas porque nele, a literatura é vista não como objeto de consumação, mas necessariamente como um produto criativo, sob pena, em caso contrário, de a encenação resultar num mero equívoco. Dentro desta perspectiva, toda montagem teatral é uma metalinguagem da obra literária e com ela se relaciona tomando-a como linguagem objeto. Este nível de leitura faz do teatro uma atividade crítico-criativa ao mesmo tempo, é metateatro na medida em que a montagem cênica é impelida a tomar consciência de si mesma como processo, isto é, como atualização de uma experiência.

Logo, a distinção entre narrativa e drama, como gêneros literários distintos, é uma visão que não considera a especificidade do teatro na sua relação com o texto literário, mas admite subjacentemente que este ocupa em cena a posição central e os demais recursos são acessórios destinados a tornar o significado dramático agradável aos olhos e/ou de mais fácil apreensão. Esta visão ainda está comprometida com um conceito de literatura e de arte enquanto comunicação de mensagem.

A conclusão dessa questão abre outra, isto é: que relação se estabelece entre o signo verbal e os demais signos que concorrem para a montagem dramática? Honzl, na citação que introduz este estudo, define o teatro como conjunto de signos. Entretanto, esta noção

---

17. INGARDEN. Les fonctions du langage au théâtre. *Poétique 8*, Paris, Seuil, 71.

204

de conjunto pode sugerir a idéia de soma de recursos verbais, sonoros, plásticos para comunicar uma mensagem. Ora, o teatro enquanto montagem metalingüística de uma leitura produtiva deve levar a uma iconização diagramática num inter-relacionamento de signos de tal modo que a palavra possa desembaraçar-se de sua carga verbal com o efeito plástico do som, da cor, do movimento, do gesto, da luz criando um complexo que deve aproximar o teatro ocidental da ideogramatização da cena oriental, como já antevia Artaud na lucidez visionária da obra anteriormente citada e de decisivo caráter inseminador de uma nova concepção para o teatro ocidental.

Dentro dessa visão, o teatro é manifestação ideal de uma atividade semiótica onde os signos se cruzam e perdem a arbitrariedade original para se deixarem contaminar por outras interferências significantes a fim de que o som possa ser visto; o movimento, ouvido; o gesto, falado; o espaço, sonorizado. Desse modo, todos os recursos metonímicos característicos da estrutura sintagmática da cena eminentemente representativa, como a histórica, por exemplo, são substituídas por seleções sígnicas que se organizam paradigmaticamente, rompendo o representativo com o anti-representativo que é apelo à inteligência e não resposta. Rompe-se o automatismo pela técnica do estranhamento, conforme definição de Chklóvski, ainda na esteira do formalismo russo:

> Le procédé de l'art est le procédé de *l'estrangement* des oeuvres et le procédé de la forme d'accès difficile, qui augmente la difficulté et la durée de la perception car en art le processus perceptif est une fin en soi et doit être prolongé [8].

Situando graficamente a seguir:

---

18. CHKLÓVSKI (citado por LOTMAN), "Texte et Hors Texte" em *Change* 14, Paris, Seghers/Laffont, 1973, p. 35.

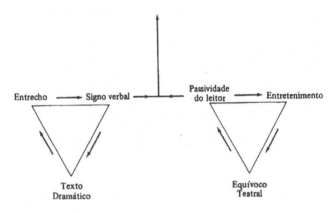

A mobilidade do signo teatral apontada por Honzl é propriedade de teatro não por disponibilidade de múltiplos recursos técnicos, mas pela necessidade de intersemiotizar vários signos a fim de concretizar o processo perceptivo e criativo desenvolvido na dinâmica da leitura. Esta intersemiotização já está presente na própria figura englobante do *realizador cênico* que caracteriza algumas montagens mais modernas, onde o diretor é, ao mesmo tempo, ator, cenógrafo, iluminador, figurinista, ou quando cada um destes, individualmente, se congrega num trabalho criativo de equipe.

A concretização da leitura supõe a intersemiotização dos signos e do trabalho de montagem cênica visto igualmente como signo dessa mesma leitura. Nessa intersemiotização, o teatro acaba por criar um hipersigno interpretante, porém, só concretizável na percepção do espectador estimulado, então, a produzir nova leitura.

10. SOBRE O DIÁLOGO CÊNICO
Jan Mukařovský

E. F. Burian tem razão ao dizer que a concepção wagneriana do teatro como síntese de várias artes está revivendo mais uma vez no teatro contemporâneo[1]. A diferença entre a concepção wagneriana e o atual estado de coisas ou, antes, a atual orientação do teatro, é, por certo, não menos evidente. A arte moderna revelou o efeito estético positivo das contradições internas entre os componentes da obra de arte de maneira demasiado nítida para que possamos conceber o jogo recíproco dos elementos individuais de uma peça como mera complementação mútua. A obra cênica moderna é uma estrutura extremamente complexa (muito mais complexa do que qualquer outra estrutura artística) que absorve avidamente tudo quanto o desenvolvimento tecnológico moderno oferece e que outras artes proporcionam, mas

---

1. "Divadelní synthesa" ("Uma síntese teatral"), *Živor*, 15, n. 3-4.

procede assim, via de regra, a fim de explorar o referido material como um fator contrastante. A obra cênica moderna apodera-se do filme a fim de justapor a realidade corporal a um quadro imaterial, do megafone a fim de confrontar o som natural com o som reproduzido, do refletor a fim de separar a continuidade do espaço tridimensional com sua espada de luz, da estátua a fim de intensificar a antítese de um gesto fugaz e petrificado. Tudo isto torna a estrutura artística da obra cênica contemporânea um processo prometéico que consiste em um constante reagrupamento de componentes, em uma agitada substituição do dominante, em uma obliteração das fronteiras entre o drama e as formas afins (a revista, a dança, a exibição acrobática etc.). Esta situação é, por certo, mais interessante para a teoria do teatro do que qualquer outra jamais o foi anteriormente, mas também conseqüentemente mais difícil, pois as velhas certezas se desvaneceram e, por enquanto, não há outras novas. Hoje é mesmo difícil determinar o próprio ponto de acesso mais fácil ao labirinto da estrutura teatral. Sempre que tentamos considerar algum componente do drama como básico e indispensável, um perito dramático, um historiador do teatro ou um etnógrafo, podem sempre apontar o dedo para alguma forma dramática carente deste elemento. Há, não obstante, certos componentes que são mais característicos do teatro do que outros e aos quais compete, portanto, o papel do cimento unificador na obra cênica. Um dos mais fundamentais é o diálogo; dedicamos as observações subseqüentes à sua função no teatro.

Primeiro, o que é diálogo? Do ponto de vista lingüístico é um dos dois padrões básicos da elocução, o oposto do monólogo. Por monólogo não queremos dizer, é claro, o monólogo dramático mas uma proferição que, embora dirigida a um ouvinte, encontra-se em sua continuação em grande parte livre de uma consideração pela reação imediata deste e de um estreito vínculo com a situação espacial e temporal efetiva em que se acham os participantes da proferição. O monólogo pode ou expressar o estado mental subjetivo do locutor (na literatura, a lírica) ou narrar eventos separados da situação real por uma distância temporal (na literatura, a narrativa). De outro lado, o diálogo está estreitamente ligado ao "aqui" e "agora" válido para os partícipes da conversa, e o lo-

210

cutor leva em conta a reação espontânea do ouvinte. Como resultado, por uma prestidigitação, o ouvinte torna-se o locutor, e a função do portador da proferição pulsa constantemente de participante para participante.

Isto é, por certo, válido também para o diálogo cênico, que apresenta ainda outro fator: a audiência. Isto significa que a todos os participantes diretos do diálogo acrescenta-se outro partícipe, silencioso mas importante, pois tudo o que é dito em um diálogo dramático se orienta para ele, no sentido de afetar sua consciência. Podemos até falar acerca de teatro bem ou pobremente representado, de uma comédia, numa conversa normal não-dramática, se acontecer que o interesse de todos os participantes menos um estiver concentrado — à base de um acordo secreto — na tentativa de precisamente influenciá-lo, de modo que cada palavra do colóquio tem um significado diferente para os participantes acumpliciados do que tem para ele. O diálogo cênico é, portanto, semanticamente muito mais complexo do que a conversa normal. Se a personagem *A* profere uma certa sentença, o significado desta sentença é determinado para ele (como, no fim de contas, em toda conversa) por uma consideração pela personagem *B*. Mas não é de modo algum certo de que a personagem *B* entenderá tal significado como a personagem *A* desejaria. Com respeito a isso, o auditório pode estar sujeito à mesma incerteza que a personagem *A*, mas é também possível que a audiência tenha sido informada sobre o estado de espírito da personagem *B* por alguma conversa anterior da qual a personagem *A* não estava ciente, de modo que a surpresa da personagem *A* com a inesperada reação de seu parceiro não será mais surpresa para o auditório. O oposto também pode ocorrer: algo que o auditório ainda não sabe há de ser do conhecimento das personagens do palco. O público pode partilhar do contexto semântico, que as palavras pronunciadas provêem de sentido, somente com algumas personagens; esta cumplicidade com o auditório pode deslocar-se alternadamente de personagem para personagem ou, enfim, o público pode entender a orientação semântica de todas as personagens, ainda que tais personagens não entendam uma à outra. Além do mais, o inteiro contexto semântico precedente da peça, do qual nem todas as personagens precisam decididamente ter consciência, está sempre na consciência do auditório. Podem também ocorrer casos em que o público está mais amplamente informado sobre a situação no palco do que as personagens do drama (e. g., quando o público vê um espião, ouvindo a conversa, enquanto as personagens no palco não percebem a sua presença). Por fim, tudo o que é dito em cena choca-se na consciência ou subconsciência do auditório com seu sistema de valores, sua atitude para com a realidade. Todas essas circunstâncias possibilitam um jogo imensamente complexo entre significados, e é precisamente esta complexa interação a ocorrer em vários horizontes que constitui a essência do diálogo dramático.

Uma vez que o diálogo está incorporado ao conjunto da obra dramática, não necessita, sem dúvida, apresentar-se livre a ponto de que possa desenvolver todas as suas possibilidades infinitamente mutáveis, pois pode ser limitado em sua fluidez por algum outro componente. Assim, por exemplo, o teatro realista, cuja concepção de diálogo não foi inteiramente abandonada, mesmo hoje em dia, liga o diálogo estreitamente ao esquema da peça, isto é, à inter-relação das *dramatis personae* enquanto personagens constantes. Aqui, o diálogo serve para tornar as relações mútuas entre as personagens cada vez mais nitidamente acentuadas no decurso da peça e para definir cada personagem através de sua relação com as outras de maneira cada vez mais clara. O caráter inesperado das inversões semânticas é portanto permitido somente na medida em que não interfere com o propósito principal, mas antes o serve. Outra restrição possível ao diálogo pode encontrar-se, por exemplo, nas peças medievais onde o diálogo serve para ilustrar o enredo.

A estas duas restrições, devemos opor a tendência da prática cênica contemporânea para o diálogo livre de todos os liames, o diálogo como um contínuo jogo de inversões semânticas. O diálogo livre das restrições torna-se poesia cênica: a qualquer momento ele é tão final quanto é contínuo. Repetidas vezes, sem uma obrigação — embora, naturalmente, não sem uma relação latente — com que a precedeu, a palavra procura uma conexão com as personagens, a situação real e a consciência e a subconsciência do público. Não há contexto semântico que o diálogo concebido desta maneira não possa alcançar a partir de qualquer direção, mas tampouco há um qualquer ao qual tenha de aderir. A lei aristotélica da tensão regularmente crescente não pode ser válida para o diálogo cênico livre; de outro lado, não é impossível que precisamente esta forma seja capaz de renovar o sentimento do trágico que emana das tragédias clássicas, que na realidade termina numa disputa forçosamente concluída mas na verdade insolucionada e que potencialmente continua *ad infinitum*.

1937

Trad.: *J. Guinsburg*

11. ANÁLISE SEMIÓTICA DAS PRIMEIRAS PEÇAS DE IONESCO (*A CANTORA CARECA* E *A LIÇÃO*)

O. G. Karpínskaia, I. I. Revzin

1. Os problemas das relações entre as pessoas e a linguagem por elas empregadas têm preocupado muitos escritores; veja-se o caso, por exemplo, de L. N. Tolstói em *Kholstomer*[1] e de L. Carrol em *Alice no País das Maravilhas*. Em geral, esses problemas se apresentam como indiretos e subordinados a uma questão fundamental — a reprodução e a interpretação de uma realidade não-lingüística (daí o condicionamento da introdução das respectivas passagens semióticas, pela especificidade da personagem, em L. N. Tolstói e pela especificidade da situação em L. Carrol). Ionesco, em suas primeiras peças, foi praticamente o primeiro escritor em que o próprio conteúdo das obras já era o estudo das leis da comunicação e da troca de informações entre

---

1. Conto traduzido freqüentemente como "história de um cavalo". (N. dos O.)

as pessoas. A atualidade de suas peças reside no fato de que, nelas são estudadas, por meios artísticos, as questões levantadas pelas ciências exatas do século XX (pela teoria da informação, pela cibernética e, em particular, por sua aplicação à problemática humana, ou seja, pela semiótica). Como ocorre freqüentemente, Ionesco-Artista revelou-se mais profundo e penetrante que os esquemas já elaborados, completando-os e enriquecendo-os.

2. Fazendo uso da divisão proposta pelos formalistas russos entre enredo [2] e fábula (sendo a fábula a realidade objetiva que vem refletida na obra e o enredo a maneira de refletir essa realidade e de organizá-la, em particular, por meio de linguagem), as primeiras peças de Ionesco podem ser apresentadas como um resultado do deslocamento da fronteira da fábula e do enredo. Mas, justamente a fábula, como tal, está ausente na obra de Ionesco, nela transforma-se o próprio enredo, a construção do diálogo em particular, *i, e,* aquilo que em outras obras é elemento da forma e não do conteúdo.

3. As peças que vão ser analisadas podem ser consideradas como uma série de experimentos semióticos (gerais e parciais) que se propõem a esclarecer as leis de comunicação e as fronteiras dentro das quais a comunicação ainda pode ocorrer.

4. Analisaremos as peças da seguinte maneira: Tentaremos esclarecer "à maneira de Ionesco" aqueles axiomas da comunicação, cuja alteração produz justamente o efeito artístico. O modelo da comunicação "certa", em relação ao qual convém compreender as peças de Ionesco, apóia-se, como nos parece, nos seguintes axiomas:

4.0. E. (emissor) e R. (receptor) têm em vista a mesma r (realidade);

4.1. Supõe-se que E. e R. fazem uso do mesmo modelo de mundo. O grau de "identidade" pode ser bastante variado (cf. os membros de uma mesma família ou pessoas desconhecidas), mas uma determinada parte comum é indispensável (cf. a não-efetivação deste esquema na comunicação cósmica, que deixou sua marca no sistema "Linkos");

2. Em russo: *Siujét.* (N. do T.)

4.2. E. e R. possuem uma certa "memória comum", *i. e.* uma certa soma de informações relativas ao passado;

4.3. E. e R. prognosticam o futuro aproximadamente da mesma maneira. Os axiomas 4.2. e 4.3. são conseqüências de 4.0. e 4.1., sendo que, o axioma seguinte é conseqüência de todos os precedentes e do fato da mensagem ser limitada;

4.4. E. deve descrever o mundo com um grau elevado de redução de elipticidade: o texto que carrega a informação de um certo mundo não pode ser "a descrição de uma situação" no sentido de Karnap (cf. a mesma particularidade nas línguas naturais, que consiste na denominação do objeto a partir de um traço);

4.5. E. deve comunicar algo novo para R. esta premissa, como se sabe está na base da teoria da informação.

5. Na peça *A Cantora Careca,* cada ato pode ser considerado como uma experiência semiótica peculiar, sendo que tais experiências estão relacionadas com um modelo definido (por semelhança ou diferença de condições) seu caráter recíproco, justamente, configura a composição da peça. (Assim, a cena I apresenta-se, a seu modo, como um paralelismo sintático da cena II, e toda a peça é um acúmulo de experimentos, em condições cada vez mais rígidas). Vejamos mais detalhadamente a composição da peça.

6.1. Experimento semiótico n.º 1. Supõe-se que o casal Smith possua uma "memória comum" e que seu conteúdo se torne o conteúdo do diálogo (alteração das condições 4.3. e 4.4. — a última devido à plenitude da descrição do mundo). O diálogo que começa pelo monólogo ("quase-monólogo") de Mrs. Smith altera os axiomas cada vez mais profundamente, em particular os 4.0 e 4.2. É curioso notar que as personagens que alteram não apenas todos os axiomas da comunicação como também a lógica comum, se preocupam o tempo todo com a lógica e se interessam por suas regras;

6.2. Experimento semiótico n.º 2. Alteração dos axiomas 4.1. e 4.2. A conversa dos cônjuges Martin, que não possuem nenhuma "memória comum". Conseqüência disso é a novidade para R. de cada nova mensagem de E., embora tal novidade resida na não-correspondência paradoxal entre o *status* social de E. e R., sendo eles cônjuges. O diálogo é construído formalmente como repetição por parte de R. das frases de E;

6.3. No ato seguinte ("Cena com o Bombeiro"), o caráter semiótico do experimento muda um pouco. Além da alteração dos axiomas da comunicação são desligadas consecutivamente outras componentes suas. (De acordo com o sistema de Jakobson: o remetente, o receptor, o código, a mensagem, o contexto, o contato). As cenas seguintes de Ionesco podem ser consideradas como um único experimento semiótico, o n.º 3: nele, a seqüência das ações é a seguinte;

6.4. Experimento semiótico n.º 3: a) — desliga-se a realidade. As personagens começam a contar estórias ou anedotas; b) — desliga-se o contato. Cada uma das personagens fala por conta própria, independente do que dizem as outras. As personagens proferem provérbios ou simplesmente "expressões", algumas delas em inglês (e ninguém se dá conta, disso); c) — desliga-se o código. Submetendo-se ao sentido geral do ritmo, as personagens se expressam ritmadamente, por isso sobram certas combinações ritmadas sem nexo, o código desintegra-se e as vogais são pronunciadas isoladas. A partir desse momento na peça restam o remetente e a mensagem como seqüências de sinais sem sentido (ou melhor, inicia-se o retorno à primeira ação e a cortina fecha-se).

7. A peça *A Cantora Careca*, não é apenas uma construção artística, mas como toda obra de arte, possui um conteúdo profundo e consegue um determinado efeito artístico, que decorre justamente de sua construção. O sentido artístico da peça está na expressão da idéia da incomunicabilidade do mundo de Ionesco (cf. as freqüentes comparações entre Ionesco e Kafka). Tal dedução, baseada numa análise semiótica, coincide plenamente com a apreciação dessa peça de Ionesco pelo teórico do teatro polonês Jan Blonski (nós somos como nós falamos e nós falamos palavras ocas, frases vazias. Vazias, isto é, prontas, impróprias de ninguém. Engolfados pela frase, afogados no mar da realidade, tornados estranhos pela linguagem, não podemos compreender-nos uns aos outros: o verdadeiro tema da *A Cantora Careca*, é a solidão, Diálogo, 3, 1963).

8. De maneira análoga pode ser analisada a peça *A Lição,* que é construída em paralelo com a *A Cantora Careca,* com a diferença de que o experimento semiótico básico fundamenta-se no desligamento de todas as funções do signo, além da pragmática (se *A Cantora Careca* termina pela alteração total do ato da comunicação, *A Lição* finda pelo assassínio físico do receptor).

9. Nas últimas peças de Ionesco, a experiência semiótica passa para um segundo plano. Mesmo assim, a peça *Os Rinocerontes* pode ser interpretada igualmente no nível da semiótica (um contato pleno, um modelo de mundo comum, e uma mesma realização ideal de todas as outras exigências da comunicação, conduzem à tragédia ainda maior da rinocerontização total).

Termos empregados:

Fábula — corresponde a *significado* em Frege.

Enredo — (*siujét*) — corresponde a *sentido em* Frege. O *siujét* desintegra-se em construções isoladas (episódios) e em sua composição.

Trad.: *Aurora Fornoni Bernardini*

IV. ANÁLISE DE DOIS SISTEMAS SÍGNICOS NÃO-VERBAIS

12. OS TRATADOS DA ELOQÜÊNCIA DO CORPO

Marc Angenot

1. *Introdução*

A cinésica e a proxêmica anglo-saxônicas desenvolveram-se a partir das pesquisas empreendidas desde a Segunda Guerra Mundial por F. C. Hayes, R. S. Birdwhistell, Theodore Brun, C. E. Voegelin, E. T. Hall etc., como teoria da gestualidade enquanto meio de comunicação (cinésica) e pesquisa sobre a exploração do espaço inter-humano (proxêmica).

Na Europa a partir de Saussure, as questões da semiologia do gesto tornaram-se objeto de investigações dispersas e tendem a se integrar ao desenvolvimento rápido mas desigual da pesquisa semiológica em seu conjunto.

Mas, como se sabe não existe, no absoluto, "ciência nova"; freqüentemente é interessante remontar à ocasião anterior à emergência de um discurso positivo para aí reencontrar vestígios de uma quantidade de estudos pragmáticos e lacunares cujo objeto se encontra atualmente circunscrito em uma disciplina rigorosa.

Conhecemos certas pesquisas antigas sobre os gestos artificiais (linguagem dos surdos-mudos, dos monges), sobre os *koinè* gestuais dos índios da América do Norte.

No presente estudo, gostaríamos de remontar a um desses "momentos" arqueológicos da semiologia, momento que nos parece bastante ignorado.

Na França, nos séculos XVII e XVIII, apareceu um certo número de obras especializadas, comumente intituladas *Tratado da Ação, Tratado da Eloqüência do Corpo* que, a partir de preceitos oferecidos ao orador sacro sobre a quinta parte da Retórica — a *Actio* dos antigos — tentaram elaborar uma teoria do gesto natural e do gesto "regrado" e, conseqüentemente, uma tipologia das práxis gestuais.

"Tipologia" e "teoria" talvez sejam palavras por demais importantes para qualificar especulações que, embora contraditórias e incompletas em muitos aspectos, nos permitem levantar uma série de problemas que confundiram certamente os antigos retores e que permanecem até hoje sem solução, apresentando-nos pois a vantagem de uma abordagem por um prisma diferente.

O mínimo que podemos dizer é que estas obras parecem ignoradas pela maior parte daqueles que trabalham presentemente com a Retórica antiga no seu conjunto (silêncio na bibliografia de R. Barthes em *Communications;* lacunas na tese de B. W. Wloko).

A priori, o interesse de uma pesquisa sobre os *Tratados da Eloqüência do Corpo* parece-nos duplo:

1) situando-nos do ponto de vista da epistemologia histórica, tentaremos indicar a emergência de conceitos e distinções pertinentes e a persistência de obstáculos epistêmicos. Pode ser que semelhante pesquisa venha a passar por uma contribuição marginal no que toca à redescoberta da retórica clássica;

2) servir-nos-emos deste discurso retórico para separar o problema da cinésica de uma teoria orientada, fechada, de tipo psicossociológico como é o caso da cinésica norte-americana.

Ater-nos-emos particularmente ao estudo dos escritos de Conrart, do Abade Bretteville, do Pe. Bary, de Crevier e do Pe. Dinouart, que abrangem pouco menos que um século de campo de pesquisa (1 657-1 754). Mais tarde veremos por que estes limites se nos impõem.

2. *Corporis Eloquentia*

Tradicionalmente, a retórica clássica, concebida como teoria do discurso persuasivo (*dicere ad persuadendum*) dividia-se em cinco partes: *Inventio, Dispositio, Elocutio, Memoria, Actio*[1].

Entretanto, na época clássica, seu objeto principal tende a se tornar a literatura e não mais a arte oratória. Em conseqüências da emergência e das transformações de outras disciplinas (Gramática, Lógica, Poética) e Retórica no século XVIII se restringe a ponto de não tratar senão da *elocutio* (isto é, essencialmente das figuras, *ornatus*).

Com Du Marsais, o núcleo central da Retórica torna-se propriamente a teoria dos TROPOS como parte da Gramática, isto é, só são estudados os desvios semânticos. É preciso então lembrar que, no Renascimento, a Retórica renovada trata ainda do conjunto da prática oratória, desde a tópica até a mnemotecnia.

A quinta parte da referida Retórica, a *Actio*, não era de modo algum negligenciada mas não chega a se constituir em objeto autônomo de teorização. E é Cícero quem nos dá a definição mais freqüentemente citada: "Actio quaedam est corporis Eloquentia, sermo Corporis" [A ação é a linguagem do corpo]. "Est enim actio quasi corporis quaedam eloquentia[2]". Vernulaeus (1927) denomina a quinta parte da Retórica "pronuntiatio *seu* Actio" e a define da seguinte maneira: "Pronuntiatio est ars quaedam conceptam orationem cum actionis dignitate ad auditores apte enunciandi".

Para Gibert (*Jugements des Sçavants,* I, 342) e seus sucessores, a Ação é sempre "a eloqüência do corpo" e compreende tradicionalmente duas subdivisões: 1) "as inflexões da voz" e 2) "o gesto, ... a postura do orador". Gibert limita-se a repetir aqui o ensinamento tradicional: "Hujus partes sunt duae: enunciatio quae in voce consistit et actio quae in gestu" (Vernulaeus).

Entretanto, a parte dedicada à prosódia e à melodia do discurso limita-se em geral a algumas recomenda-

---

1. A nomenclatura pode variar um pouco de tratado para tratado.
2. Cic., *Ad Brut.*, et *In Orat.*, 55.

225

ções gerais de bom senso ou a uma série incoerente de preceitos puramente doxológicos: é evidente que não há sentido em enfeitar o discurso com "gritos agudos e pungentes", entretanto, tais gritos podem "ajuntar algumas vezes grande energia"...

Parece que, diante desses fatos de prosódia, os retóricos só dispõem de conceitos muito vagos para aprofundar a questão; isso explica o fato de a *Actio* haver se tornado essencialmente uma teoria do gesto e não do tom e da elocução. Só o gesto oratório merece, pois o nome de eloqüência do corpo.

Que lugar daremos à *Actio* no conjunto da Retórica? A esta indagação correspondem duas repostas aparentemente contraditórias na época clássica; uma tende a limitar-lhe a importância: "A Ação anima o discurso, dá força às razões, excita os movimentos", escreve o Abade Bretteville (1689); por outro lado, "A Ação é somente uma parte da Eloqüência e não é necessário se julgar orador para saber conduzir gesto e voz"[3].

Mas a crença expressa por Bretteville de que o orador sacro não se confunde com o mínimo não diminui realmente a importância da Ação que pode apresentar defensores de prestígio:

Aristóteles reconhece a importância da ação igual não somente à da elocução mas ainda à das paixões; chega a comparar os ordadores que têm boa ação aos atletas que sempre colhem o prêmio[4].

Insistiremos também sobre a estima que Cícero concedia a esta parte da Retórica: "Sine hac, nemo summus orator" [sem a ação ninguém pode pretender se tornar um grande orador].

Sem as virtudes da Ação, o melhor dos retóricos é apenas desinteressante. Com elas, o pior discurso pode suscitar entusiasmo.

3. *Histórico*

É próprio das novas Retóricas não dizerem nada de novo, excetuando-se o que dizem algumas vezes fora do assunto ou contra as mais seguras regras da eloqüência[5].

O leitor moderno estaria por certo inclinado a compartilhar deste juízo de Gibert (1713) ao ver na

3. Respectivamente p. 452 e p. 401.
4. GIBERT, 1713:I, 69.
5. GIBERT, 1713:III, 57.

226

história da Retórica apenas a repetição redundante das mesmas definições e, mais curiosamente, dos mesmos e poucos exemplos em que parecem piedosamente repassar de Aristóteles a Crevier.

Entretanto, seria falso considerar a Retórica antiga, *a priori*, como uma disciplina de lento evoluir histórico. A aparente desconfiança com relação à originalidade, faz, ao contrário, com que toda modificação só possa ser imposta pela evolução das idéias. Gibert, que citamos mais acima, nos é garantia disso, pois no seu *Jugements des Sçavans* ataca vivamente o Pe. Bary e o Pe. Lamy cujas *Retóricas* são, ao que parece, eivadas de cartesianismo ao mesmo tempo que fazem concessões ao gosto do século.

O aparecimento, por volta de 1620, de *Tratados* autônomos consagrados ao gesto oratório nos parece uma dessas modificações significativas, ligada ao mesmo tempo ao gosto pela racionalidade e pelas taxinomias e ao desenvolvimento, ao refinamento da eloqüência sacra em plena expansão.

Apenas Quintiliano, dentre todos os antigos, falou ampla e corretamente da eloqüência do gesto (*Inst. Orat.* XI Lib.): contentar-nos-emos, em primeiro lugar, com ampliar o que foi dito por ele e por Cícero.

O tratado *De Arte dicendi* de Vernulaeus (1627) dá-nos um exemplo típico dessas *Leges actionis* repassadas por todas:

Totum corpus ita Orationi consentire debet... Proinde sit caput ad decoris significationem erectum & naturali statu decenter compositum, Vultus pro exigentia causae compositum, vel ad gravitatem, vel hilaritatem vel tristitiam, vel iram & c... Eodem modo, ad orationem conformari debent frons, palpebrae, supercilia.

Em geral, a questão é examinada em poucas páginas.

Aparentemente, o Pe. Cressol, s.j., autor de um *Theatrum Rhetoricorum*, foi o primeiro a produzir em 1620 um tratado *de perfecta orationis actione*, onde o problema é desenvolvido de maneira nova, e que pretende ser a soma das pesquisas antigas sobre o assunto. A obra, infelizmente perdida na Biblioteca Nacional de Paris, e impossível de ser encontrada em outro lugar, só me é conhecida por citações.

É preciso supor, realmente, uma continuidade nessa atenção particular devotada à gestualidade que faz com que, antes de Conrart, com exceção de Cressol, não se consagre um tratado separado à *Actio* e que, desde o fim do século XVIII, os teóricos da Eloqüência sacra pareçam querer se limitar a recomendações muito gerais e que a própria idéia da teorização do gesto retórico lhes pareça estranha e improvável.

Em nossa análise iremos de Conrart (1657) ao Pe. Dinouart (1754). Em 1657, apareceu sob a assinatura de Conrart, primeiro secretário da Academia Francesa, um *Traité de l'Action de l'Orateur,* em francês dessa vez. Na realidade, é possível atribuir-se a obra a Michel Le Faucheur (1585-1657), célebre ministro da religião reformada em Montpellier e Paris. Será porque seu autor é protestante que Conrart publica sob seu nome uma obra que ele não fez mais que rever e corrigir? A maior parte do tratado é consagrado à VOZ e há muitas reservas a serem feitas sobre as teorias de Le Faucheur. Contudo, verifica-se que Dinouart, um século mais tarde, faz uma grande pilhagem do escrito de Conrart-Le Faucheur: sabemos que nenhuma censura era feita a tais plágios.

A primeira tentativa de formalização rigorosa do gesto deve-se ao Pe. Bary (1679), historiógrafo do rei, que havia publicado em 1665 uma *Rhétorique Françoise* de inspiração cartesiana. Esta retórica é a primeira importante em francês e é recomendada em virtude dos exemplos que Bary oferece para cada figura. O *Méthode pour bien prononcer un discours,* ao contrário, é uma obra de pouca importância onde Bary quer descrever e precisar a significação de vinte gestos oratórios fundamentais, agrupados numa classificação estranha cada qual com um nome bizarro *les pêle-mêle* (as confusões), *le pousse à bout* (os exageros).

Gibert (1713) não parece dar muito valor a "todas essas belas coisas"[6] e conclui que a Ação do Orador só pode ser aprendida por imitação e o que há de melhor na obra é a advertência feita pelo Pe. Bary para que ele "ensine de viva voz a declamação"!

O Abade Bretteville (1689) é o autor da *Eloquence de la Chaire et du Barreau,* muito valorizada, e que citamos pela importância que atribui ao GESTO, ao

6. GIBERT, 1713:III,141.

228

qual dedica um livro do tratado. Trata-se de uma obra de publicação póstuma.

No século XVIII é concluída a ruptura entre as duas retóricas: 1) aquela que considera o seu objeto como uma *tekhnè* que engloba toda a *Ars dicendi* e que se mantém na continuidade do pensamento antigo; 2) aquela que reduz a Retórica ao estudo das figuras do discurso e, particularmente, às figuras da gramática e aos tropos. O iniciador desta retórica é Du Marsais e Pierre Fontanier estabeleceu-lhe a síntese final.

Du Marsais é o primeiro a tratar dos TROPOS isoladamente, se bem que na *Art de Parler* de Bernard Lamy seja dado um lugar de destaque às figuras e que não haja uma palavra sequer sobre os Gestos.

Esta especialização da tropologia reforça, sem dúvida alguma, a autonomia dos *Tratados da Ação*.

Por outro lado, no decorrer do mesmo século, o interesse pela linguagem gestual tem origem em níveis de todo tipo: basta pensar no Abade de Épée e seu alfabeto dactilológico, nas numerosas especulações sobre a Origem das Línguas e nas teorias de Condillac sobre a "Linguagem da Ação" ...

No que concerne à cinésica oratória, descobrimos igualmente duas tendências: aquela que estudamos e que tende a uma formalização rigorosa e a contrária, difundida em muitos escritos, que nega a oportunidade de tal formalização e faz da AÇÃO objeto de um aprendizado puramente empírico baseado na imitação dos melhores mestres.

A principal obra da qual falaremos é o tratado da *Eloqüência do Corpo* (1754) do Abade Dinouart (1716--86). O Abade Dinouart é um polígrafo curioso, autor do *Triomphe du Sexe* publicado em Amsterdã em 1749, onde defende a tese da superioridade das mulheres sobre os homens. "Esse livro", diz-nos Quérard, "o indispôs com seu bispo". *Eloqüência do Corpo* foi reeditado em 1761 e seu autor nos informa que o livro teve muito sucesso. É a obra mais extensa sobre a questão. (Acrescentou-se à edição de 1761 um tratado em verso latino, *Action Oratoris* de P. J. Lucas.)

Além da tipologia que examinaremos a seguir, encontramos aí desenvolvido um dos *topoi* obrigatórios do gênero: a lista dos Antigos Oradores que brilharam por sua *Ação* ou daqueles cuja *Ação* era defeituosa.

Mais tarde, em *L'Éloquence de la chaire* do Cardeal Maury (1810), reencontraremos indicações preciosas sobre os gestos particulares de certos oradores MODERNOS como por exemplo Massillon:

Freqüentemente conservava as mãos juntas, outras vezes as cruzava por instantes sobre a fronte, com um efeito maravilhoso[7].

Mas, a partir do fim do século XVIII, a gesticulação exagerada de certos oradores sacros parece fatigar o gosto do público e isso conduz ao esgotamento da reflexão sistemática sobre a *Actio*. Exaltam-se, de preferência os méritos da sobriedade.

Não arrisqueis a princípio quase nenhum gesto... apoiai vossas mãos sobre a borda do Púlpito.

Aconselha aos jovens oradores o Cardeal Maury que acabamos de citar[8].

Contudo, ele presta homenagem a seu predecessor, o Abade Dinouart, cujo livro, segundo ele, é "muito pouco conhecido". Mas "a multiplicidade de gesto não é jamais nobre", e os movimentos da alma se exprimem suficientemente através de inflexões variadas.

Nada é de tanto mau gosto e tão contrário ao tom do Púlpito que uma maneira teatral[9].

Por isso, a tentativa de sistematização empreendida no século XVIII parece ter curta vida. Entretanto, ao fim do século XIX, encontramos o pequeno *Résumé* de Harmand-Dammien (1897) que oferece resumidamente uma completa classificação dos gestos em duas categorias: gestos simples (isto é, nos quais o sentido não resulta de uma sucessão temporal de movimentos) e gestos compostos. A obra de Harmand parece ser a manifestação de uma espécie de tradição subterrânea que não seria expressa no meio tempo. Hoje, os poucos ensaios sobre a eloqüência sacra são de uma banalidade aflitiva. Valentine na sua *Art de Prêcher* (1954) dirige-se ao jovem pregador em tom protetor e brincalhão, pronunciando uma opinião impertinente sobre o nível a que desceu a eloqüência sacra[10].

7. MAURY, 1810:II,289.
8. MAURY, 1810:II,286.
9. MAURY, 1810:II,266.
10. Cf. FERDINAD VALENTINE, *L'Art de Prêcher: Guide pratique* (Tournai:Casterman). Cf. ainda CORCOS, *L'art de parler en public* (s.d.) para quem tudo é "gesto" (pp.128-133) "cortar o ar horizontalmente dizendo 'isso nunca' mas alisar a barba, esfregar o nariz, endireitar a gravata".

4. *Linguagem gestual e linguagem oral*

Detenhamo-nos, por alguns instantes, em certas citações:

O rosto é o que o ouvinte mais observa na ação... os mais ignorantes aí sabem *ler*... ele *fala* algumas vezes de maneira mais eficaz que o discurso mais eloqüente [11].
Ele é como uma *tela* sobre a qual a Natureza exprime os sentimentos da alma.
As mãos são para o homem como uma segunda *língua*.
Os olhos são portanto a *língua* do coração.
A *linguagem* dos olhos... Como é eloqüente, como é útil quando a sabemos *falar* [12].

"Ler", "falar", "língua", "linguagem": os gestos do orador são para o Pe. Dinouart "uma língua-pantomima própria para falar aos olhos" [13].

Mas que estatuto se deve atribuir a estas expressões? Trata-se para o Pe. Dinouart de uma simples metáfora heurística ou de uma assimilação baseada nas homologias funcionais? Na realidade, essa pergunta é, sem dúvida, destituída de sentido: o gesto é "texto" e "discurso" para um escritor que não pensa no rigor de suas analogias. Antes conviria interrogarmos a respeito das relações concretas que nossos teóricos entrevêem entre estas "linguagem" gestual e a linguagem oral.

Os semiólogos modernos parecem estar de acordo sobre o caráter descontínuo do gesto; este não compõe um texto, porém é formado por uma sucessão de pontos de referência.

Ainda que a inexistência de um *continuum* gestual seja verdadeira, poderemos nos perguntar se é possível reconstituir uma significação, mesmo que lacunar, que não se apóie no discurso articulado e possa ser interpretada por si mesma.

Uma vez mais, a tendência contemporânea é negar qualquer autonomia à significação gestual, definida por Vendryes como "um conjunto expressivo que é um acompanhamento necessário da palavra" (*loc. cit.*).

Greimas, a este respeito, critica a distinção proposta por Cresswell entre "gestos de acompanhamento" e "gestos de substituição": não há significação autôno-

11. DINOUART, 1761:224.
12. DINOUART, 1761:224, 235, 228.
13. MAURY, 1810:II, 267.

231

ma do gesto sem contexto, o qual, na maioria das vezes, é a linguagem natural[14].

Portanto, estaríamos hoje inclinados a considerar o gesto como um sistema de comunicação que se apóia num outro sistema e se insere nas lacunas daquele, servindo-lhe de interpretante parcial. Propomos chamar tal sistema "diacrítico". A comparação se estabelece neste ponto com o sistema de pontos massoréticos na grafia hebraica.

O Pe. Bary reconhece esta subordinação ao discurso articulado mas insiste em seu papel indispensável, ao passo que o papel da mímica na linguagem foi geralmente ignorado ou subestimado pelos lingüistas modernos: "O gesto não é menos útil à palavra que a palavra o é ao pensamento"[15]

Contudo, poderíamos perguntar se o gesto se articula sobre a palavra ou se ele remete diretamente àquilo que Bary chama "pensamento". De fato, para nossos autores, o gesto retórico não traduz palavras ao contrário da pantomima — mas conjuntos ideais:

É necessário que o gesto exprima não a palavra que pronunciamos mas o pensamento que temos[16].

Veremos, mais além, que certos gestos codificados têm uma função gramatical (de ligação e fim do discurso, deícticos) mas que na maior parte do tempo não traduzem o movimento sintático ou propriamente semântico: numa ISOCRONIA que pode iludir no discurso oral exprimem "movimentos" afetivos e cognitivos mais gerais. O receptor do discurso interpretará pois simultaneamente duas mensagens autônomas que se completam sem se identificar.

Desde Quintiliano, a tônica é colocada na autonomia:

"Examinai quantas coisas o gesto exprime independentemente da palavra", diz Quintiliano, "e conhecereis sua importância"[17].

Para tanto, basta fazer a "prova do surdo", onde freqüentemente se trata da autonomia:

14. Mas se não há gesto sem contexto verbal, não se pode tomar a palavra sem contexto global.

15. BARY, 1 679:60

16. DINOUART, 1 761:239.

17. Citado por DINOUART, 1 761 : 238.

232

"Quando um homem fala com cólera", escreve Le Faucheur, "um surdo que não pudesse ouvir o tom de sua voz não deixaria de reçonhecer sua indignação"[18].

Resta saber se os signos da cólera são um fato de comunicação ou de expressão: outra dificuldade que encontraremos a seu tempo.

Em certas circunstâncias, o gesto parece de fato ser o substituto ou o acompanhamento direto de uma palavra: verbo (processo), substantivo (objeto). Dessa maneira, espera-se que o orador mime diretamente a ação evocada na seguinte frase: "Que não vos estranguleis com vossas próprias mãos [19] ...". Contudo, e de forma bastante significativa, o teórico da *Ação* não confia nesse tipo de relação entre gesto e palavra porque histriônico. Há, no dizer de Conrart e Le Faucheur,

ações que não deveis jamais tentar representar com as mãos como por exemplo esgrimir, retesar um arco, atirar com um mosquete, tocar instrumentos musicais[20].

A natureza do gesto retórico é EXPRESSIVA e não, salvo exceções, MIMÉTICA.

5. *Unidades cinésicas, motivação, origens*

A parte central de todo *Tratado da Eloqüência do Corpo* é evidentemente dedicada à descrição dos principais gestos regrados que o autor aconselha usar. Surpreende-nos de chofre a grande inabilidade de tais descrições, incapazes de fazer VER do que se trata e que misturam sem cessar, DESCRIÇÃO, propriamente dita, MOTIVAÇÃO e FUNÇÃO do gesto:

O Triunfo exige que se olhe o céu como que de lado, que se leve o braço direito em direção ao braço esquerdo e que se baixe e levante um pouco a cabeça porque o Triunfo pressupõe que se supere tudo que for grande [?] e que esta ação marque um progresso [sic].

O Horrível
Abre-se extraordinariamente os olhos e a boca, volta-se um pouco o corpo para o lado esquerdo e as duas mãos estendidas servem como defesa[21].

18. CONRART-LE FAUCHEUR, 1657:204.
19. CONRART-LE FAUCHEUR, 1657:222.
20. CONRART-LE FAUCHEUR, 1657:225.
21. BARY, 1679:71,87.

Felizes daqueles que, a partir destas descrições do Pe. Bary, puderem reproduzir a atitude complexa que ele evoca. Não existe, em nossos autores, tentativa de passar a uma notação simbólica. Um século mais tarde, as descrições de Harmand-Dammien, mais rigorosas são igualmente insatisfatórias:

Gesto repulsivo composto:

As mãos, para a articulação deste gesto, elevam-se à altura do coração e, em seguida, com as palmas voltadas para frente e uma mais alta que a outra, vão para um lado e depois para o outro marcando a repulsão. A cabeça se opõe ao gesto. O gesto indicativo acompanha sua articulação e durante sua execução, a mão que está sobre o peito se fecha. O olhar dirige-se ao interlocutor.

Podemos considerar que o conjunto descrito é sempre um cinemorfema, isto é, uma unidade minimal de sentido, unidade passível por sua vez de decomposição em cinemas constituintes; para expressar o movimento afetivo "repulsão", o gesto se forma do/gesto indicativo de lado/mas:/a mão está aberta e voltada em sentido inverso ao orador/.../a figura se volta para o lado oposto/. O conjunto desta descrição constitui o monema significativo. Seus elementos constitutivos, aparentemente, não são significativos por si mesmos[22].

Bary parece convencido de que cada um dos vinte morfemas que compõem sua lista seja nomeável, mas, aquilo que eles designam não se identifica jamais com as palavras do discurso nem recobre exatamente o campo das diferentes paixões, o que explica a estranha nomenclatura de que se servirá.

Somente o mimo procede a uma decomposição gestual, onde cada gesto pode ser traduzido em palavras. A eficácia da *Actio* oratória situa-se em outro nível:

É preciso exprimir não as palavras mas o sentido completo da coisa. A expressão demonstrativa das palavras deve ser deixada aos histriões[23].

Por outro lado, a denominação do gesto é regulada explicitamente "em vista dos diversos assuntos de movimento", isto é, a partir do significado[24]. A classificação de Harmand-Dammien será uma classificação mista baseada tanto nas diferenças do significante (gesto simples *vs.* gesto complexo) quanto do que é signifi-

22. Cf. HARMAND, 1897:42.
23. CREVIER, 1765:II,348.
24. BARY, 1679:63.

234

cado. Harmand tenta distinguir a NATUREZA do gesto (Sa) de seu EMPREGO (Sé).

Mas o "emprego" do gesto na sua tipologia remete alternativamente a uma significação psicológico-persuasiva e ao contexto do discurso falado ("É empregado no final das enumerações" *e.g.*). Freqüentemente, não podendo indicar abstratamente as condições de emprego de um gesto definido, os retóricos indicarão uma frase ("A indolência funesta!... Os homens enterrados no pecado"!) por ocasião da qual o gesto será empregado de forma pertinente.

A relação entre significante e significado é tida como uma relação NATURAL e, portanto, motivada e não arbitrária. Portanto, é da alçada, do autor indicar o tipo de motivação do signo:

> A confusão pede que o braço, um pouco curvo para dentro, conduza o braço esquerdo e que o braço esquerdo, também um pouco curvado para dentro, conduza o braço direito porque esta ação exprime a confusão das coisas.

Vemos que, para o Pe. Bary, trata-se de motivação ao mesmo tempo analógica e objetiva. Na verdade supõe três etapas: a idéia abstrata de confusão moral é transposta ao plano metafórico de "bagunça" material; este é imitado através do gesto de misturar.

Outro exemplo: para o gesto "Poder" será necessário

> estender o braço... a mão um pouco côncava em direção à terra porque esta ação marca a inferioridade daqueles de quem se fala[25].

A idéia de inferioridade moral é transposta ao nível mais concreto de uma inferioridade de tamanho ou de posição que, por seu lado, é expressa pelo gesto da mão que mede uma certa altura em relação ao solo.

Mas, como vemos, este movimento TRIPLO é tido por "objetivo". As analogias entre moral e físico não são extrapolações mas a expressão de uma verdade eterna. A linguagem oral é convenção, a linguagem gestual, esta sim, é dada pela natureza:

> Os olhos são a língua do coração. O movimento do corpo é pois uma pintura do movimento da alma[26].

Essa pintura é mimese; não transpõe mas repete em outro nível.

25. BARY, 1679:68.
26. DINOUART, 1761:236.

Dado que os gestos são naturais e motivados, são também universais. A favor da tese da Universalidade da linguagem podíamos ao menos evocar a definição prestigiosa de Quintiliano, que a tinha na conta de "omnium hominum communis sermo" [aquela linguagem comum a todos os homens].

É o que o Pe. Bary repete sem hesitar:

O gesto é entendido por todas as nações[27].

Todavia, nossos autores deparam-se com uma dificuldade. Se o gesto é uma linguagem que (assim o pensam) podemos compreender sem tê-la aprendido, falta muito para que os gestos ensinados pelos Antigos pareçam ainda no século XVI conforme às conveniências:

Não falo aqui de modo algum do gesto de mãos que era tão comum aos Antigos: em uma grande dor, batia-se ora na cabeça, seja na fronte, ora no peito, ora na coxa, porque isto é algo totalmente estranho ao nosso uso e nossos costumes[28].

Parece difícil conciliar a eficácia universal do gesto à censura do Uso. E talvez pudéssemos pensar aqui na existência de uma história do gesto, ainda que tal tarefa pareça impossível hoje e faça parte daquela história secreta da humanidade tão bem ocultada pela História oficial.

Destas dificuldades teóricas resulta um paradoxo que se encontra no centro de toda teoria da AÇÃO: o gesto retórico é e deve ser simultaneamente o MÁXIMO DO NATURAL E O MÁXIMO DA ARTE.

Para Aristóteles, dizem-nos, ter o gesto eficaz é um dom da Natureza e não uma arte que se possa aprender. Gibert daí tira conclusões radicais:

Por escrito não podemos dar regras que sirvam para qualquer coisa.

Diz em outro ponto:

Para se aperfeiçoar nisso é preciso declamar diante de pessoas que nos corrijam. Todas as regras que se dá por escrito não podem servir para nada[29].

27. BARY, 1679:61. Ainda mais, o gesto será talvez o elemento que define a humanidade: "De todos os animais somente o homem tem o gesto. Como disse M. de Buffon, o macaco não gesticula" (Hacks, 1890:32).

28. CONRART, 1657:229, Frase idêntica em BRETTEVILLE, 1689: 401.

29. GIBERT, *La rhétorique* (Paris, 1741), 45, e *Jugements...*, II, 407.

É evidente que nossos teóricos negam essa proposição. "A arte é necessária para corrigir ou aperfeiçoar a Natureza" escreve Bretteville e o Pe. Dinouart:

Não há nada perfeito na natureza, se ela não é conduzida pelos cuidados do homem[30].

E, no entanto, algumas linhas mais adiante ele exclama:

Vede um homem na paixão: que tom! que inflexão! que variedade na voz!...

Contudo, onde procurar a origem do gesto eficaz: na Paixão ou no Artifício? Será o aprendizado do retor somente um remédio contra a insuficiência de motivações passionais? É inadmissível. O Pe. Dinouart propõe uma solução elegante ao conciliar natureza e artifício com uma metáfora feliz. Distinguirá "a ação do instinto" da "ação regulada", comparando a primeira ao diamante bruto e a segunda ao diamante lapidado. Natureza e técnica se conjugam assim para produzir a perfeição[31].

Ainda aqui, entretanto, admitindo-se que um orador não consiga dispensar uma teoria e um aprendizado, este aprendizado substituiria as paixões ou as regraria? É evidentemente a segunda a solução adotada: esta não imputa ao gesto uma moralidade, uma boa fé.

É preciso que o orador faça nascer em si mesmo as paixões que quer excitar nos outros[32].

Chegados a este ponto, podemos nos interrogar ainda uma vez sobre a natureza do gesto e sua função. Em termos modernos diríamos: é o gesto um fato de COMUNICAÇÃO ou de EXPRESSÃO e, do ponto de vista semiótico, é SIGNO ou ÍNDICE?

A questão da eficácia própria do gesto é extremamente embaraçosa e, no decorrer desta análise, ela não mais nos deixará. Se, como veremos, certos gestos têm função cognitiva ou de comunicação, isto não impede que a maior eficácia do gesto esteja na sua função especular "chorai se quereis que eu chore" dizia Horácio.

Não se trata, aqui, do efeito de comunicação. Para Fénelon, o olhar não é significação mas penetração:

30. BRETTEVILLE, 1689:461 e DINOUART, 1761:31.
31. DINOUART, 1761:9.
32. BRETTEVILLE, 1689:417.

"Um só olhar bem lançado penetra no fundo dos corações"[33]. O Pe. Dinouart faz uma exposição das mais elaboradas acerca dessa função especular:

> O homem é um composto; é pelo sentido que a verdade se apresenta ao espírito e penetra até o coração...
> Somos todos como as máquinas, estamos dispostos a receber os sentimentos que afetam as outras máquinas semelhantes a nós, diz um Erudito [34].

Eis aqui as aporias: 1) os gestos são um sistema de comunicação ou fatos de expressão; 2) constituem uma linguagem "universal" da qual basta destacar as unidades e as regras (e enquanto linguagem universal, mais suscetível de exprimir as Paixões que a linguagem articulada) ou um conjunto de fenômenos não-formalizados, competindo ao orador sua constituição em um sistema significante artificial?

6. *Taxinomias*

O tipo de classificação que mais espontaneamente nos ocorre parece ser TOPOLÓGICO: descreveremos sucessivamente os "gestos" que afetam o torso, as mãos, os braços, o rosto, os olhares, por um processo de decomposição e de recomposição do corpo. Implicitamente supomos que existem no corpo humano espaços neutros, assêmicos. Contudo, para cada gesto, as subdivisões corporais pertinentes não serão as mesmas. Num caso, o gesto se articula sobre a oposição "mão direita" *vs.* "mão esquerda"; noutro, por exemplo, supõe a oposição entre o "polegar" e os "dois primeiros dedos" etc.

Seja como for, esta topologia gestual exprime somente uma predominância resultante de uma observação superficial do movimento. Ainda que, apenas por razões fisiológicas, não exista gesto absolutamente "localizado".

Esta classificação topológica é dominante em Conrart e no Pe. Dinouart. O Pe. Bary quis constituir uma tipologia homogênea a partir do significado. Mas de que ordem são os significados? Será possível, a partir de categorias *a priori* de campos de comunicação, distin-

---

33. FÉNELON, *Dial. Sur l'Eloq.* (Paris, 1900), 45.
34. DINOUART, 1761:8 e 34.

238

guir níveis significativos variados (tiques, características "étnicas", movimentos afetivos, signo pontuante, signo deídico...)?

As vinte categorias do Pe. Bary cuja lista damos a seguir parecem corresponder ao que se poderia chamar de "abstratos emocionais":

I. A interrogação — var. injuriosa.
II. A franqueza.
III. A ternura.
IV. O reino.
V. O exagero.
VI. O abatimento ou consternação.
VII. O triunfo.
VIII. O espanto.
IX. A ironia.
X. A confusão.
XI. O fundamental (onde o braço estendido se levanta e se abaixa).
XII. O resoluto (onde se volta a cabeça para o lado esquerdo).
XIII. O notável.
XIV. A narrativa.
XV. O doutrinal.
XVI. A queixa.
XVII. O exagero.
XVIII. O horrível.
XIX. A cólera.
XX. A censura.

A classificação de Harmand-Dammien é mais abstrata: baseia-se em certo número de *Ethos* que correspondem às grandes categorias psicológicas de frases. Os dez Gestos "compostos" que integram a lista caracterizam-se pelas seguintes determinações: gestos indicativo, demonstrativo, conclusivo, amplificativo, interrogativo, afetivo, repulsivo, negativo, invocativo, expositivo.

Os autores estudados parecem focalizar sua atenção sobre duas zonas de significação: as mãos e o rosto, particularmente o olhar. Já observamos que esta topologia tende a ocultar o caráter sempre complexo do gesto que, a nosso ver, não se localiza jamais exclusivamente num único lugar do corpo.

As mãos, segundo Quintiliano, são como "a alma da inteligência". A importância dos movimentos da mão foi igualmente sublinhada por Le Faucheur que também se refere à autoridade dos Antigos:

Martial para dizer *todo gesto* diz *toda a mão*, como se o gesto não fosse outra coisa que o movimento das mãos [35].

A presteza dos movimentos da mão e dos dedos favorece a expressão:

A admiração tem o seu gesto particular. A mão elevada a uma certa altura forma com seus cinco dedos uma espécie de círculo; depois ela se abre e se volta de uma só vez para fora enquanto o braço desdobrado se alonga e se estica [36].

No que concerne ao olhar, encontramo-nos diante de um curioso fenômeno de ilusão. Nas palavras de Diafoirus, poderíamos dizer que a antiga Retórica sofre de hipersemia neste ponto, ou seja, ela empresta ao olhar uma surpreendente variedade de possibilidades significantes, expressas por um excesso de adjetivos que correspondem por isso mesmo a um grande vazio descritivo. Os olhares que lançamos podem ser "graves... cruéis... ardentes... sombrios e ferozes... agradáveis [?] ou ao contrário efeminado [?] ambíguo... esgazeado... vago... bravio... ousado... indecente".

Acontece que o olhar fascina e que a fascinação exclui descrição; na pior das hipóteses, o espectador projeta no olhar "espelho da alma" intenções que não poderia expressar: na melhor das hipóteses, o orador não parece VER o papel das pálpebras, das sobrancelhas, da fronte e atribui ao olho toda a eficácia da mímica. "Deve-se falar tanto dos olhos quanto da boca" escreve o Pe. Saulecque no *Poème sur les mauvais gestes* (1761).

Encontramos aqui uma espécie de limite ao discurso cinésico onde a significação se torna projeção. Uma "psicanálise" provavelmente daria conta desse fenômeno.

Praticamente, somos levados a definir duas posições "discretas" das pálpebras: ELEVADAS *vs.* ABAIXADAS.

É preciso mover os olhos segundo as paixões, por exemplo, baixá-los para as coisas de que nos envergonhamos e elevá-los para aquelas de que nos vangloriamos.

35. CONRART-LE FAUCHEUR, 1657:215.
36. DINOUART, 1761:246; cf. sobre o movimento dos dedos, 244-45.

Levantamos os olhos ou os abaixamos de acordo com as coisas das quais falamos, as paixões das quais podemos nos vangloriar ou aquelas que acompanhadas de arrependimento[37].

O Abade Bretteville estabelece um esquema análogo:

Sa	*Sé*		*vel Sé*
Elevar	Céu (= Paraíso, divindade)		Glória
Baixar	Terra		Arrependimento, arrependimento

Em Bretteville encontramos igualmente alguns comentários que concernem às sobrancelhas:

Franzimo-las na tristeza; distendemo-las na alegria; abaixamo--las no pudor[38].

Acerca disto, o Pe. Dinouart se mostra ainda mais vago:

As sobrancelhas contribuem mesmo para dar uma certa forma ao olho e governam absolutamente a fronte[39].

Parece-nos permitido concluir pela funcionalidade destas taxinomias, ao confrontá-las com classificações de tipo "moderno".

Encontramos gestos de caráter COGNITIVO (a "confusão", a mímica de estrangular alguém), um grande número de gesto PSICO-AFETIVOS (a franqueza, a ternura, o abatimento, o espanto,... no Pe. Bary), certos conectivos (*shifters*) sintáticos em relação mais imediata com o discurso oral, com o gesto "Conclusivo" ou o gesto de entrar em um assunto:

Um gesto muito comum é de dobrar o dedo do meio sobre o polegar e esticar os outros três dedos. É de uso bastante freqüente quando entramos em um assunto[40].

Poderíamos enfim considerar à parte os DEÍTICOS que implicam a utilização de coordenadas espaciais... Trata-se na realidade de deíticos convencionais, que podem tanto estar ligados a uma prosopopéia ("mãe, eis aqui teu filho...") quanto resultar de uma confusão da espacialidade real com a espacialidade mítica (o céu: dedo apontado para cima; o inferno: dedo

37. CONRART, 1657:211, e DINOUART, 1761:230.
38. BRETTEVILLE, 1689:396.
39. DINOUART, 1761:230.
40. DINOUART, 1761:244.

241

apontado para baixo). Poderíamos igualmente falar de deíticos de função fática (Jakobson): gesto do dedo em direção ao auditório para chamar sua atenção ou tomá--lo como testemunha.

7. *Preceitos. Vícios a evitar*

Se quisermos fazer uma leitura sintomática de um texto, que nos ofereça os pressupostos deste, parece-me um bom método questionarmos tanto as INTERDI-ÇÕES tanto quanto os preceitos. Assim, podemos alcançar um certo nível do IMPENSADO que tende a se confundir para o autor (não para nós) com o bom senso. Em todos os *Tratados da Ação* uma parte é dedicada aos vícios que devem ser evitados.

Aparentemente a lista do que Conrart designa como "solecismos dos olhos", "loquacidade das mãos" é incoerente e arbitrária. Veremos que é subtendida por uma teoria do SIGNO que é, ao mesmo tempo, "moderna" e insustentável.

Parece primeiramente que uma série de leis arbitrárias limitam a totalidade de signos possíveis. Assim, Conrart-Le Faucheur querem ver a cabeça sempre do mesmo lado que o gesto

exceto nas coisas que recusamos... pois essas, é preciso repeli-las com a mão e voltar a cabeça ligeiramente para o outro lado [41]

Quanto às mãos, "a direita, que é a mais nobre, domina sempre a ação" diz o Pe. Dinouart! Percebemos nessa identificação de nobreza e desteridade uma ideologia profundamente dissimulada [42].

Chegamos, pois, às interdições, sem nos deixar prender por seu ar de evidência:

Eu não proibiria de modo algum bocejar em público nem tampouco deixar escorrer a saliva sobre a roupa ou escarrar à sua frente; basta que se tenha freqüentado um pouco a sociedade educada para evitar essas faltas [43].

Ou ainda:

No calor da ação ofenderíamos a polidez ao enxugar a fronte com a manga da veste [44].

41. CONRART, 1657:200
42. DINOUART, 1761:240.
43. DINOUART, 1761:234.
44. DINOUART, 1761:227.

Esse primeiro nível de interdição é absolutamente claro: não se baseia somente num saber-viver exterior à prática gestual: funda essa mesma prática, evitando a interferência de gestos incontrolados. É necessário eliminar os gestos-índices para deixar aparecer os gestos--signos. Donde o ridículo principal: o pregador que coça a cabeça:

> Esfregar a fronte com os dedos para chamar à memória uma palavra fugitiva, é uma puerilidade.
> Não quero tampouco que se incline a cabeça a cada palavra proferida: é um tique de camponês[45].

Mas o gesto-signo é realmente um signo "puro"? Ainda uma vez, ele comunica ou exprime? Háʃuma angústia permanente, um perigo dissimulado de super-abundância, de redundância, onde a MENSAGEM fica oculta pelo ESPETÁCULO. É preciso constantemente cuidar para que a ênfase do gesto não se torne má LITERATURA; isto é, sobre-significação. O orador não deve "desmontar todo o corpo com contorções ridículas" nem "entreter-se com o lenço nem com as borlas da sobrepeliz"[46]. O Pe. Saulecque escreve um "poema sobre os gestos ruins" onde condena:

> ... esses pregadores furiosos
> Que elevando ao céu seus olhares medonhos
> Interpelam os santos como se caça os diabos.

Condenaremos, igualmente, em nome da conveniência, certos gestos próprios aos latinos, já que não combinam com o gosto dos Modernos:

> Quando o orador fala de si mesmo ou quando designa qualquer afeição de coração... não é preciso bater no estômago, como alguns o fazem[47].

A necessidade do signo ser transparente não permite que o seu suporte material prenda ou mesmo chame a atenção. Dinouart fala de um pregador eminente e barrigudo, o Pe. Poisson:

> Falando da necessidade de suportar a mortificação de J. C. em seu corpo: "Suportamo-la, meus irmãos, gritava ele batendo na massa enorme de seu ventre, suportamos nós essa mortificação?[48]"

---

45. DINOUART, 1761:227 e 222.
46. BRETTEVILLE; 1689:393.
47. BRETTEVILLE, 1689:399.
48. DINOUART, 1761:249-50.

O ventre do Pe. Poisson, "matéria de expressão", se constitui em um obstáculo (!) à pureza de sentido; o significante contradiz o significado.

Um outro tipo de interdição refere-se aos gestos licenciosos "aqueles que são sujos e desonestos". Não é preciso fazer gestos "na descrição de certas libertinagens"[49].

Em tais circunstâncias, o gesto é mais direto que a palavra e não há eufemismo gestual. A linguagem permite pois uma opacidade que tem por contrapartida uma acinesia total.

Ainda mais, o gesto aqui se CONFUNDE com seu referente: imitar a cólera não é ficar colérico, porém, imitar um gesto obsceno é em si, e por si, um ato obsceno.

No decurso de uma prosopopéia, pode acontecer que o signo gestual convencional que, em princípio, se aplica à ocasião, seja contraditado pelas condições concretas nas quais o gesto foi realizado. Cristo na cruz teria muita dificuldade para juntar as mãos e exclamar:

Meu pai perdoai-os pois eles não sabem o que fazem[50].

Assim, o gesto é alternadamente simbólico e icônico: imitação e rememoração de um gesto e de um "espetáculo" primeiro; juntar as mãos não é um signo puramente arbitrário de súplica. Ao repetir as palavras "mãe, eis aqui teu filho, etc.", o orador se dará conta do esquema espacial da cena que ele revive e do alto da Tribuna faz crer na pluralidade de personagens que encarna.

A análise dos "vícios a evitar" pode nos confirmar o estatuto implícito do gesto que deve ser ao mesmo tempo sincero e regrado; nem vago nem enfático; deliberado, consciente e convencional. A distinção do signo e do índice reside na INTENÇÃO. Daí o trabalho do orador judicial ou sacro: ELIMINAR tiques e índices para abandonar o campo visual aos gestos formalizados. Pensamos assim atingir um certo equilíbrio entre movimento de paixão e fato de comunicação, entre o movimento concreto que significa e o movimento psíquico que é significado[51].

49. CONRART, 1657:225; DINOUART, 1761:242.

50. Cf. BRETTEVILLE, 1689:400.

51. Um dos lugares comuns dessa parte sobre os gestos ruins refere-se à diferença que deve existir entre o pregador e o comediante (cf. CONRART.

8. *O choro. Última aporia*

O orador sacro pode, deve chorar? O choro parece ser ao mesmo tempo o "gesto" mais eficaz, aquele no qual a emoção é diretamente comunicada ao auditório, pelo caminho da empatia imediata — e, contudo, chorar não é um signo. Esta reação que é tanto fisiológica quanto psicológica é destituída de toda transparência funcional: a eficácia do discurso culmina no que não é mais discurso. Em outras palavras, o mais eficaz de todos os signos oratórios não pode ser considerado como um simples SIGNO.

Há uma arte de chorar? Essa arte pode ser um artifício? Não podemos senão evocar a autoridade dos Antigos que pensavam poder

adquirir a faculdade de comover sua imaginação até o ponto de poder derramar as lágrimas em abundância.

Bem mais, diz Bretteville,

os autores antigos praticavam a arte de chorar, ocupando a imaginação com um assunto que lhes tocasse muito ao coração e que tivesse relação com aquilo que representavam[52].

Devemos considerar o choro como um fenômeno psicofisiológico ou como um signo? Os "tratados" tendem implicitamente a admitir a segunda solução. Isso pode parecer contraditório. Pelo menos o choro, seja ou não regrado e controlado, comporta uma plenitude de significação nobre que o distingue de outros movimentos fisiológicos triviais (tosse, coceira) e permite integrá-lo na lista dos gesto regrados.

O problema das lágrimas parece, contudo, marcar uma aporia da teoria da AÇÃO: por mais sistemático que se pretenda ser na formalização do gesto oratório, não podemos reduzir a ambigüidade do gesto: simultaneamente natural e convencional, espontâneo e artificial, ao mesmo tempo índice de uma verdade interior e meio de comunicação, objeto de conhecimento e lugar de uma adesão do coração. Não cremos que a ciência

1657:217; BRETTEVILLE, 1689:400; MAURY, 1810:II,282). Cf. sobre a distinção dos papéis de Orador e Comediante d'AUBIGNAC, *Pratique du Théâtre.* (O orador exprime seus próprios sentimentos — não os das personagens) Cf. E. BURGUND, *Die Entwicklung der Theorie der französischen Schauspielkunst im 18. Jahrhundert bis zur Revolution* (Breslau, 1931).

    52.   CONRART, 1657:205; BRETTEVILLE, 1689:397.

contemporânea tenha podido reduzir essa significação ambígua. Se, tomada no seu conjunto, a teoria clássica da AÇÃO só tem valor histórico ou mesmo anedótico, as questões que se colocam através dela nem por isso se tornam, para nós, objetos menores de reflexão.

Trad.: *Maria Helena Pires Martins*

Referências

I. *Tratados da Eloqüência do Corpo que foram estudados*

BARY, René
    1679: *Méthode pour bien prononcer un discours et pour le bien animer* (Leyde, 1708 [Paris, 1679]).
BRETTEVILLE, Abade
    1689: *Du Geste,* livro quinto em *L'éloquence de la chaire et du barreau* (Paris).
CONRART, Secretário do Rei
    1657: [Atribuído a Michel Le Faucheur segundo nota ms. sobre o exemplar II 53510, Bib, Reg., Bruxelas; cf. Quérard] *Traité de l'action de l'orateur* (Paris).
CRESSOLIUS [Cressol, Pe., s.j.]
    1620: *Vacationes autumnales sive de perfecto orationis actione* (Lutetiae Par.) 4º, 706 p. [Único exemplar perdido: B.N.: X 3464 (1).]
CREVIER
    1765: *Rhétorique française* (Paris), *partim*.
DINOUART Abade
    1754: *L'Éloquence du corps dans le ministère de la chaire* (Paris, 12º [reedição: 1761]).
HARMAND-DAMMIEN
    1897: *Résumé des règles du geste dans l'action oratoire* (Paris: V. Retaux [B. N. 8ºX Peça 1259]).
LUCAS, Joannes, s.j.
    1761: *Actio oratis seu de Gestu et Voce,* libri duo, tratado acrescentado a Dinouart, edição de 1761.
MAURY, Cal.
    1810: *Essai sur l'éloquence de la chaire* (Paris: Gabriel Warée), 2 v.
QUINTILIANUS
    De Institutione Oratoria, Lib. XI.
VERNULAEUS, Nicolaus
    1627: "De Actione" em *De Arte dicendi,* libri tres: *Una cumpraxi rhetoricae* (Lovanii: Ph. Dormalius), 18ª.

II. *Estudo sobre a questão*

Além dos numerosos trabalhos gerais sobre a antiga retórica:

WLOKA, B. W.
   1935: "Die Action", *Die Moralpädagogischen un psychologische Grunalagen der Französischen Rhetorike-Bücher* (Breslau) 102-12.

III. *Algumas obras de referência sobre a cinésica e a semiótica contemporâneas*

BIRDWHISTELL, R. L.
   1954: *Introduction to Kinesics* (Louisville: University Press) [em especial .]
BRUN, Theodore
   1969: *The International Dictionary of Sign Language: A Study of Human Behavior* (Londres: Wolfe).
COCCHIARA, G.
   1932: *Il linguaggio del gesto* (Turim: Bocca).
FAST, Julius
   1970: *Body Language* (Nova York: McEvans [trad. fr. Stock, 1971]).
GREIMAS, Algirdas
   1970: "Conditions d'une sémiotique du monde naturel", *Du sens* (Paris: Éditions du Seuil), 49-91.
HACKS, Ch.
   Ca. 1890: *Le geste* (Paris: Marpon e Flammarion, s.d.)
HALL, Edward T.
   1959: *The Silent Language* (Nova York: Doubleday).
   1963: A System for Notation for Proxemic Behaviour. *American Anthropologist* LXV:5.
HAYES, F. C.
   1940: Should We Have a Dictionary of Gestures?, *Southern Folklore Quartely* 4, 239-45.
   1957: Gestures: A Working Bibliography, *Southern Folklore Quarterly* 21, 218-317.
KLEINPAUL, Rudolf
   1888: *Sprache ohne Wörte* (Leipzig: W. Friedrich).
KRISTEVA, Julia
   1970: *Recherches pour une sémanalyse* (Paris: Le Seuil)
   1968: *Langages* 10: "Pratiques et langages gestuels" (Paris: Didier) [comporta uma bibliografia].
METZ, Christian
   1968: *Langage gestuel*, Suplemento científico à grande *Enciclopédia Larousse* (Paris).
VAN RIJNDERK, G.
   1954: *Le langage par signes chez les moines* (Amsterdã: Koninklijke Akademie van Wetenschappen).
VENDRYES, Joseph
   1950: Langage oral et langage par gestes, *Journal de Pschologie Normale et Pathologique* (jan.-mar. 1950), 7-33.

VOEGELIN, C. F.
>   1958: Sign Language Analysis on One Level of Two?, *Journal of American Linguistics* 24, 71-77.

IV. *Outros livros citados*

Arnauld, Antoine
>   1695: *Réflexion sur l'éloquence des prédicateurs* (Paris: Florentin et Delarue).

GIBERT, Balthazar
>   1713-19: *Jugements des savans sur les auteurs qui ont traité de la rhétorique* (Paris: Jacques Estienne) 3 v. [Um histórico da retórica, desde Platão até o século XVIII.]

LAMY, Bernard
>   1676: *La rhétorique ou l'art de parler* (Paris).

LAUSBERG, Heinrich
>   1960: *Handbuch der literarischen Rhetorik* (Munique: Hüber), 2 v.

VOSSIUS, Gerard Jean
>   1566: *Elementa doctrina de tropis et schematibus* (Altenburghi Gothofredus Richterus).

Marc Angenot (nascido em 1941) é professor adjunto da Língua e Literatura Francesas na McGill University, Montreal. Suas pesquisas referem-se à teoria literária, `a sociocrítica, e à paraliteratura. Em 1971 ele publicou entre outras obras: *Le Héros du Roman Populaire, Condillac et le Cours de Linguistique Générale, La Pensée se Fait dans la Bouche* e *Le Surréalisme Noir*.

13. PROPOSTA DE CLASSIFICAÇÃO DO GESTO
NO TEATRO
Maria Helena Pires Martins

É fato que a gestualidade tem sido usada como um dos meios de comunicação humana desde tempos imemoriais. Embora na sua origem o gesto possa ter primado pela função expressiva, talvez mesmo anafórica, no sentido conferido ao termo por Julia Kristeva[1], ao longo do tempo assumiu a função comunicativa como bem o atestam os estudos da Cinésica americana conduzidos por Ray Birdwhistell, os estudos sobre as linguagens gestuais das ordens monásticas que observavam o silêncio, os estudos sobre a Arte Oratória da qual a *Actio* é uma das partes integrantes.

---

1. KRISTEVA, Julia. Le Geste, Pratique ou Communication?. *Langages*, 10, (1968) p. 53. Para a autora, a função anafórica é a função indicativa que constitui o fundo sobre o qual se desenrola o processo, especialmente a significativa. Neste sentido, em relação à palavra, o gesto é anafórico porque indica e instaura relações, eliminando entidades.

Em assim sendo, a pergunta que se nos apresenta, fruto que somos da cultura ocidental, habituados ao uso e abuso da comunicação verbal, concerne à semelhança e dissemelhança entre os dois tipos de comunicação. Em outras palavras, interessa-nos saber quais as relações que estes dois subsistemas comunicacionais mantêm entre si; no que o gesto depende da comunicação verbal; o que a ela acrescenta; e, finalmente, se há uma tal especificidade na comunicação gestual que não possa ser traduzida para outro sistema comunicacional sem que haja uma perda parcial de seu conteúdo.

O teatro se apresenta como uma zona privilegiada para a consecução desse estudo uma vez que coloca em suspenso as discussões a respeito da natureza da linguagem gestual. Estas discussões têm o intuito de estabelecer o gesto ou como fato de comunicação ou como um fato de expressão. Do ponto de vista semiótico, uma tomada de posição envolve considerar o gesto como sendo um signo ou um índice [2]. Como a questão está longe de ser resolvida, preferimos escolher o campo da representação teatral, do teatro em ato, do teatro espetáculo onde podemos defender que o gesto é primordialmente comunicativo. Porque:

1) A re-presentação é levada a efeito por personagens, isto é, por atores investidos de máscaras [3]. Ora, esta máscara é construída a partir de um texto ou da intenção explícita do diretor (aqui entendido como a dupla diretor-ator) da montagem. Não trataremos, aqui, do espetáculo teatral conhecido como *happening* que é o único que escapa a esta organização prévia. Nos

---

2. Estamos adotando aqui não a terminologia de Peirce mas a distinção feita por ERIC BUYSSENS em *Semiologia e Comunicação Lingüística* entre fato semiológico — ao qual pertencem os signos — e índice. O signo é um meio a serviço de uma vontade, isto é, é intencional e é a base do sistema comunicativo. O índice, ao contrário, não é intencional e é somente uma conseqüência de um estado psicológico do indivíduo. Assim sendo, está no nível da expressão e não da comunicação. Exemplificando: "se de longe faço a um amigo sinal para vir, meu gesto é um meio consciente de comunicar-me, enquanto o cerrar de punhos do orador político é um reflexo do qual ele não é talvez consciente. A palidez que invade o rosto do estudante, embaraçado pela pergunta feita pelo examinador, não é um meio utilizado pelo estudante para impressionar o examinador, mas o examinador encontra aí um índice". BUYSSENS, *Semiologia e Comunicação Lingüística*. S. Paulo, Cultrix/USP, 1972.

3. COELHO NETTO, Teixeira & GUINSBURG, Jacó e outros. "A Significação no Teatro". Publicação interna da ECA-USP, 1973 (Cap. 14 deste livro).

250

tipos de espetáculo considerados, portanto, não há lugar para a expressão de afetos particulares da pessoa do ator mas, tão-somente, para a comunicação do personagem. O ator quando se encontra no palco usa de seu corpo, de sua presença, de seus gestos para compor um ser fictício que não existe em si e para comunicar este ser imaginário para nós, os espectadores. Desta forma, fica configurado o caráter intencional da representação.

2) O simples fato de que Teatro implica em um auditório, uma platéia, e em uma representação parece caracterizar um sistema comunicacional com a presença do remetente ou destinador; de uma mensagem (por mais ambígua que possa ser); de um destinatário que vai recebê-la de acordo com seus léxicos e códigos particulares. Conseqüentemente, o gesto, enquanto um dos elementos constitutivos da representação teatral e enquanto parte de um sistema comunicacional mais amplo, tem por função ser um signo e não um índice de estados interiores. Nosso objetivo, portanto, é propor uma classificação que possa ser aplicada aos gestos da personagem no teatro, de maneira que seja respeitado o fato de que esse gesto é intencional, comunicativo, artificial e construído a fim de revelar um ser ficcional, sem realidade material. Entretanto, antes de chegarmos à classificação propriamente dita, faz-se necessário definirmos uma série de termos para melhor precisarmos o significado com que serão usados no âmbito deste trabalho. Estas definições não são exclusivas do teatro mas têm um caráter geral: podem ser aplicadas tanto aos fenômenos que ocorrem no teatro como aos que pertencem à vida cotidiana do mundo natural. É, no entanto, imprescindível que se proceda à clarificação e delimitação do uso dessas palavras.

1.1. *Definição de termos*

Começaremos por definir postura e movimento porque são aqueles que mais se aproximam do conceito de gesto, o que, por vezes, predispõe a algumas confusões e dificuldades.

1.1.1. *Postura*

A postura caracteriza-se por ser estática e por ser global, isto é: não há posturas de partes; há postura do corpo. Segundo Marjorie Latchaw e Glen Egstrom:

Human posture refers to the arrangement of the body parts in relation to each other. Since the human body assumes many positions in walking, sitting, running, standing, and other movement activities an individual has not one but many posture[4].

A postura é a base sobre a qual vão aparecer os gestos e os movimentos. Partindo de uma determinada postura certos gestos vão ser possíveis e outros não. Somente neste sentido podemos dizer que a postura é o início do gesto.

1.1.2. Movimento

Contrapondo-se à estaticidade da postura, num dado instante encontramos o dinamismo do movimento fisiológico ou animal, ditado pela seqüência, ordenada ou não, de contrações e extensões musculares. Este comportamento motor envolve a locomoção (andar, correr, pular, nadar...) a alimentação (apreender o alimento, mastigar, engolir e outros), a higiene pessoal, enfim, todos os movimentos que são encontrados nas espécies animais e que não são culturalmente aprendidos[5]. Estes movimentos ficam excluídos da categoria gesto.

Além do movimento fisiológico, há o movimento pragmático e utilitarista da ordem do fazer, que geralmente envolve o uso de instrumentos e a manipulação de objetos. Estes movimentos têm por fim a mudança do meio e não a comunicação com outros indivíduos. Para Rastier, o comportamento prático não é significativo por não ser constituído de signos (simbólicos) mas de fenômenos reveladores[6]. Brémond também distingue entre ato (presumidamente não significativo) e gesto (intencionalmente significativo)[7]. Nesta perspectiva, o movimento pragmático é um ato e não um gesto.

---

4. LATCHAW, Marjorie & EGSTROM, Glen. *Human Movement with Concepts Applied to Children's Movement Activities* (New Jersey, 1969), p. 80.

5. As maneiras de andar, nadar, comer, etc, podem ser fruto de aprendizado cultural mas a aptidão de fazê-lo é inata.

6. RASTIER, Comportement et Signification. *Langages*, 10, (1968) p. 82.

7. BRÉMOND, Claude. Pour un Gestuaire des Bandes Dessinées. *Langages*, 10, p. 96.

1.1.3. *Gestos*

E o que são, portanto, gestos? São: 1 — movimentos de qualquer parte do corpo que tenham por apoio uma determinada postura; 2 — que sejam voluntários; 3 — que comportem um significado; 4 — e que não visem à modificação do ambiente material. O gesto comporta, ainda, um tempo, um ritmo próprio que é diferente do ritmo dos outros movimentos.

Examinemos a definição por partes.

1 — é gesto o movimento de qualquer parte do corpo que tenha por apoio uma determinada postura. Será, então, um movimento parcial? Não, porque qualquer movimento parcial altera a configuração global do corpo humano. Na realidade, cada gesto particular está coordenado ou subordinado a um projeto de conjunto que se desenrola simultaneamente[8]. Portanto, podem existir agentes gestuais parciais, representados por cada uma das partes móveis do corpo humano mas o gesto, em si, incluirá sempre uma visão de conjunto. Do ponto de vista da manifestação, o gesto depende não só da postura global como também do espaço objetivo para se configurar, da mesma forma que toda figura necessita de um fundo para aparecer.

2 — que seja voluntário — no sentido de que não seja simplesmente uma resposta reflexa a estímulos físicos mas que seja, ao contrário, expontâneo. Note-se que não fizemos referência ao fato de ser ou não consciente, visto que para o estudo do gesto teatral a colocação não seria pertinente.

3 — que comporte um significado — contrapondo-se, assim, tanto aos movimentos fisiológicos quanto aos pragmáticos e, também, às meras descargas de energia.

Quanto ao problema de significado devemos salientar que o significado de um gesto de um agente parcial dependerá necessariamente do contexto em que ele aparece. Este contexto pode ser de três tipos: o contexto do próprio corpo que poderia ser equiparado ao sintagma; o contexto oferecido pela palavra quando esta de alguma forma acompanhar o gesto; e, finalmente,

---

8. GREIMAS, Algirdas. "Conditions d'une Sémiotique du Monde Naturel". *Du Sens*, (Paris, 1970), p. 61.

em termos bastantes amplos, o contexto cultural no qual ele se insere.

Julius Fast, ao examinar o trabalho de R. Birdwhistell, afirma:

> Dr.Birdwhistell also points out that a body movement may mean nothing at all in one context and yet be extremely significant in another context. For example, the frown we make by creasing the skin between our eyebrows may simply mark a point in a sentence or, in another context, it may be a sign of annoyance or, in still another context, of deep concentration. Examining the face alone won't tell us the exact meaning of the frown. We must know what the frowner is doing[9].

Também para Merleau-Ponty o corpo se apresenta como uma estrutura una, cujos diferentes aspectos não estão somente coordenados porém, mais do que isso, implicam-se reciprocamente. E, da mesma forma que todo movimento local só aparece sobre o fundo de uma posição global, o fato corporal aparece sobre um fundo significativo[10].

Embora não possamos resolver o problema dos significados do gesto no sentido de que tenha um conteúdo próprio ou de que esse conteúdo possa em todas as ocasiões ser traduzido para a linguagem verbal, é importante notar que a escolha de uma matéria significante, neste caso o corpo humano, para expressar um significado já é, por si só, significativa. A dissociação entre conteúdo e expressão só é possível operacionalmente nas instâncias profundas. Na instância de manifestação e de realização é impossível separar as entidades uma vez que, dentro de uma língua particular, o signo tipo é um composto de significante e de significado concomitantemente.

1.1.4. *Gesto: oposições fundamentais*

Após essas considerações, percebemos que encontramos a categoria "gesto" no final de um percurso de oposições sêmicas que podem ser esquematizadas da seguinte maneira:

9. FAST, Julius. *Body Language*. (Inglaterra, 1970), p. 158.
10. MERLEAU-PONTY. *Fenomenologia de la Percepcion*. (México, 1957) pp. 167-168.

254

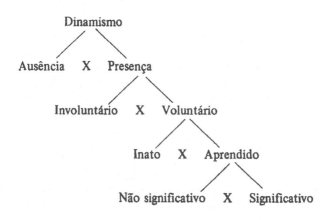

Esse esquema corresponde, termo a termo, ao que segue

1.2. *Fundamentos da classificação*

Solucionados os problemas de definição de termos, podemos abordar, agora, as diferentes possibilidades de classificação.

Podemos considerar os gestos do ponto de vista do plano da expressão, isto é, do significante; do ponto de vista do conteúdo, ou seja, do significado; e do ponto de vista da função que exerce no fluxo comunicacional.

Achamos que não é possível fazer uma classificação de significantes, isto é, uma classificação topológica que procedesse à desarticulação do corpo humano, pois esta só é justificável quando tiver por objetivo a descrição exaustiva das possibilidades do corpo. Outra dificuldade advém do fato de que os gestos não são rigidamente codificados e que os significantes estabelecidos para determinado grupo, numa dada época, não seriam os mesmos estabelecidos por outro grupo ou numa outra época.

A classificação dos significados gestuais iria *ad infinitum* uma vez que as possibilidades de significação dos gestos parecem bastante amplas. Mais ainda, para efetuar uma classificação deste gênero, teríamos que traduzir ou interpretar o conteúdo próprio do gesto em um outro sistema de signos — o lingüístico — e, assim, continuaríamos com a pergunta: se o significado transmitido pelo signo gestual pode ser transmitido igualmente por outro sistema, qual a especificidade da gestualidade enquanto meio de comunicação?

Propomos, então, fazer uma classificação funcional, isto é, do ponto de vista da função que cada gesto exerce em uma situação qualquer para que seja possível estabelecer as dimensões dos signos gestuais em relação aos vários elementos da cadeia comunicacional. Tomaremos como ponto de partida a clássica abordagem de Roman Jakobson das funções da linguagem por que, apesar de ter sido proposta exclusivamente para a comunicação lingüística, ela se mostra bastante ampla para permitir a transposição para outros sistemas comunicacionais[11]. Lembremos aqui que partimos da premissa de que o teatro é um fato de comunicação uma vez que implica em um grupo de atores, uma representação e uma platéia. Assim sendo, o gesto que pertença ao âmbito da representação teatral pode também ser analisado sob o ângulo comunicacional, como um subsistema que exerce uma determinada função na composição do sistema mais amplo chamado teatro.

Jakobson distingue seis fatores fundamentais na comunicação verbal que dão origem a seis funções lingüísticas diferentes. Eles podem ser esquematicamente representados da seguinte forma:

---

11. JAKOBSON, Roman. "Linguistique et Poétique". *Essais de Linguistique Générale* (Paris, 1963), p. 213-220.

EMISSOR	CONTEXTO MENSAGEM CONTATO CÓDIGO	DESTINATÁRIO

Este esquema corresponde a um outro, onde aparecem as funções lingüísticas que se relacionam com cada um desses elementos:

EMOTIVA	REFERENCIAL POÉTICA FÁTICA METALINGÜÍSTICA	CONATIVA

— a função referencial é orientada para o contexto da comunicação.

— a função emotiva ou expressiva está centrada sobre o emisor e visa a expressão direta da atitude do sujeito falante a respeito do assunto do qual está tratando.

— a função conativa é orientada para o destinatário, invocando-o ou dando-lhe uma ordem.

— a função fática tem por único objetivo estabelecer, manter ou interromper a comunicação.

— a função metalingüística — a mensagem discute o uso do próprio código, esclarecendo-o. É uma linguagem sobre uma outra linguagem.

— a função poética é aquela que visa a mensagem em si, colocando em evidência a forma da mesma. A mensagem estética é sempre estruturada de maneira ambígua em relação ao código que lhe é subjacente.

Na realidade, estas funções não se apresentam separadamente em cada mensagem mas combinam-se entre si. A diversidade das mensagens depende da hierarquização das várias funções, com predominância de uma sobre as demais.

Desta forma, considerando a linguagem de um ponto de vista funcional, Jakobson dá conta não só dos aspectos cognitivos da língua mas, também, de aspectos afetivos que fazem parte de quase toda situação comunicacional.

O que nos interessa ao utilizarmos esta abordagem de Jakobson como fundamento para a nossa proposta de classificação dos gestos usados no teatro é a possibilidade de determinarmos as funções-signos. Em outras palavras, não visamos a confecção de uma lista de gestos porém o levantamento das funções que exercem dentro de um tipo de comunicação específica que é a teatral.

Devemos, entretanto, fazer algumas considerações a respeito do fato desta abordagem ser ou não uma visão semiótica do assunto. Do ponto de vista da semiótica estrita de Greimas, a classificação aqui proposta fugiria ao âmbito semiótico uma vez que não possibilita o estudo das relações mantidas entre o plano da expressão e o plano do conteúdo, ou seja, entre significante e significado do signo gestual. Contudo, como esta dimensão do signo, que analisa as relações intrasígnicas, apresenta-se como um produto do inter-relacionamento das dimensões: pragmática (relação signo-usuários); sintática (relação signo-signo dentro da mensagem); sistemática (relação signo na mensagem-signo no código); e designativa (relação signo-objeto denotado) — dimensões estas que podem ser comparadas às funções da mensagem ou do signo propostas por Jakobson — ao determinar quais as funções exercidas pelos signos gestuais, estaremos dando um passo para chegarmos, posteriormente, ao estudo da dimensão semiótica propriamente dita.

2. *A classificação*

É necessário notar que embora no teatro tanto os movimentos fisiológicos quanto os movimentos pragmáticos sejam também significativos na medida em que colaboram para a constituição plena da personagem, dando uma determinada impressão desta, a área do nosso estudo está circunscrita ao que foi definido como gesto.

Considerando que o teatro supõe a existência de um texto verbal (o texto cênico), propomos fazer uma classificação que abarque a relação do gesto com a mensagem verbal e, também, o gesto como mensagem independente. Entre estes dois pólos, encontramos alguns signos gestuais que substituem a fala no sentido de terem sido a tal ponto convencionalizados que passaram a ser uma tradução da linguagem verbal quando esta, por qualquer razão, não pode ser empregada. Podem ser equiparados aos emblemas da classificação de Ekman e Friesen [12]. Estes gestos serão chamados de metalingüísticos em virtude dessa característica de servirem para substituir uma outra linguagem.

2.1. *Gestos que acompanham a fala*

Os gestos que acompanham a fala podem exercer várias funções em relação à mensagem verbal.

1 — os que a reforçarem serão chamados de *redundantes* uma vez que a mesma mensagem estará sendo transmitida por dois canais diferentes.

2 — os que tiverem por função contradizer a mensagem verbal serão chamados de *negativos,* por razões que são óbvias.

3 — há, ainda, aqueles que ilustram a mensagem verbal, indicando o referente do signo verbal ou o lugar que se supõe lhe seja próprio. Por exemplo, no caso de Deus, aponta-se o céu ou, no caso de uma declaração de amor, coloca-se a mão no peito. Estes serão os gestos *deíticos.*

4 — a fala, ainda, pode ser acompanhada por certos gestos que revelam estados emocionais do sujeito que não estejam sendo verbalizados e, por isso mesmo, não possam ser englobados pelas categorias de redundância ou negação. Podemos chamar estes gestos de demonstradores de afeto, como Ekman e Friesen o fizeram; ou de gestos emotivos, consoante a abordagem de Jakobson, uma vez que tem por função mostrar como o sujeito da enunciação gestual — a personagem — sente-se em relação ao assunto discutido pela mensagem verbal naquele momento. Acreditamos que *emotivo,* possivelmente, seja um termo mais apropriado pois Ekman e Friesen reservaram a sua denominação exclusivamente para a mímica facial, afirmando que os ges-

---

12. EKMAN, Paul & FREISEN, W. The Repertoire of Nonverbal Behavior — Categories, Origins, Usage and Coding. *Semiotica,* I (1), (1969).

tos das outras partes do corpo seriam apenas uma conseqüência comportamental.

2.2. *Gestos que substituem a fala*

Como já dissemos, os gestos metalingüísticos, ou seja, aqueles que substituem a mensagem verbal, são altamente convencionalizados e usados quando a língua falada não possa ou não deva ser usada. Como exemplos claros podemos citar o V da vitória, executado com os dedos indicador e médio; o gesto que indica que está tudo bem (antebraço flexionado, palma da mão voltada para o sujeito do gesto, polegar estendido e demais dedos flexionados na primeira e segunda articulações). Há outros gestos que traduzem frases mais longas como "telefonarei para você mais tarde" e que não será descrito aqui por ser de uso bastante difundido e conhecido de todos nós. Não seria demais fazer notar o alto grau de convencionalização desse gesto, originalmente lastreado em aparelhos telefônicos de manivela — relíquia de alto preço em raros antiquários — hoje repetido por crianças acostumadas ao telefone automático, à discagem direta intercontinental e via satélite.

É sobre este tipo de gesto que se baseiam as pantomimas e, mesmo, as brincadeiras de mímicas entre crianças e adultos. O importante é notar que o conteúdo ou significado dos gestos metalingüísticos preexistem no mundo lingüístico e que o sujeito vai apenas tentar transmitir esse significado por meio de um outro significante, que não lhe é próprio.

2.3. *Gestos que independem da fala*

No teatro, este grupo de gestos pode, em primeiro lugar, ser dirigido a dois destinatários diferentes: a outra personagem ou à própria platéia. Quando é dirigido a outra personagem, pertence à dimensão de representação, isto é, não ultrapassa o limite da ficção criada no palco. Quando é dirigido aos espectadores, entretanto, cria-se mais uma ligação entre mundo ficcional e mundo real além da normalmente pressuposta pelo espetáculo teatral. Embora as funções desempenhadas por estes gestos possam ser definidas da mesma maneira em ambos os casos, na ocasião da observação do espetáculo e utilização da classificação, será sempre necessário indicar o destinatário da comunicação gestual.

Os gesto que independem da fala podem ser:

1) afetivos — quando tiverem por objetivo revelar um estado afetivo do sujeito. Distinguem-se dos emotivos pelo fato de não estarem somente relacionados aos assuntos discutidos verbalmente. Estes gestos revelam a atitude do sujeito frente a situações globais, reais ou imaginárias.

2) fáticos ou de contato — quando pretenderem estabelecer ou verificar o contato entre os interlocutores.

3) estéticos — quando estruturados de maneira ambígua em relação ao sistema de expectativas proposto pelo código do uso cultural. São gestos que atraem a atenção para a sua própria forma, que se afastam do padrão cultural, propondo uma série de interpretações até então incomuns.

Sintetizando, podemos esquematizar esta classificação da seguinte maneira:

1. Gestos que acompanham a fala
1.1. Gestos redundantes
1.2. Gestos negativos
1.3. Gestos deíticos
1.4. Gestos emotivos
2. Gestos que substituem a fala (metalingüísticos)
3. Gestos que independem da fala
3.1. Gestos afetivos
3.2. Gestos fáticos
3.3. Gestos estéticos

3. Da utilidade da classificação para o teatro

Uma das principais utilidades desta classificação é o fato de que possibilita ao criador do espetáculo compor as personagens de maneira coerente, atentando conscientemente para as várias facetas destas e para os diferentes modos de comunicar uma determinada maneira de ser.

O espetáculo teatral é um todo organizado a partir de um ponto de vista particular. Todos os elementos

261

que entram no espetáculo, portanto, devem concorrer para a reiteração do ponto de vista escolhido para a encenação. Assim sendo, a partir do conhecimento desta classificação, que coloca em evidência as possibilidades funcionais do gesto, é possível usar este meio de expressão e de comunicação de uma maneira eficaz, objetiva e não somente intuitiva.

Para espetáculos que já estejam montados, a aplicação desta classificação possibilitará o levantamento de uma série de dados que poderão ser usados em vários tipos de estudos. Devemos ressaltar que a observação de um espetáculo oferece certas dificuldades, mais ou menos comuns a todas situações naturalísticas, provenientes, principalmente, da efemeridade que lhe é própria. O texto teatral — entendido como o conjunto de sistemas sígnicos usados no teatro — não é um texto que se conserve e ao qual se possa voltar a nosso bel-prazer. Uma vez descida a cortina, encerrado o espetáculo, o texto teatral está perdido. Há, portanto, necessidade de uma classificação extremamente simples e operacional para que seja possível captar e categorizar certas particularidades do espetáculo no mesmo momento em que ele se apresenta. Cremos que a classificação por nós proposta ofereça essa simplicidade e operacionalidade, além do fato de ser adaptável a vários tipos de espetáculo. Assim, o enfoque adotado possibilita:

1) o levantamento das principais funções desempenhadas pela comunicação gestual no teatro.

2) a seguir, dentro do texto teatral, propicia o cotejo das funções exercidas pelo gesto com as funções exercidas pela palavra. Através desta comparação, será possível estabelecer não só o grau de complementaridade entre as duas linguagens como também especificar melhor a significação própria do gesto.

3) mais ainda, torna possível o estudo do trabalho de um ator em várias peças, com o fim de se tentar levantar uma constante em sua comunicação gestual que será mais um elemento a ser considerado na análise da força criativa e interpretativa de nossos grandes atores.

V. SEMIOLOGIA DA COMUNICAÇÃO TEATRAL

14. FORMAS E FUNÇÕES NO TEATRO POPULAR

Petr Bogatyrev

Um dos mais importantes e fundamentais traços do teatro é a transformação: o ator muda sua aparência, traje, voz e até as feições de sua personalidade para tomar a aparência, indumentária, voz e personalidade da personagem que representa na peça. A transformação é um dos signos básicos que distinguem o drama da poesia épica e lírica. Na poesia lírica o poeta pode lamentar com pranto funéreo a *sua própria* proximidade da morte, queixar-se em canção ou poema de *seu próprio* difícil destino ou pode proclamar *seu próprio* afeto por um ser amado etc. A bem dizer, na poesia lírica o poeta pode cantar acerca do amor de uma pomba e significar com isto o seu próprio amor, mas precisamente aí reside a diferença básica entre drama e lírica: o poeta lírico ou cantor não se transforma em pomba, mas simplesmente adota desta os traços que são similares a ele, o poeta. Este pode compor um poema lírico sobre o ciúme de

265

Otelo e aludir com isto a seu próprio ciúme, mas no drama, de outro lado, o artista precisa transformar-se, precisa assumir a pessoa de Otelo; nessa transformação, ele tem de adotar todos os signos do caráter e da aparência de Otelo e, em particular, cumpre-lhe demonstrar que Otelo não era apenas um homem ciumento, mas também um valente chefe militar, um bom amigo e assim por diante. Ele tem de adotar feições que podem não coincidir com sua própria experiência — estas podem até contradizê-la.

Na pura poesia épica, o narrador relata ou canta acerca de alguém na terceira pessoa. Não transforma a si próprio nesta pessoa, mas continua um observador objetivo de acontecimentos relativos a esta terceira pessoa ou a estas terceiras pessoas.

Transformação similar ao que é um dos elementos essenciais do teatro pode surgir em diferentes situações muito distantes do teatro propriamente dito (compare-se, por exemplo, a vívida transformação de comportamento do modesto erudito que, juntamente com a beca e o capelo que ele enverga como outorgante de grau e orador de cerimônia, adota uma maneira inusitadamente cerimoniosa de comportamento). Mas em todas essas manifestações, mesmo lá onde a função dominante é outra que não a estética, a função estética continua desempenhando um papel significativo.

Encontramos também transformações similares para o elemento teatral básico na execução de muitas práticas, costumes e cerimônias populares que exercem a função mágica ou religiosa dominante. Além do mais, a transformação em tais atividades não se restringe ao tipo inter-humano, mas também inclui a transformação em animais ou até em objetos materiais. Amiúde as pessoas são trasnformadas em animais: em urso, bode, égua etc. (com a mudança de traje). Uma tal transformação é característica das festividades de carnaval. Na "decapitação do galo", entretanto, deparamos com o fenômeno oposto — o animal é vestido como um homem. Na decapitação do galo, realizada no primeiro casamento em Shrovetide em Borovany, o galo, de acordo com a descrição de Zíbrt: "Estava trajado com gorro vermelho, às vezes também com uma jaqueta e calças". Aqui o ato de vestir o galo em forma humana incorpora a transformação até em outro sentido: uma acusação é levantada contra o galo, um veredicto é pronunciado e a sentença é executada como se fosse um homem e não uma ave.

Na transformação teatral, entretanto, nem o espectador nem o ator devem ter a sensação de uma transformação completa. O ator não pode ficar perdido na personagem em que ele se transformou: a ação no palco não pode ser sentida como realidade mas como teatro. Alexander Tairov relata um incidente onde um espectador atirou contra o ator que desempenhou o papel de Iago no *Otelo* de Shakespeare. Sem dúvida aquele espectador não percebeu a representação como teatro. Uma criança, a acreditar de fato que um santo real está presente quando o Papai Noel faz sua ronda, não tem uma experiência teatral correta. No teatro popular, os atores se disfarçam deliberadamente de animais de vários tipos, de tal maneira que os espectadores hão de reconhecer facilmente que estão vendo diante de si não um cavalo, um bode, um urso real, porém um ator vestido como tal. Às vezes, atores e espectadores experimentam a sensação de uma completa transformação, mas esta sensação tem de ser temporária e não duradoura; é preciso que ela venha e se vá. Em certos momentos, o espectador pode esquecer que está observando o palco e perceber a representação como vida real, podendo o mesmo acontecer com o ator. Essa alternação é repetível de vez em quando no curso da representação. Entretanto, a percepção do teatro como vida real, durante a representação toda, deve inevitavelmente levar a resultados que violam o teatro.

Muitas peças populares ligam-se, por sua origem, com dramas urbanos de caráter não folclórico, com peças das assim chamadas "camadas mais altas". Muitas peças populares originam-se, de fato, em peças escolares. Não devemos, porém, esquecer que os assim chamados "alta poesia" e "alto drama" sofreram freqüentemente a influência do folclore. Em vez da teoria unilateral da descida da arte "elevada" até as massas (*gesunkenes Kulturgut*), é necessário, na realidade, aceitar uma teoria mais razoável, da contínua permuta entre a arte "elevada" e a popular. O grande passo dado pelo drama medieval, quando renunciou ao texto latino e transferiu-se gradualmente para dramas no vernáculo, implicava necessariamente uma aproximação no estilo e no conteúdo do drama medieval com o folclore. Este elemento de folclore obteve aplicação particularmente poderosa nas peças religiosas e escolares e, mais tarde, nas peças urbanas de tipo secular, especialmente nas cenas cômicas e nas que pintavam a vida do povo.

Uma vez que as peças da arte "elevada" atingiam o povo, elas em geral mudavam mais e mais na direção do folclore, distanciando-se da tradição teatral das "camadas elevadas". Contudo, o desenvolvimento de algumas peças processa-se como uma curva. Primeiro, aproxima-se do folclore, depois afastam-se dele, reaproximando-se da tradição literária das "camadas elevadas". Neste sentido, citemos Hans Neumann :

A primitiva peça coletiva (*Gemeischaftsspiel*) é de novo quase completamente deslocada, mas até em seu declínio ela continua a exercer considerável influência e, ao mesmo tempo, funciona extensivamente no declínio do drama religioso e do teatro em geral. Na maior parte conservam temas alheios e, no ambiente popular, suas formas alheias; mas, com muita freqüência, adquirem espontaneamente as características de uma peça coletiva primitiva e somente então a representação teatral torna-se interessante.

Sem dúvida Neumann tem razão quando assinala a influência do velho teatro popular sobre o drama secular e religioso, que chega às aldeias vindo unicamente das "camadas mais altas". Entretanto, não é somente sob a influência das velhas peças populares e sua representação teatral original que as peças religiosas e seculares se modificam na aldeia: elas passam por mudanças fundamentais mesmo lá onde tal influência direta das peças populares não existe ou é desprezível. Quando o drama artístico entra na aldeia, torna-se componente de outra estrutura, diferente da estrutura determinada pelas "camadas elevadas". Em particular, a comunidade aldeã, com seu gosto que difere do da cidade e com sua tendência para uma participação coletiva na criação e interpretação da arte folclórica, influencia profundamente a recepção do drama e pode facilmente mudar sua forma e função.

Tão logo a peça chega a uma aldeia, modifica-se necessariamente porque o desenvolvimento do enredo, bem como o método de atuar dependem de dois fatores teatrais básicos: dos atores e dos espectadores (do palco e

1. NEUMANN, Hans. *Primitive Gemeischaftskultur.* (Iena, 1921), p. 118.

da platéia). A transformação de um drama no ambiente aldeão é determinada por novos meios artísticos, mediante os quais são alcançados os efeitos cômico e trágico, e por processos artísticos específicos do folclore. Além do mais, o conjunto da estrutura social peculiar da aldeia modifica a peça recebida, quer na forma quer na função.

No teatro popular, por exemplo, os atores atraem os espectadores para a peça, amiúde provocando-os diretamente, rindo deles e de seu meio ambiente. A reação da comunidade pode ser tão vigorosa que por vezes é capaz de levar à troca de murros. Até que ponto a representação de um estilo aldeão interpretado perante membros de uma sociedade mais elevada não deixa de correr um certo risco, é ilustrado por Ferdinand Menčik em seus Vánočnihry (Peças de Natal):

> Conta-se uma estória sobre o conde Ferdinand Des Fours, que morreu em 1760, o qual assistiu certa vez, em Boskov, à representação de "A Paixão de Nosso Senhor". Dois habitantes da cidade, Václav Kurfirt e Josef Kvand faziam os papéis dos judeus. Esboçando gestos insensatos, mostraram a língua ao conde e ao seu companheiro, o vigário Dusek. Depois da peça, o conde quis saber quem havia interpretado os judeus e ordenou-lhes que se apresentassem a ele no dia seguinte. Transidos de medo, os dois foram procurar sua graciosa senhoria e, quando admitidos à sua presença, o conde perguntou-lhes se eram eles que haviam feito o papel dos judeus no dia anterior; e quando replicaram que eram eles mesmos, o conde contestou: "Houve tempo em que os judeus eram, de fato, tão bárbaros quanto vocês foram ontem, e vocês não poderiam ter desempenhado melhor o papel. Pela interpretação, vou lhes dar um barril de cerveja da cervejaria em Semily".

Neste caso, então, o conde entendeu ou quis mostrar que entendera procedimentos teatrais que lhe eram estranhos, e até premiou os atores; mas provavelmente o temor que sentiram antes do encontro com sua graciosa senhoria obrigou os atores, nos seus ulteriores encontros com uma assistência de estranhos, a abster-se daqueles métodos teatrais que eram comuns apenas ao público aldeão.

Uma série concreta de exemplos confirma nossa interpretação sobre a modificação da peça artística na aldeia; mostram, ao mesmo tempo, que as mudanças não ocorreram sob a influência direta das peças populares tradicionais (como Neumann pensa), mas também que elas dependem da estrutura de folclore, distinta da estrutura da assim chamada "arte elevada".

O conhecimento das fontes da peça popular capacita-nos, através do método comparativo, a identificar o que é peculiar e original no teatro popular, assim como, pela identificação dos protótipos dos quais descendem os dramas de Shakespeare e Molière, estamos melhor armados para avaliar esses gênios mundiais. Considero peças "populares" mesmo aquelas que se originam de dramas artísticos, religiosos ou seculares, e que, depois de haver atingido a aldeia, se tornaram populares, sendo substancialmente alteradas e aproximadas em sua forma de outras peças folclóricas; assim, converteram-se em um constituinte da estrutura que o folclore da área particular cria.

As relações específicas entre palco e platéia, entre atores e público, que diferem grandemente das relações análogas em nosso teatro e, mais ainda, uma multidão de técnicas teatrais, todas essas coisas distinguem agudamente o teatro popular eslovaco e tcheco do teatro artístico e relacionam-nos com o teatro folclórico de outros povos europeus. Na maioria dos casos é possível explicar tal conformidade de outro modo, afora a das influências mútuas. Métodos teatrais análogos no teatro popular de vários grupos étnicos, com freqüência separados um do outro, brotam independentemente a partir de condições similares, estéticas e sociais. Muitas peças folclóricas tchecas são semelhantes às peças folclóricas de seus vizinhos, alemães e poloneses, assim como as peças eslovacas assemelham-se às ucranianas e húngaras. Em certos casos, podemos estabelecer com precisão a influência de um grupo étnico sobre outro em determinadas peças.

Nos casos em que encontramos a fonte em outra cultura, não podemos nem devemos encerrar nosso interesse com a afirmação de que nossa peça não é original. Pelo contrário, exatamente aqui temos a possibilidade de comparação. Comparando-a com a fonte de onde ela foi tomada, nos é possível apurar claramente dentro da variante seus traços originais, condicionados pela estrutura da linguagem, da vida religiosa, social e econômica, e pela arte tanto "elevada" quanto "popular".

Em alguns casos, onde deparamos representações teatrais populares entre diferentes grupos étnicos, não é dado determinar qual grupo tomou emprestado de qual outro, porque as peças são produtos do trabalho criativo

270

de uma esfera cultural de vários grupos étnicos. Em relação a algumas peças, a esfera em questão é a da cultura da Europa Central; no tocante a outras, a esfera cultural é mais ampla, incluindo não só toda a Europa Central mas também os Balcãs; em outras peças, a esfera cultural é ainda mais ampla, abrangendo toda a Europa e possivelmente estendendo-se além de seus limites.

Trad.: *J. Guinsburg*

15. ABORDAGEM SEMIOLÓGICA DE UM TEXTO DRAMÁTICO — *A PARÓDIA* DE ARTHUR ADAMOV.
Michel Corvin

Para uma semiologia teatral

A semiologia teatral — sem fazer injúria a ninguém — é ainda embrionária[1]. Isto se deve em grande parte a obstáculos de princípio, pois os lingüistas são freqüentemente avessos a admitir a extensão das categorias lingüísticas à anállse semiológica dos sistemas artísticos onde a parcela de liberdade existente no arranjo das oposições e dos valores, no estabelecimento de relações entre significantes e significados é tão grande que

---

1. E não é o presente estudo que a fará sair do ovo. Além das sugestões esclarecedoras, mas rápidas, de R. BARTHES em *Essais Critiques* ("Littérature et signification"*, p. 258 e s), pode se ler de TADEUSZ KOWZAN, Le signe

reduz a um simples jogo verbal termos definidos de modo tão estrito quanto paradigma e sintagma, denotação e conotação. A negação de validade que É. Benveniste opõe a uma pretensa semiologia da música pode, guardadas as devidas proporções, interessar também à semiologia teatral: "o eixo de simultaneidades em música contradiz o próprio princípio do paradigma na língua, que é um princípio de seleção, excluindo toda simultaneidade intra-segmental; e o eixo das seqüências em música, não coincide tampouco com o eixo sintagmático da língua, já que a seqüência musical é compatível com a simultaneidade dos sons, e que ela não é, por outro lado, submetida a qualquer obrigação de vínculo ou de extensão relativamente a qualquer som ou conjunto de sons que seja"[2]. As relações significantes da "linguagem" artística carecem da indispensável estabilidade nas regras de arranjo dos signos; carecem também da necessária referência a uma convenção imediatamente reconhecida e identicamente recebida por todos os receptores da mensagem. Mensagem sem código, ou de preferência, mensagem com código incessantemente reinventado, a arte é sem dúvida, retomando a expressão que R. Barthes aplica à representação teatral, "um ato semântico extremamente denso", mas em sua densidade mesma e em sua profusão, incapaz de se submeter às leis lingüísticas; ao contrário de uma instituição.

O teatro, é verdade, escapa à maior parte destas críticas, na medida em que é uma arte altamente socia-

---

au théâtre, *Kiagène*, n. 61, jan.-mar. de 1969 (ver pp. 91-121), do mesmo KOWZÁN, *Littérature et spetacle dans leurs rapports esthètiques et semiologiques*, Varsóvia, 1970; de G. MOUNIN, um capítulo sobre a "Communication théâtrale", *Introduction à la semiologie*, Paris, 1970; de R. INGARDEN, Les fonctions du langage au théâtre, *Poétique*, n. 8. 1971, (ver pp. 149-159); de P. BOGATYREV, le signe au théâtre (ver pp. 69-89), no mesmo número da revista; de RICHARD DEMARCY, Les spectateur face à la representation théâtrale (ver pp. 19-34), *Travais théâtral*, n. 1, 1970, e do mesmo crítico a análise de *Commerce de Pain*, in *Travail Théâtral*, n. 4, 1971. Na mesma edição, pode-se ler um estudo antigo de J. HONZL, intitulado La mutabilité du signe théâtral (ver pp. 123-145). *Semiótica*, propôs ainda em seu número 1971/3 uma análise de OLGA RÉVZIN intitulada: "Expérimentation sémiotique chez Eugène Ionesco" (ver pp. 179-183).

* "Literatura e significação" de R. Barthes encontra-se traduzido para o português em *Crítica e Verdade*, Ed. Perspectiva, p. 165 e s.

2. BENVENISTE, Émile. Semiologie de la langue (Semiologia da língua). *Semiótica*, 1969/1, pp. 11-12.

lizada, e que as tradições e culturas dotaram de um código muito preciso, fruto de convenções minuciosamente analisadas pelos críticos e dramaturgos e instintivamente detectadas pelos espectadores menos avisados. Ainda assim — é próprio da arte e mais ainda da arte moderna — a mensagem teatral, como toda mensagem estética, "questiona o código porque este traz à luz uma maneira imprevista de combinar os sinais"[3], "ele é estruturado de uma maneira ambígua e parece auto-reflexivo, isto é, atrai a atenção do destinatário sobre sua própria forma [4]". As características principais da ambiguidade e da auto-reflexividade, tais como Umberto Eco as determinou são que: "Os significantes adquirem significados apropriados somente por interação contextual"; "que a matéria, de que são feitos os significantes, não aparece como arbitrária em relação aos significados e a sua relação contextual; na mensagem estética a substância da expressão adquire também uma forma": "que a mensagem pode pôr em jogo diversos níveis de realidade: o nível técnico e o físico da substância de que são feitos os significantes; o nível da natureza diferencial dos significantes, o nível dos significados denotados; o nível dos sistemas de expectativa psicológicos, lógicos e científicos aos quais remetem os signos"[5]. Mais ainda a obra, ao "transformar continuamente em conotações suas próprias denotações e seus próprios significados em significantes de outros significados", nos "impele sobretudo a reconsiderar o código e suas possibilidades; ao transgredi-lo, ela o integra e o estrutura". É necessário ainda, que anteriormente este código seja estritamente estabelecido e registrado. Ora, no teatro, submetido a um verdadeiro bombardeio de informações de origem, de intensidade, de duração, de valor diferente (proposto pelos cenários, acessórios, trajes, efeitos sonoros, iluminação, gestos, maquilagem, palavras etc.), o espectador — e o crítico — se revelam de antemão incapazes de isolar as unidades significantes, de as agrupar em classes paradigmáticas aplicando-

---

3. ECO, Umberto. *La Structure absente* (A estrutura ausente), p. 124. Trad. bras.: *A Estrutura Ausente*, São Paulo, Ed. Perspectiva, 1971 (Estudos 6).
4. *Ibid.*
5. *Ibid.* p. 126 e s.

lhes a prova de comutação, de apreender seu jogo de combinações recíprocas segundo as relações sintagmáticas e de discernir os elementos de articulação dos grandes blocos de codificação. Com maior razão ainda se mostrarão eles incapazes de distinguir as leis de comunicação teatral das variantes aberrantes introduzidas pelo gênio inventivo — mas de modo algum forçosamente teatral — de algum dramaturgo.

O teatro — poder-se-ia dizer, retomando os termos saussurianos — é uma fala (*parole*) que fala uma língua, isto é, uma criação individual de signos destinados a uma consumação coletiva. A coletividade dos espectadores não pode se constituir senão pelo reconhecimento de um código intermediário de elementos impessoais e universais; ela não pode chegar à fala (*parole*) de um criador a não ser que ele concorde em transformá-la pouco ou muito em uma língua (*langue*) e que ao despojá-la de seu caráter de unicidade ele a submeta a poucas leis constantes da comunicação teatral. De um lado, a interferência e a heterogeneidade dos sistemas significantes, a complexidade de suas combinações, de outro lado, o afastamento, a desatenção do espectador, o caráter voluntarista e intelectual — portanto descontínuo — da escuta teatral, provocam um desperdício de sentido que é duplicado por uma convergência compensadora de redundância. Mais que qualquer outro sistema de significação, o teatro se assinala, segundo a forte expressão de Tadeusz Kowzān, por sua dissipação semiológica: a simultaneidade da emissão dos signos ora semelhantes ora dissemelhantes obriga, para evitar a dispersão do sentido em direções incontroláveis, a conter a polissemia espontânea da arte dramática por meio de duplicações, multiplicações, reiterações do mesmo signo, pela justaposição de significantes cujos significados são idênticos ou muito próximos[6].

Se, além disso, se pensar na riqueza de conotação da mensagem teatral e nos problemas que a análise desta conotação coloca[7], admitir-se-á que sem mesmo

---

6. Pode-se falar nesse caso de neutralização, reconhecível quando "dois significantes se estabelecem sob a sanção de um só significado ou reciprocamente" (R. BARTHES, Éléments de semiologie, *Communications*, n. 4, p. 127).

7. Pode-se admitir a definição de Umberto Eco: "A conotação é o conjunto das unidades culturais que uma definição intencional do significante

querer decalcar estritamente os modelos lingüísticos sobre os textos dramáticos julga-se preferível substituir as considerações gerais sobre o funcionamento da comunicação teatral pela análise precisa de uma página qualquer escolhida como *corpus* exemplário.

O corpus escolhido

É bastante evidente que a decifração semiológica de uma obra dramática não se concebe senão em função da representação e que a simples leitura, dando um desenvolvimento quer linear quer estático ao que é apresentado numa simultaneidade dinâmica, mutila gravemente e desnatura o teatro em sua definição específica. Mas, o texto escrito tem a vantagem de propor traços menos fugitivos e menos subjetivos do que os registrados pelos olhos e pelos ouvidos, ele permite melhor, paradoxalmente , discernir classes de signos típicos e depreender do magma inanalisável de coisas percebidas um esquema organizador das oposições e dos traços pertinentes, das combinações e das articulações serve, afinal de contas, à "leitura" da representação. O texto escolhido, o prólogo de *A Paródia* de Arthur Adamov, além de o fato de constituir um conjunto independente da peça, apresenta a vantagem de multiplicar as indicações cênicas e portanto de sustentar a "imaginação material" do leitor colocando-o, guardadas as devidas proporções, nas condições da representação. Por outro lado, as opções estéticas de Adamov, tais como ele as exprime no prefácio de sua peça (Ed. Charlot, 1950) tendem a exaltar o papel dos significantes não verbais, ou melhor: a tornar indissociáveis significantes e significados, e justificam no mesmo lance uma análise que se prende à determinação de suas relações: "o teatro, tal como eu o concebo, é ligado inteira e absolutamente à representação (...). Creio que a representação nada é

---

pode colocar em jogo; ela é a soma de todas as unidades culturais que o significante pode suscitar no espírito do destinatário" (*op. cit.*, p. 92). Sabe-se que o termo conotação deu margem a diversas acepções, sendo a mais ampla (aquela de Barthes) também considerada como a menos lingüística e a menos rigorosa (cf. JEAN MOLINO, "La connotation", *La Linguistique*, 1/1971).

8. Paradoxalmente visto que todos os signos sobre o papel têm a mesma substância neutra (a escritura) enquanto chegam diretamente ao espectador como sensações de natureza e de intensidades variadas.

senão, a projeção no mundo sensível dos estados e das imagens que constituem suas molas ocultas. Uma peça de teatro deve portanto ser o lugar onde o mundo visível e o mundo invisível se tocam e se chocam, dito de outra forma, a expressão, a manifestação do conteúdo oculto, latente, que esconde os germes do drama. O que quero no teatro, o que tentei realizar nestas peças é que a manifestação deste conteúdo coincida literalmente, concretamente, *corporalmente,* com o próprio conteúdo (...). Um teatro vivo, isto é, um teatro onde os gestos, as atitudes, a própria vida do corpo tenham o direito de se libertar da convenção da linguagem, de passar além das convenções psicológicas, em uma palavra, de ir até a extremidade de sua significação profunda."

A libertação de toda sujeição com respeito à linguagem de teatro, da Senhora Palavra, tal como é tradicionalmente conhecido[9] torna necessário o exame minucioso de todas as indicações cênicas, consideradas pelo autor como "instrumento de trabalho indispensável ao encenador", mas também ao leitor, encenador mudo e imóvel em sua leitura.

Texto de Adamov [10]

Personagens:

O Empregado
N
O Jornalista
Lily [11]

As outras personagens são qualificadas de "pequenos papéis e figuração".

De uma ponta a outra da peça, cada personagem principal deve conservar uma postura, um modo de fa-

---

9. "Neste impulso do gesto por sua própria conta, na sua irresponsabilidade, eu vejo aparecer uma dimensão de que a linguagem só não pode dar conta, mas em compensação, quando a linguagem está presa ao ritmo do corpo tornado autônomo, então os discursos mais ordinários, os mais cotidianos reencontram um poder que se pode chamar ainda de poesia, e que me contentarei de considerar eficaz (...)" (Advertência de Adamov).

10. É reproduzido o texto da edição Charlot (1950). As variantes da edição Gallimard (1953) serão indicadas à proporção do necessário. Nas indicações cênicas foram retidos apenas os elementos que dizem respeito às personagens em presença, durante o Prólogo.

11. Ed. Gallimard: "Lili".

lar e de andar que lhes são próprios, responsáveis pela sua continuidade. Os trajes das personagens, fixados à sua entrada em cena não variam mais que os gestos, salvo o que diz respeito a Lily, cujas mudanças de roupa simbolizam o caráter.

O Empregado, vítima de uma agitação constante, tem uma maneira de falar desordenada e anda em todos os sentidos (mesmo para trás). Ele é de um otimismo patético [12]. Lily fala num tom jovial. Seu andar lembra o de um manequim apresentando uma coleção.

É preciso recordar-se que durante toda a peça, a patrulha flagela a cidade. Portanto, apitos, ruídos de carro, aviso de polícia, faróis (bem entendido, nenhum realismo) [13].

Na primeira parte a atitude das personagens principais — embora indicada desde o início — deve passar por absolutamente natural. Andar, atitude, maneira de falar permanecem longo tempo ao nível da vida cotidiana ... [14]

Cenário: o mesmo durante toda a peça.

O cenário é uma fotografia circular esfumaçada, quase invisível, para representar uma cidade de uma maneira o menos realista possível. Deve-se poder, não obstante nela encontrar todos os elementos que, alternadamente vêm se colocar diante dele (não esquecer que o fundo deve ser somente "adivinhado". Ele não existe por ele mesmo, não está lá senão para criar a atmosfera).

Dar, a qualquer preço, a impressão de preto e branco. Para isso, a pintura dos cenários pode ser em cinza ou azul sujo, em todo o caso, iluminá-los de modo que venham a confundir-se com a fotografia circular [15].

12. Frase suprimida na edição Gallimard, *avertiseur* = aquele que adverte, se previne. (N. do T.)

13. Parênteses suprimido na edição Gallimard.

14. Na edição Gallimard, Adamov acrescentou: "Estas indicações não têm outra intenção senão a de sublinhar o caráter 'parodístico' da peça. Privar-se, todavia, de toda 'estilização'. O comportamento absurdo das personagens, seus gestos errados, etc., devem parecer absolutamente naturais e se inscrever na vida cotidiana."

15. O texto da edição Gallimard é bastante diferente (cf. *infra*). *Commissionaire* = correspondente, agente, moço de recados, mensageiro, estafeta. (N. do T.)

A encenação deve provocar a expatriação. As decorações não variam em sua composição essencial, mas somente na disposição de seus diferentes elementos. Apresentam as mesmas coisas de ângulos diferentes (idéias da mobilidade que oculta a imobilidade real das coisas).

Prólogo:

Um casal e um comissário param diante da entrada de uma sala de espetáculos, inteiramente visível (não há paredes). Muitas filas de cadeira ficam de frente a um tablado erguido no fundo do palco sobre o qual Lily vai e volta.

À esquerda, um cartaz onde se pode ler: "O Amor Vencedor".

À direita, um relógio municipal fracamente iluminado e cujo mostrador não tem ponteiros.

O casal se entrega a uma discussão muda. Ouve-se um som de campainha, depois sons de apitos. O casal e o comissário vão se sentar nas cadeiras. Quase imediatamente, um outro casal e outro comissário absolutamente parecidos aos precedentes entram e tomam seus lugares. Mesmo procedimento do primeiro casal. Lily continua a ir e vir [16]. Subitamente, uma voz do bastidor:

Uma voz: Um metro e oitenta e cinco. Sim, o senhor é alto (silêncio) [17]. Coloque-se ali. Não se apóie. Sem se apoiar. O que o senhor está vendo aí?

Uma segunda voz: Eu não vejo nada.

Primeira voz: O outro olho. Sem se apoiar...

Segunda voz: Eu não vejo nada. É justamente...
(Entra à direita o Empregado. Traje esporte desalinhado, alpargatas)

O Empregado: Que boa idéia eu tive de passar minha folga aqui. Eu não sonho. Esta rua não se parece

16. Ed. Gallimard: acréscimo de "sobre o tablado".
17. Ed. Gallimard: "Pausa" ao invés de "silêncio".

280

a nenhuma outra, ela não me lembra nada. Há ali um cinema e árvores em frente. As árvores são uma promessa de ressurreição. (Ele ri.) Aqui, ao menos nenhuma casa para lhes tapar a vista. Se o tempo estivesse mais limpo, se não estivesse assim escuro, ver-se-ia o campo certamente, ver-se-ia muito longe, tão longe quanto se possa ver.

Primeira voz: De perto, o senhor vê bem?

Segunda voz: Sim, sim.

Primeira voz: Coloque-se no fundo, bem no fundo ...[18]

O Empregado: Se pelo menos eu pudesse encontrar uma mulher. Afinal não há nada impossível nisso. (Ele se aproxima da fila de espera.) Evidentemente aqui, o encontro é pouco provável, mas pode ser em outros bairros da cidade. Todas as mulheres não estão acompanhadas. É preciso só um pouco de paciência, um pouco de tempo. Tudo é uma questão de tempo. (Ao comissário.) Desculpe, senhor, que horas são?

O Comissário: O senhor tem um relógio diante da cara.

O Empregado: (Olhando para o relógio sem ponteiro.) A noite está um pouco escura. Eu não vejo bem (Para o homem do casal.) O senhor teria a hora, senhor?

O Comissário: (Como se fosse para ele que o Empregado se dirigiu.) Se alguém te perguntar isso você dirá o que ninguém te disse. (Ouve-se, de novo, uma campainha. O primeiro casal e o primeiro comissário se levantam e saem. O segundo casal e o segundo comissário tomam os lugares deles.)

O Empregado: Com efeito, percebo... percebo... Felizmente todo mundo aqui é prestativo. Alguém certamente me indicará o caminho. Ainda bem que

---

18. Ed. Gallimard: acréscimo de ("Lily sai à esquerda").

encontrei aquele relógio... Como os ponteiros correm! A gente mal os vê, talvez por causa de sua rapidez. Quem poderá acompanhá-los? (Ele sai.) (Cortina) [19].

Análise das indicações cênicas permanentes

O primeiro registro de emissão da mensagem é constituído pelas indicações cênicas. Elas são ricas em conotações cuja permanência, por antecipação, durante toda a peça ("de uma ponta a outra da peça", "deve conservar", "responsáveis pela continuidade", "fixados" (...) "não variam mais", "agitação constante"), Adamov sublinha. Esta permanência do significante depreende o significado da permanência, ou seja a coerência, a fixidez. A fixidez é o núcleo cênico da personagem, tanto em sua gesticulação como em seu tom de voz. Mas se a relação deste significante com seu significado é analógica [20], não acontece o mesmo com o outro significante da permanência: "durante toda a peça", tanto os sons como a iluminação criam um clima, mas então o significado "ameaça" é depreendido. Olhando as coisas mais perto, percebe-se que as indicações cênicas concernentes ao Empregado e Lily são duplas e aparentemente contraditórias. A continuidade na agitação do Empregado é legível através dos significantes "maneira de falar" e "maneira de andar"; mas o otimismo que ostenta em seguida é uma indicação desprovida de relação com a precedente; ela não é esclarecida por nenhuma outra indicação cênica; está mesmo em contradição com os significantes "agitação na maneira de falar e de andar", uma vez que todos os dois convergem para um significado único. A indicação cênica "otimismo patético" designa portanto um significado sem significante (pelo menos provisoriamente, já que ele se manifestará na tirada do Empregado); ela foi, além disso suprimida da edição Gallimard.

As indicações concernentes a Lily são igualmente complexas, bastante paralelas àquelas que caracterizam

---

19. Ed. Gallimard: a palavra "cortina" é usada no lugar da palavra "obscuridade"...

20. Pode-se dizer então que o signo é motivado.

o Empregado, mas muito menos contraditórias: tom jovial+otimismo; mecanização do andar (manequim)+agitação constante. Mas em Lily a desumanização está ordenada, dominada, portanto ainda é humana; a do Empregado é desordenada, inexplicável, absurda (ele anda "mesmo para trás"). Assim na composição do sintagma do Empregado, "agitação constante" cujos elementos — "tom" ("maneira de falar desordenada") e "gesticulação" ("anda em todas as direções") constituem a classe paradigmática, opõe-se a outro sema, "otimismo", sem qualquer denominador comum entre as duas unidades significantes. O sintagma do Empregado se constrói portanto por oposição e quase por explosão. Ao contrário, no caso de Lily o sintagma se elabora por convergência de valores: "manequim" conota a beleza tanto quanto a rigidez [21], e a beleza conota o bem estar, a alegria de viver. Em conseqüência o eixo semântico que une as duas unidades significantes do sintagma Lily aparece como o do equilíbrio, da satisfação consigo mesma, lá onde as unidades significantes do sintagma do Empregado resultam ao contrário do eixo semântico do desequilíbrio, da inquietude. Mas sobrepujando esta oposição equilíbrio/desequilíbrio um núcleo sêmico invariante se destaca dos significantes Empregado e Lily (do mesmo modo que se destacará dos outros significantes: gestos do casal e do comissário, sons e luzes), tanto um verdadeiro sistema sêmico, unificante, ao nível da totalidade da cena que, ao nível das duas personagens, parece e deve parecer contraditório.

A esta contradição deve-se o caráter "parodístico" da peça, tal como ele é definido pelo próprio Adamov (cf. nota 14): as personagens são ao lado delas próprias, fora delas próprias, alienadas, como que divididas entre um comportamento e uma intenção. A razão semiológica disto é o divórcio constante entre os significantes e os significados; mais exatamente os significantes apresentam-se privados da redundância habitual do signo teatral; eles não são duplicados por outros significantes que sustentam o mesmo significado e o espectador se vê arrostado por uma pluralidade de significantes parcelados e autônomos. Sucede algo muito parecido a uma

---

21. Valor polissêmico muito mais sensível à leitura do que à representação.

outra indicação cênica que provoca a mesma flutuação, o mesmo desbotamento do significante: Adamov havia escrito antes (1950): "Lembrar-se de que durante toda a peça a patrulha aflige a cidade. Portanto, apitos, barulhos de carro, policiais, faróis (claro, sem nenhum realismo)". Se, em 1953 o autor suprimiu este último parênteses talvez o fizesse por uma nova preocupação de realismo na evocação de uma atmosfera policial; sobretudo pela impossibilidade de não ser realista. O que é, com efeito, um policial, que significaria "policial", sem existir um? É certamente impensável chegar a um significado claro sem recorrer ao significante correspondente, pelo menos no caso de uma unidade significante isolada[22]. A impressão de absurdo não nasce da não-significação (é esta proposição que seria absurda), mas sim da não-redundância, da não-convergência de significantes, mesmo quando a análise revelasse *a posteriori* o caráter unificante do significado.

A segunda série de indicações cênicas permanentes diz respeito ao cenário, do qual se diz: "de fato não há aí, senão um, válido do começo ao fim". De fato desta unidade do cenário, como do fato de que "de uma ponta a outra da peça" as personagens sejam isto ou aquilo, o espectador não pode tomar consciência senão depois de ocorrido, ao fim da representação ao passo que o leitor apreende por antecipação o conjunto da peça proposta pelo autor, como totalidade fechada; é uma espécie de privilégio concedido ao leitor, para compensar o caráter abstrato, afastado de sua captação da obra. Com efeito, a relação pode ele ter entre a leitura, uma só vez, desta indicação cênica: "lembrar-se de que durante toda a peça (...)" e a experimentação sensorial de uma agressão policial através dos sons e da luz? O leitor, poder-se-ia dizer, trapaceia, em relação ao espectador; mas é justamente porque ele: "não está no jogo" e porque os significados lhe são dados antes aos significantes. Toda leitura de uma peça conceitualiza a obra; mas a relação, caso esteja invertida, nem por isso é falseada.

22. Ao passo que uma série de significantes pertencendo à mesma classe paradigmática permitiriam chegar ao significado desejado, por menos precisa que seja a caracterização de cada significante tomado isoladamente. No caso presente a dificuldade se deve ao fato de que a polícia não é evocada senão pelos efeitos sonoros e pela iluminação fora de cena.

O cenário é entendido por Adamov num sentido amplo e designa ao mesmo tempo o pano de fundo e os acessórios[23]. Como se trata concomitantemente de sua matéria, de sua forma, de seu relevo, de sua luminosidade, de sua cor, e como para cada qualidade é possível distinguir seja seu caráter não-realista (ou negativo), seja seu caráter realista (ou positivo), a apresentação do cenário seria esquematizada como se segue:

	matéria	forma	relevo	lumin.	cor
ciclorama	–	–	–	–	–
acessórios	+	+	+	–	–

Os caracteres negativos[24] dos significantes prevalecem de longe sobre os caracteres positivos, o que sublinha, ao nível do significado, o comentário de Adamov: "tão pouco realista quanto possível", "destinado a representar", "esfumaçado", "quase invisível"... A impressão de confusão ("iluminá-los de tal modo que venham a se confundir com o círculo") é produzida pela ausência de luz, encarregada de reduzir o caráter positivo dos acessórios. O cenário manifesta pois, ao mesmo tempo, uma unidade de caracteres negativos e uma disparidade (de matérias, de formas, e de relevos) ao que se juntam as conotações de tristeza (ausência de luz e de cor) e de anonimato (chegando até à inexistência).

Das indicações relativas às personagens e à atmosfera, assim como das que dizem respeito ao cenário se

23. Eis uma confusão terminológica lamentável que Adamov tem retificado pouco a pouco de uma edição à outra, sem a corrigir totalmente: *"Décor* (cenário). De fato, não há senão um, válido do começo ao fim. Diante dele virão se colocar os diferentes elementos: o relógio, o cartaz, a árvore, etc... Ao fundo, um círculo fotográfico representando uma cidade. Toda a peça se desenrola diante do círculo. Dar a impressão de preto e branco. Para isso, pintar os cenários talvez de cinza ou azul sujo; em todo o caso, iluminá-los de maneira que eles venham a se confundir com o círculo." Compare-se com a edição de 1950 reproduzida mais atrás.

24. A títulos diversos: ausência de relevo do ciclorama: caráter não-realista de sua matéria e de sua forma (reprodução fotográfica em semicírculo de uma cidade); ausência metafórica de coloração para os acessórios pela mediação do cinza e azul sujo, tendo este último traço pejorativo ligado à cor, uma conotação moral evidente de feiúra e de tristeza. Quanto ao ciclorama, mesmo que ele seja colorido, deve dar "a impressão do preto e branco".

depreendem os mesmos traços pertinentes de continuidade no descontínuo, de permanência do desequilíbrio; os traços de fixidez prevalecem, todavia, sobre os elementos divergentes ou ao menos os traços de fixidez têm mais forte potência do que os de mobilidade: a ausência de cor e de luz encobre as diferenças e o próprio Adamov trabalhou para reforçar a impressão de imobilidade, reduzindo a silhueta do Empregado a uma épura e sublinhando, por meio de procedimentos retóricos todos os elementos de permanência. Isto não impede, todavia, que a oposição binária cheio/vazio, presença/ausência, se ela tende a apagar-se à leitura em favor de um significado de negatividade generalizada, ressurja ao nível das conotações: pois a desumanização das personagens, o caráter intempestivo dos efeitos sonoros e de iluminação, o não-realismo do cenário colocam de cada vez uma espécie de afirmação negativa, esvaziada de conteúdo, tão logo é adiantada: homem/desumanizado; som/de nada; cenário/invisível. Mais uma vez é posta em ação na obra a noção de paródia, na qualidade de decepção do sentido e sentido da decepção. Esta paródia se manifestará muito mais claramente na troca de réplicas onde será fácil para Adamov jogar o texto contra o gesto ou o cenário, mas já as indicações cênicas forneceram os elementos desta distorção parodística entre os significantes e os significados, personagens, sonoplastia, cenário a formar como que as unidades sintagmáticas do conjunto "Paródia".

Análise das indicações cênicas do prólogo

Trata-se por conseqüência de indicações cênicas em ato, visto que, neste instante e neste instante somente a cortina se abre [25]. Toda situação das personagens, toda disposição dos lugares já é uma ação, pois define um certo número de relações, um certo jogo de tensões. Pode-se, todavia, para a facilidade da análise admitir a distinção entre situação e ação ao nível destas indicações cênicas e analisar independentemente cada um dos dois sintagmas.

---

25. Sem que haja necessidade de dizê-lo. Nova ambigüidade na peça imprimida: para o leitor a cortina se abre muito mais depressa que para o espectador; a peça começa para ele antes de começar realmente.

personagens	lugar	acessórios
Casal e comissário (parados)	Sala de espetáculo (sem parede)	Cartaz ("O Amor Vencedor")
Lily (em movimento)	filas de cadeiras, tablado	relógio (sem ponteiros)

Três classes paradigmáticas: personagens, lugar, acessórios se organizam em um sintagma "situação". Se as unidades do paradigma "lugar" são redundantes e convergentes (os significantes "filas de cadeiras" e "tablado" se apóiam mutuamente por manifestar o significado "sala de espetáculo"), as unidades do paradigma "personagens" estão à primeira vista, em oposição total, o casal parado fora, Lily se movimentando dentro. Mas, de um lado não existe oposição real entre exterior e interior, pois a sala de espetáculo não possui parede[26] e, por outro lado, o movimento de Lily não é senão uma ação de bater os pés em uma superfície ampliada para as dimensões de um tablado. O significado "espera" que se depreende da parada do casal se depreende também — provisoriamente pelo menos — do comportamento de Lily. Nada indica ainda[27] que os movimentos de Lily constituam exatamente o espetáculo que o casal deseja ver. Além da dupla unidade significante oposicional casal parado/Lily em movimento se revela o significado de conotação "monotonia", "tristeza", reforçado acessoriamente pelo fato de que a sala não possui parede[28] pela oposição matéria/mensagem de um cartaz no qual se lê: "O Amor Vencedor", e naturalmente

---

26. A parte de fora do cenário é ainda um interior da cena.

27. Ou pelo menos nada o indica para o leitor que recebe as informações na ordem linear da leitura, enquanto que o espectador recebe simultaneamente as duas informações: ir e vir de Lily e a mensagem do cartaz.

28. O que se pode interpretar como um signo de pobreza em uma leitura ingênua ou como um signo a conotar um *parti-pris* estético no sentido de pôr em evidência a simples funcionalidade do cenário (sem falar da simplificação de encenação que esta ausência de parede permite).

também pela presença do relógio sem ponteiros. As unidades de cada paradigma, encontram-se em relação sintagmática uma com as outras, não somente por contigüidade, porém mais organicamente, já que as personagens recebem seu significado de conotação do lugar e dos acessórios, assim como seu significado de segundo nível (espera de um espetáculo para casal e para comissário, conteúdo do espetáculo para os movimentos de Lily). Quanto às unidades de um mesmo paradigma "personagens", elas ressaltam de modo inteiramente natural no mesmo campo associativo, a espera (significado de primeiro nível) do casal sugerindo a espera (significado de primeiro nível) de Lily; a espera de um espetáculo (significado de segundo nível) por parte do casal, o que vai de par com o conteúdo do espetáculo (movimento de Lily, significado de segundo nível).

Assim, as unidades sintagmáticas repercutem umas nas outras e tiram umas das outras seus significados conotativos. Mas não é nada diferente no que diz respeito a seus significados denotativos e defrontamo-nos aqui com um fenômeno já encontrado por nós quando da apresentação do Empregado: um traço pertinente apenas não é suficiente para depreender a relação de um significante e de um significado, não é suficiente para fazer falar um signo, mesmo que ele já esteja "decupado": a situação simétrica (à esquerda/à direita) do cartaz e do relógio, sua qualidade comum de acessórios deixariam entender que elas têm uma função comum. O relógio sem ponteiros evidentemente recusa a comunicação e proclama sua própria negação ao se afirmar como utensílio desviado[29]; o cartaz de maneira similar, porém mais surdamente exprime, acabamos de dizê-lo, a oposição entre suporte e a mensagem: a pobreza, a mesquinhez do cartaz estão em contradição com a riqueza e a nobreza do "Amor Vencedor". Mas, melhor dizendo, o cartaz é um significante mudo, um fato de fala (*parole*) pura que recebe, sem dúvida, por contigüidade e simetria com o relógio, determinado significado de conotação, mas deverá logo, dado o número de ocorrências semelhantes e a redundância dos significados de mesma natureza, receber o significado "desig-

---

29. De certa forma é um significante que se rebela contra seu significado para destruí-lo.

nação do espetáculo". Ainda que não se assista em nenhum momento ao espetáculo do Amor Vencedor (que suporia uma pluralidade e um conflito de personagens, o desenvolvimento de uma situação) e que não se tenha a tratar senão com as evoluções mecânicas de Lily sozinha, cada significante recebe seu significado do outro, por coalescência poder-se-ia dizer: o cartaz, ao proclamar o "Amor Vencedor" não quer dizer outra coisa senão uma decepção de sentido (este é também o caso do relógio sem ponteiros) que graças à presença de Lily cujo andar de manequim sugere as conotações de beleza e de beleza desejável, já que ela é o objeto de um espetáculo (ela está empoleirada sobre um tablado). Lily, por seu lado, não pode aparecer em seu papel de "imago" do Amor senão porque o cartaz o anuncia. Mas para dizer que Lily é o objeto do espetáculo não é suficiente que ela esteja empoleirada sobre um tablado (poder-se-ia falar aqui de um significado suspenso, hipotético); é necessário que depois do toque da campainha e da iniciativa do casal que marca o início de uma ação, a perseverança de Lily em suas idas e vindas tenha feito compreender nitidamente que estas idas e vindas elas próprias constituem o espetáculo[30]. Isto se esquematizará conforme quadro da página seguinte.

Eis um exemplo típico de significação recorrente e ilustração da redundância necessária ao estabelecimento de uma relação segura entre um significante teatral e seu significado: os significantes "casal parado", "cartaz", e "movimentos de Lily" não recebem sua significação senão na segunda fase quando eles são substituídos pelos significantes "movimentos do casal" e "seqüência do movimento de Lily". A determinação do significado é feita aqui por associação analógica: se os espectadores entram, o espetáculo começa; e mais: a relação sintagmática entre o cartaz e Lily em movimento é dada ela também por via recorrente e analógica: o cartaz não

---

30. Fenômeno curioso: mais tarde o primeiro casal sai e o segundo casal o substitui para ver o espetáculo ainda que Lily já tenha saído. É um exemplo de significado sem significante que não é concebível senão pelo traço significativo que deixou a passagem de Lily e sobretudo pelo recurso de um significante metonímico: sala de espetáculo = espetáculo. São a estas distorções relativamente discretas do significante e do significado que se reconhece uma nova escritura teatral.

289

Eixo sintagmático					
Significantes	Casal parado	Cartaz	Lily em movimento	Movimento do casal	Seqüência do movimento de Lily
Significados de 1º nível	Espera	Designa um título	Espera	Indicação do espetáculo	Conteúdo do espetáculo
Significados de conotação	Monotonia	Zombaria	Monotonia	Monotonia Mecanização	Decepção
Significados de 2º nível	Espera de um espetáculo	Indicação do espetáculo	Conteúdo do espetáculo		

está ligado a Lily senão porque o movimento do casal determina, por seu significado, o significado do movimento de Lily.

$$\frac{cartaz}{Lily\ em\ movimento} = \frac{movimento\ do\ casal}{Lily\ em\ movimento}$$

O cartaz designa, portanto, os movimentos de Lily.

É a coerência dos significados de conotação que permite orientar a encenação: não está excluído que Lily, em suas idas e vindas, se mostre provocante e desejável; é mais provável que mesmo nesse caso ela aparecesse como uma bela boneca mecânica realizando gestos estereotipados. Quanto aos significados de denotação, eles decorrem todos no segundo nível pelo menos, do eixo semântico "espetáculo", denominador comum de todos os termos. Desta coerência dos significados se depreende sua coesão; sua seqüência não é somente justaposição e convergência associativa mas combinação segundo uma relação orgânica de dependência recíproca. É por esta causa que haveria o direito de falar de sintagma em um domínio não-lingüístico. A decupagem dos elementos cênicos dados em sua continuidade não despenderiam somente da possibilidade de isolar um significado comum[31], mas a necessidade de agrupar um certo número de signos para que suas unidades significantes possam articular-se e chegar a uma extensão ao mesmo tempo completa e precisa. Só a constituição de um eixo sintagmático permite lutar contra a polissemia que, muito mais que ao enriquecimento, abre caminho às fugas e às perdas de sentido. A determinação excessiva e a riqueza do significado global são em compensação, oferecidas pelos significantes complementares, que poderíamos considerar como inscritos sobre o eixo paradigmático, se não acrescentassem aos valores da classe paradigmática, uma espécie de reverberação de significações muito pouco de acordo com a definição lingüística desta noção; e se de outro lado eles se articulam não sobre o sintagma todo, como é o caso mais freqüente, mas, sobre uma ou outra de suas unidades significantes.

A partir do sintagma anteriormente analisado se manifesta o significado global "monotonia", "mecanização", "espetáculo gorado", "significado do malogro", em suma: os significantes ulteriores vão acrescentar aí alguns matizes: o relógio sem ponteiros, é a comunicação gorada, a briga (muda) do casal vem contradizer a afirmação "Amor Vencedor" e dobra o significado "espetáculo gorado" com o significado "sentimento gorado". Quanto aos toques de campainha seguidos dos sons de apito, constitui um bom exemplo de construção de significantes por associação sonora, representando os sons a invariante: a campainha chama para o espetáculo; é portanto um significante exatamente sobreposto ao cartaz e pertencente à mesma classe paradigmática; mas do apito se depreende um duplo significado: uma "me-

---

31. Visto que o significado comum (ou eixo semântico) sendo pouco ou muito conotativo, há o risco de diluição e alargamento do sintagma até os limites do quadro ou da cena, isto seria a negação de toda decupagem. Fundar a decupagem sintagmática sobre as unidades temporais seria menos artificial, mas ainda assim daria lugar a conjuntos ainda muito grandes.

canização", em relação associativa com os significados "monotonia", "malogro"; o outro, "ameaça" que se pode considerar como um significado em suspensão, não ancorado no conjunto do sistema sêmico, mas perfeitamente articulado, apesar disso (tanto como significante, como significado) sobre uma das unidades do sistema.

O enriquecimento se manifesta ainda por intermédio de alguns significantes secundários, cujos valores de conotação são bastante indiretos, mas ainda assim estão em perfeito acordo com o conjunto de sistema sêmico: a briga muda, o relógio mudo (sem ponteiros), o espetáculo mudo reduzido à escritura coagulada "Amor Vencedor" traduzem por recusa ou impossibilidade da linguagem a desumanização, do mesmo modo que o espetáculo de o "Amor Vencedor" interpretado por uma só personagem traduz solidão e zombaria.

Análise do diálogo

A diferença entre a apresentação de um mundo banal, cotidiano, uniformizado (os dois casais e os dois comissários) e a fascinação pelo insólito (o espetáculo) criam uma tensão, uma esperança que nada podia satisfazer a não ser a decepção, o malogro. A tensão, todavia, ficava subjacente e a intervenção brutal ("súbita") de uma voz é um novo significante que procede do mesmo significado de conotação. E outra vez o processo de tensão/decepção vai se impor através de uma troca de réplicas que, embora explorando os recursos da linguagem, chega ao mesmo resultado que a recusa de comunicação anteriormente analisada. Como diz J. Duvignaud: "O trágico está todo ele na presença do incomunicável: ao redor de nós reina um universo de surdos, um mundo de mudos. Os homens falam. Mas suas palavras não se endereçam nunca aos homens. Os amantes não se escutam. Nós não apreendemos coisa alguma do que nos toca, estamos abertos a um longínquo que jamais captamos"[32].

Nós estamos abertos, ou para designar mais exatamente a passagem que nos interessa, nós (isto é, os espectadores) somos solicitados a nos abrir a algo lon-

---

32. Um Teatro da Perseguição, *Critique*, n. 68, janeiro de 1953, p. 23.

gínquo que nós não discernimos porque ele instaura um jogo de relações entre significantes imediatamente perceptíveis e significados que escapam totalmente à nossa apreensão. São os significantes de um significado imaginário, ou, para falar mais lingüisticamente, de um *denotatum* sem nenhuma relação com o referente. O referente é o mundo presente[33] de um cenário e de uma situação (as idas e vindas das diversas personagens) em cuja indiferença se desenrola uma série de perguntas e respostas. Neste jogo da presença/ausência, a incomunicabilidade não se instaura entre as personagens, mas a partir da cena com a sala, segundo modalidades de um discurso coerente, porém de uma coerência vã, algumas vezes ambígua, mas sobretudo inverificável. A questão (mas quem fala?) diz respeito ao tamanho de alguém (mas de quem?), a uma indicação de lugar (mas onde se encontra ele?), a um convite a não se apoiar (mas no que?)[34], ao resultado da operação (mas para o que é dirigida a visão?). Sem dúvida os parceiros são em número de dois, um em posição dominante, o outro em posição dominada[35] mas sem que se saiba quem é quem. A multiplicação dos determinantes ("o senhor", "aí", "lá", "nada", o "outro") que permanecem por falta de apoio, indeterminados, o emprego absoluto de um verbo ("sem se apoiar", "não se apóie"), a interrupção do discurso ("É justamente...") impedem os significantes de revelar completamente seus significados[36] e sobretudo, criam uma distorção irremediável, para o

---

33. Não é o mundo real: o real no teatro não existe, pois ele é sempre o objeto de um discurso cênico e ao mesmo tempo sêmico.

34. É aí que reside o elemento ambíguo, polissêmico da réplica: "sem se apoiar" evoca em primeiro lugar um suporte muito vasto (parede, mobília), a repetição do significante e sua junção com outro significante cujo significado é claro ("o outro olho. Sem se apoiar") salientarão o verdadeiro significado: sem se apoiar sobre o olho.

35. Esta relação de força levará ao sadismo quando a resposta "sim, sim" (eu vejo bem de perto) for encadeada a injunção: "Ponha-se no fundo, bem no fundo".

36. É possível entretanto que a fronteira entre o bastidor e a cena seja menos estanque, do que se diz, e ao mesmo tempo a distorção menos nítida, visto que a qualidade polissêmica (em sua indeterminação) dos significantes de bastidor se presta muito bem na leitura pelo menos a uma identificação do Empregado com uma das vozes. Adamov não esclarece, com efeito, nem a estatura, nem o timbre de voz do Empregado. Mas esta confusão do significado é provisória, pois logo estando o Empregado em cena, se ouvirá de novo as duas vozes vindas do bastidor.

espectador, entre o sistema sêmico do bastidor e o referente da cena, distorção da qual a seqüência do texto fornecerá um novo exemplo.

A única diferença, é que o discurso aberrante será então atribuído a uma personagem, o que acarretará conseqüências psicológicas precisas (otimismo absurdo do Empregado), mas não mudará nada no funcionamento do sistema: todos os significantes aos quais recorre o Empregado[37] são construídos sobre o irreal ou o hipotético, não mais inverificáveis, como precedentemente, mas em oposição flagrante com o referente. Esta oposição repousa uma vez ainda sobre o par visão/obscuridade, sendo a obscuridade o eixo semântico que sobrepuja ao mesmo tempo os significados do bastidor (o "invisível") e os significados de cena (o "inexistente"). Os diversos elementos do discurso se constituem como unidades significantes do sintagma, agrupadas umas em classe paradigmática de bastidor, as outras em classe paradigmática de cena:

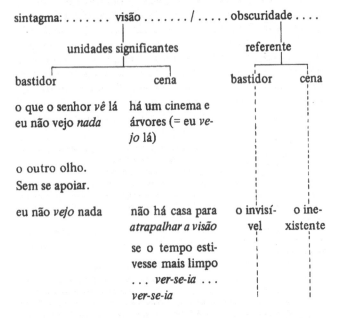

---

37. Os significantes do discurso são muito redundantes e dão lugar a verdadeiros dobramentos (exemplo: "Se o tempo estivesse mais limpo", "se não estivesse tão escuro").

Da contradição entre as unidades significantes de seu discurso e o referente, o Empregado é ora inconsciente ("há ali um cinema e árvores em frente (...)"); de fato não há árvore nenhuma e a inconsciência fica então salientada pela pretensão à clara consciência: "Eu não sonho (...)"; ora consciente: "Se o tempo estivesse mais limpo (...)"; o uso do sistema condicional mostra bem bem que o Empregado percebe que ele não vê nada realmente. É então menos ao nível das coisas que se estabelece a oposição entre as unidades significantes do discurso e o referente do que ao nível do tom; prova que o referente, carregado como está de significados de conotação é o produto, por sua vez, de um sistema sêmico: o visível, o perceptível, é a combinação do cinzento (cf. indicações cênicas) redobrada pelos significados "tristeza", "monotonia", "repetição", "mecanização", enquanto que as falas do Empregado traduzem a felicidade, e a esperança: escolha de palavras ("boa idéia", "promessa de ressurreição"), movimento exclamativo da frase ("Que boa idéia...!"), forma de insistência ("Esta rua não se parece a nenhuma outra, ela não me lembra nada"), indicação de interpretação ("Ele ri"). Nela só a estrutura sintática da frase: "Se o tempo estivesse mais limpo (...)", contém a evocação sonhada de um alhures e chama à confrontação com a realidade da cena.

A bem dizer, o sintagma visão/obscuridade não se limita à primeira tirada do Empregado, pois todas as suas intervenções tendem a comentar seja o inexistente: "Se o tempo estivesse mais limpo"; seja o impossível: "Se ao menos eu pudesse encontrar uma mulher" (frase pronunciada no instante preciso que Lily sai); seja o absurdo: "Como os ponteiros correm"; os ponteiros são invisíveis conforme a lógica do absurdo, não porque não existam, mas porque correm muito. Mais amplo ainda que a oposição visão/obscuridade, é o par afirmação (ao nível das unidades significantes)/negação (ao nível do referente) que constitui o esqueleto do sintagma estendido, desde então, até o fim do texto. Esta constante estrutural é responsável pelas oposições as mais variadas: evocação de uma paisagem/ausência de qualquer vegetação; esperança de um encontro/solidão; confiança depositada ao tempo ("É necessário somente (...) um pouco de tempo")/carência do tempo (impossibili-

295

dade de distinguir o relógio)[38]; pedido de informações ("Que horas são?")/recusa de resposta; polidez da pergunta (duas vezes feita)/grosseria da resposta; dirigida a uma certa pessoa/resposta de uma outra; euforia do Empregado/atitude distante ou ameaçadora[39] dos interlocutores. Além disso, este par oposicional se inscreve, pelo viés da reiteração e da oposição simétrica de significantes ("tão *longe* quanto se possa *ver*". Primeira voz[40]. "De perto o senhor *vê* bem") na relação da cena e do bastidor. Esta falsa ligação de dois sistemas sêmicos, onde um significante único remete a dois significados diferentes estabelece uma falsa comunicação e permite concluir com mais fundamento pela ausência da verdadeira; mas sobretudo contribui para melhor articular as duas vertentes paradigmaticamente comutáveis do sema visão no interior do sintagma visão/obscuridade.

Nem é preciso dizer que este grande sintagma não cobre todos os significados de conotação que a página revela: o sadismo ("Ponha-se no fundo"), a desconfiança e o medo ("O senhor tem um relógio diante da cara", e "Se alguém te perguntar isso, você dirá que ninguém te disse"), o estado de auto-satisfação quase hipnótico tenazmente mantido pelo Empregado. Este ilusionismo perverso toca à neurose e vale tanto para a análise da destruição da relação usual de comunicação quanto para a compreensão das opções metafísicas de Adamov. O fenômeno de "desrealização" é produzido pela mecanização dos comportamentos, porém mais ainda pelo trabalho de sapa que realiza a diferença cuidadosamente criada entre o referente e o sistema sêmico. E esta confrontação imposta provoca destruição do segundo pelo primeiro. Quanto ao comentário filosófico, ele limita-se a destacar, por um caminho inverso, os mesmos traços: "Assim a inquietude está para ele (Adamov) na origem da figuração dramática: a gesticulação que modela um comportamento de autômato. O auto-

38. Com deslizamento metonímico da medida do tempo para seu suporte material, o relógio.

39. É a terceira vez que aparece este significado de conotação "ameaça" o qual pontua o texto de tempos em tempos; perceptível porque é repetido, ele não é nunca sustentado por significantes redundantes.

40. Pode-se adiantar que esta "voz" contribui — na leitura — para impor ainda mais, o significado "visão" através do acúmulo de impressão de significantes.

296

matismo, a ansiedade é tudo uma só coisa: um homem que descobre os cordões que o movem, um homem que pára de pensar que sua inteligência o possa livrar do determinismo, terminando igualmente no automatismo[41]."

Mais que o automatismo, preferiríamos escolher como significado central da página, o de "obscuridade", obscuridade mental, da qual as indicações cênicas do cenário e da iluminação e a representação muda do começo são como que a transcrição concreta e metafórica. Todo o texto, a partir de então se articula em um sintagma obscuridade/consciência, onde todos os elementos cênicos (cenário, iluminação, jogos de cena, discurso) interferem uns sobre os outros paradigmaticamente: o Empregado em sua agitação e sua eloqüência derrisória dá provas da mesma inconsciência, da mesma ausência do manequim Lily ou do casal mudo; o relógio sem ponteiros está também tão pouco presente como a mulher ou a campina sonhada; as perguntas colocadas a partir do bastidor têm tanta probabilidade de chegar a um significado desviado quanto as falsas respostas das personagens em cena. Não é sem razão que a palavra "cortina" foi trocada por Adamov, em 1953, pelo termo "obscuridade": a obscuridade é a palavra-chave, o eixo semântico do Prólogo. Só o espectador tem a posse do segundo termo do par sintagmático, instruído e guiado aqui por todos os índices de diferença distribuídos pelo texto, porém de um modo mais geral pelo discurso que lhe faz a cena, pelo único fato de ela ser cena, isto é, um lugar diferente, com o qual a relação não é nunca de escravidão sem possibilidade de recuo para significantes importam *ipso facto* seus significados.

Ainda que o teatro de Adamov pertença ao que se convencionou chamar de teatro novo, isto é, um teatro cuja técnica da escritura cênica pretende ser inteiramente diferente daquela do passado, as conclusões que tiramos da análise de *A Paródia,* nos parecem facilmente extensíveis ao gênero teatral em seu conjunto: superabundância dos sistemas significantes (cenário, acessórios, iluminação, gestos, linguagem) mesmo se tratando de uma obra despojada, com recursos cênicos limitados; convergência dos significantes — quer sejam

41. DUVIGNAUD, J. *op. cit.,* p. 22.

redundantes ou não, quer pertençam ou não à mesma classe de signos típicos — convergência dos significantes para um significado claro, ainda que complexo (e tanto mais complexo quanto põe em jogo conotações com nuanças sutis); possibilidade de agrupar as unidades significantes em classes paradigmáticas e determinar as relações sintagmáticas que as unam; impossibilidade ao contrário de se entregar a uma leitura linear de significantes autônomos, sendo os significados incessantemente apreendidos por recorrência à luz das informações fornecidas por novas unidades significantes. Que Adamov utilize os recursos da polissemia para tecer sob seu texto uma segunda rede de significação, que ele alargue o espaço cênico ao jogar com o bastidor, ou que explore os poderes dos gestos para justapor a mímica ao desempenho clássico, não introduz nenhuma mudança no fato de que o teatro é um labirinto de signos, onde tememos ter toda probabilidade de nos perdermos e onde, no entanto, o fio de Ariadne da comunicação é oferecido sem reticências ao espectador, por pouco que ele seja capaz de armazenar imagens e de as guardar na memória por tempo suficiente para exprimir toda a sua riqueza significante.

Trad.: *Reni Chaves Cardoso*

16. *YERMA* E A COMUNICAÇÃO TEATRAL

Eduardo Peñuela Cañizal

1. *O espaço semiótico da comunicação*

Os sistemas de comunicação de uma sociedade devem ser considerados segundo as dimensões do espaço constituído por mensagens cujas relações combinatórias determinam, de um lado, estruturas semióticas e, de outro, entes detentores da "realidade" de que se vale essa sociedade para ordenar sua visão do mundo. As relações combinatórias agem, portanto, não só no que diz respeito à constituição das mensagens, mas também no que tange à funcionalidade das mesmas. Isso se constata ao observar — mesmo que de maneira genérica e superficial — nestes versos de Fernado Pessoa

Haver injustiça é como haver morte.
Eu nunca daria um passo para alterar
Aquilo a que chamam a injustiça do mundo.

que certos traços dominantes distribuídos pela mensagem produzem sobre o eixo da comunicação três modalidades diferentes de recepção, ilustradas no seguinte esquema:

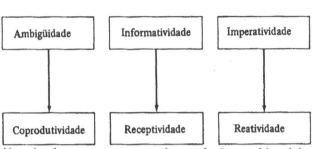

No primeiro verso, por exemplo, a relação combinatória estabelecida a partir dos complementos do verbo *haver* solda dois termos de modo a conferir-lhes um grau de imprevisibilidade ocorrencial suficiente para identificar o traço informativo. Esse mesmo verso, projeta, por sua vez, sobre o eixo da contigüidade um paralelismo sintático cujo plano do conteúdo possui várias soluções de significação. No segundo verso, o ditame adverbial manifesta, sem subterfúgios, a intransigência do imperativo. As particularidades apontadas exercem, cada uma a sua maneira, uma função de domínio sobre determinadas áreas da mensagem e, conseqüentemente, instauram um processo de alternativas que permite diferentes modalidades de recepção.

Na condição de constituintes da mensagem, os traços assinalados são o resultado, em primeira instância, de duas operações básicas: uma de seleção e outra de combinação. Antes, pois, de vincular os traços dominantes da mensagem aos componentes psicológicos subjacentes à intencionalidade do emissor, a investigação semiótica tem de examinar o emissor a partir do lineamento que essas duas operações básicas lhe delimitam no eixo da comunicação. À luz desse princípio, o sujeito da enunciação de um ato comunicativo adquire uma predicação cujos pressupostos semiológicos não devem ser confundidos com os pressupostos psicossociológicos da pessoa do participante de tal ato. No eixo da comunicação, o sujeito-emissor ocupa um ponto para onde convergem dimensões funcionais que lhe definem a pertinência semiótica: o sujeito da enunciação constitui, por conseguinte, um *lugar significante* em que se manifestam as relações que lhe definem as características sígnicas. O sujeito da enunciação tem seu lugar garantido na diacronia que, sobre o eixo da comunicação, projeta o discurso em que se materializa a mensagem. A extensão tópica desse lugar é uma espacialidade que determina elementos do sistema estrutural gerador da sua natureza semiótica. Em razão disso, o lugar habitacional ou circunstancial da pessoa desse sujeito não é parte integrante da espacialidade semiótica propriamente dita. Independente de seus predicados pessoais, um indivíduo que, por exemplo, dialoga com outro numa rua se transforma em sujeito de um processo de enunciação muito mais complexo do que à primeira vista se pensa. Além das propriedades topográficas, a rua possui, enquanto elemento do sistema urbano, propriedades tópicas cuja relevância enunciadora convém ressaltar.

Estudando a configuração semiológica do espaço utópico, Louis Marin (1973:149/184) aponta três classes de unidades indispensáveis aos mecanismos de articulação formadores do espaço textual da capital utópica: o bairro, a rua e o distrito. A primeira unidade, o bairro, demarca o espaço social e a segunda, a rua, traça os limites do espaço político, sendo que à terceira é reservada a responsabilidade do espaço econômico. Observa-se que as unidades em questão não se situam num mesmo nível espacial o que traz como conseqüência uma abertura de relações de que se originam diversas possibilidades combinatórias. O indivíduo que fala numa rua, por exemplo, transmite, consciente ou inconscientemente, algumas das propriedades do espaço político à mensagem que ele elabora com a finalidade de se comunicar e, dessa maneira, o seu envolvimento no espaço tópico não é simplesmente uma situação extra-semiótica já que algumas propriedades desse espaço passam a fazer parte do processo de enunciação. Desse ângulo, o emissor de um ato concreto de fala não é simplesmente o indivíduo que o pratica: o emissor é o lugar da enunciação demarcado pelas combinatórias que nele se manifestam. Os traços dominantes da mensagem não recebem da intencionalidade do indivíduo a prerrogativa do semiótico: a própria mensagem a legitimar-se como uma relação entre enunciação e enunciado determina as predicações semióticas do emissor. Em suma, as relações de seleção e combinação colocam o observador da estrutura mensagística diante de uma variedade de processos de produção cujos resultados se cristalizam nos mecanismos de emissão plasmados pelo emissor no espaço da mensagem. Mas esses mecanismos geram, através dos traços predominantes apontados, modalidades de recepção.

À vista do exposto, um esquema de comunicação exige, para sua construção pertinente, o exame cuidadoso das possibilidades combinatórias reais permitidas pela rede de relações que venha a ser estabelecida entre os traços dominantes da mensagem e as modalidades de recepção. Tais relacionamentos desenham o espaço semiótico da comunicação. Estudar-lhe as dimensões requer também postular um modelo de semiose isento de quaisquer peculiaridades advindas dos processos mecânicos com que lida a teoria da informação. É preciso, no que tange à composição do espaço comunicativo, afastar do modelo entidades padronizadas pela teoria da informação e, do mesmo modo, no que diz respeito à semiose propriamente dita, superar as limitações impostas pelos seguidores de uma linha lingüística que faz derivar da dupla articulação as premissas necessárias à existência da linguagem. Parece impossível, como se verá em continuação, propor um modelo de comunicação artística sem tomar essas precauções.

1.1. *O espaço da comunicação segundo o modelo topográfico*

No pensamento de Mounin, a direcionalidade da comunicação é dupla e os sentidos que decorrem de sua prática pressupõem a existência de uma simultaneidade espaço-temporal capaz de definir a relação entre o emissor e o receptor como um ato de co-presença, já que, ao acusar a Hjelmslev de ter confundido os fatos de comunicação em suas formulações do isomorfismo, ele reduz a pertinência do semiótico aos fenômenos de linguagem relacionados com a intencionalidade dos falantes. Tal

302

teoria, iniciada por Buyssens e continuada por Prieto[1], parece montar seus princípios nas características de um ato concreto de fala, isto é, de um ato em que o emissor e o receptor se amarram pelas cláusulas de um contrato comum. Nessa perspectiva, os elementos não subordinados à pretensa intencionalidade do falante, sejam eles indiscriminadamente naturais ou culturais, perdem sua funcionalidade comunicativa e se transformam, na metalinguagem de Mounin, em índices ou entidades não--semióticas cuja significação é fruto da capacidade interpretativa de cada receptor.

Esses conceitos, tendo em vista a natureza do objeto artístico, minimizam a relevância dos processos de indicação e, conseqüentemente, relegam a produção dos sistemas semióticos que se manifestam na mensagem a um plano secundário. Desse ponto de vista, é impossível encarar a representação teatral como um ato comunicativo, pois o espetáculo deve ser enxergado

como se interpreta um acontecimento ao qual se assiste e se participa; não o lemos, não o decodificamos como uma mensagem lingüística comum (não-estética). Simplesmente o espetáculo teatral é construído (em geral) como uma espécie muito particular de seqüência de acontecimentos intencionalmente produzidos para serem interpretados (Mounin, 1970:94).

Entendida por essas premissas, a intencionalidade assume valores meramente referenciais cuja realidade não faz parte do eixo da comunicação: uma coisa é a intencionalidade enquanto desejo individual e outra,

1. Prieto classifica os estudos semióticos segundo a oposição entre o que ele chama *semiologia da comunicação* e *semiologia da significação*. A primeira prolonga a linha de pensamento de Saussure através do desenvolvimento dos conceitos de comunicação postulados por Buyssens. A segunda, embora também de inspiração saussureana, trabalha a partir das bases lançadas por Roland Barthes. O projeto de Prieto, contudo, é mais ambicioso do que se poderia pensar. Para ele, a semiologia da comunicação tem como objetivo a construção de "un modèle beaucoup plus appropié que celui que le fournit la linguistique" com base no qual a semiologia da significação acharia os meios pertinentes para escapar da tutela até agora exercida pela teoria lingüística (1968:94/95). Os conceitos de indicação, sinal e ato sêmico, sistematizados pelos princípios do campo noético, constituem as linhas de força da teoria por ele proposta. Sem discutir, aqui, as possíveis limitações dela, deve-se reconhecer a relevância dos processos de indicação para o estudo das mensagens artísticas. Em trabalhos mais recentes, os conceitos básicos da teoria têm sido enriquecidos por reformulações que levaram Luís J. Prieto a reivindicar a pertinência semiótica da instrumentalidade (1975a:61/65) e dos sistema de intercompreensão (1975b: 52/54).

muito diferente, a intencionalidade representada por meio de processos sígnicos. O que chega ao receptor não é o desejo intencional, ao contrário, o que se desliza sobre o eixo da comunicação é uma combinatória de signos e as regras a que ela está submetida não são apenas aquelas fixadas pelo código aprioristicamente: elas são constantemente reformuladas pelos processos de enunciação. Essa linha semiótica, ao não levar em conta tal distinção, incorre no equívoco de atribuir unicamente ao emissor uma qualificação ativa (Cf. Prieto: 1975b: 126). Ou, então, como ocorre com Mounin, enunciação e situação passam a ser termos sinônimos referendados por uma circunstancialidade psicologista e topográfica onde se misturam confusamente fenômenos sígnicos com fenômenos extra-semióticos. Um exemplo disso é dado por esta passagem de Buyssens citada por Mounin para ilustrar suas próprias idéias sobre o teatro: "... les acteurs au théâtre simulent des personnages réels qui communiquent entre eux; ils ne communiquent pas avec le public..." (1970:88). Os atores são parte da mensagem teatral, como reconhece Solomon Marcus (1975:83) e, em virtude disso, integram tanto o enunciado quanto a enunciação. Não se deve encarar o sistema das personagens pelo prisma do psicologismo, como faz Mounin neste trecho:

... pois o ator, também ele (todas as biografias o provam) vem procurar na ação teatral a cura de alguma coisa, que não pode ser obtida plenamente, ainda que fosse de maneira sempre precária e revogável, a não ser pela resposta do público (1974:94).

Esses equívocos conduzem Mounin à contingência da concreção de um ato de fala individual com o qual pretende justificar um modelo de comunicação que seja o parâmetro indiscutível de qualquer ato sêmico. Ao privilegiar o emissor com base em qualidades psicológicas e topográficas, ele projeta na mensagem um traço informativo que não pertence propriamente ao domínio da combinatória sígnica e, amparado nisso, reduz o ato comunicativo a uma modalidade de recepção totalmente passiva. A dupla direção a que ele se refere perde, nesse esquema, seu legítimo sentido.

Em virtude do exposto e ainda com referência ao eixo da comunicação, parece válido assinalar que os instrumentos de que se vale Mounin pertencem a uma metalinguagem cujo sustentáculo teórico carece de coe-

304

rência suficiente para a abordagem dos objetos artísticos. Sua posição, como afirma Durand, oferece um certo interesse no campo do sensorial e do afetivo, mas fica prejudicada porque ela se faz acompanhar "d'une censure massive des autres formes de travail à laquelle il paraît difficile de souscrire" (1975:116). Em razão de orientar-se seguindo a enganosa dupla mão do diálogo, Mounin elimina de seu campo de estudos o caráter ritualístico do espetáculo teatral[2] e levanta um punhado de opiniões que prolongam a tradição instituídas pelas idéias pré-fabricadas, autênticas dobradiças, para fazer uma metáfora, dos pesados portões do dogmatismo. É por isso que os resultados a que ele chega ao tratar do espaço semiótico da linguagem evidenciam as limitações ao ficarem confinados nas fronteiras da gramática superficial[3].

Ao caracterizar a linguagem com o auxílio das normas criadas por uma obediência absoluta ao modelo da dupla articulação, Mounin enquadra a relação de semiose nessa extensão de espaço circunscrita pelas instâncias de manifestação da mensagem. Isto porque ao definir a linguagem com base na articulação de dois

2. Como se sabe, os trabalhos sobre os valores ritualísticos do teatro possuem uma longa e ampla tradição. Em *O Pensamento Selvagem*, Lévi-Strauss define o objeto artístico como sendo um modelo reduzido da realidade e estabelece critérios para diferenciar os fenômenos lúdicos dos fenômenos ritualísticos. Tais critérios, sem dúvida, representam, em relação aos estudos tradicionais sobre o assunto, um avanço que nem sempre parece ter sido aproveitado pelos praticantes das chamadas ciências humanas. Em "Un rôle secondaire: le spectateur", Pavel Campeanu, situando-se na linha de pensamento de Lévi-Strauss — e com isso não se pretende declarar uma concordância total de idéias — realiza um trabalho de aproximação entre os conceitos de linguagem e ritual para determinar-lhe ao teatro, no esquema da comunicação artística, um grau de ritualidade cuja força não se observa em outras manifestações estéticas. Isso porque o teatro "est une manifestation esthétique du besoin de rituel" (1975: 98). O trabalho de Campeanu merece considerações mais demoradas que não cabem nesta nota; o que interessa ressaltar aqui é que a partir da oposição protagonistas/espectadores o autor vai levantando as principais características da linguagem teatral. Uma delas, sem dizer que seja a mais importante, se pode resumir no papel modelizador que os vários componentes do espetáculo executam sobre a materialidade dos signos de modo a produzir uma linguagem em que a significância adquire dimensões que só um modelo abstrato da comunicação pode ordenar.

3. A crítica não é dirigida especificamente a Mounin, pois, como se adverte no começo deste trabalho, o esquema de Mounin é tomado como ilustração de uma corrente semiótica cujos propósitos explicitam uma inaceitável subordinação do semiótico aos princípios ditados pela teoria da chamada lingüística frásica.

estágios — o das unidades distintivas (fonemas) e o das unidades significativas (monemas) —, deixa de lado os fatores formalizantes através dos quais se configuram os funtivos de uma relação de semiose. Tal colocação traz como conseqüência a diminuição do espaço semiótico, como se poderá observar nesta figura[4]:

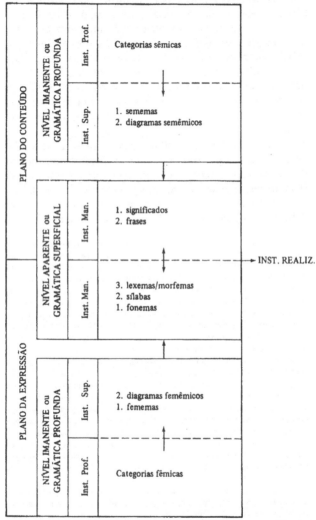

4. A figura foi extraída do trabalho "Estrutura do Universo Lingüístico", de Ignácio Assis Silva. Os vetores assinalam a dinâmica do movimento

A mensagem fica reduzida a uma combinatória de unidades lexemáticas que, na condição de signos dicionarizados, não representam os valores formais que subjazem à camada homogênea em que, em nome da economia lingüística, se camufla a rede de relações dos fenômenos de semiose. Tal como utilizadas por Mounin, as premissas da dupla articulação conferem papel de destaque apenas às variáveis das instâncias de realização da linguagem e, conseqüentemente, colocam em primeiro plano um sintagmatismo pragmático a partir do qual se assinalam, indutivamente, os princípios definidores da homogeneidade mensagística. E tudo isso porque os lexemas são vistos como valores constantes de um repertório e não como valores relativizados na mensagem pela interferência das invariantes da estrutura profunda. Nesse tipo de homogeneidade, o sistema denotado dita, praticamente, todas as normas do jogo[5]. E, portanto, nessa redução das dimensões da semiose, a linguagem artística é um contra-senso.

Em estudo sobre *César-Antechrist* e *Gestes et opinions du docteur Faustroll, pataphysicien*, Michel Arrivé considera o objeto artístico como o dinamismo estrutural originado por uma dialética de construção e destruição de um sistema básico de signos (1972:66/68). A tensão que emerge desse confronto delineia uma ex-

---

formalizador, definido pelo autor como "a convergência das duas instâncias profundas em direção à instância de manifestação do nível aparente." (1974: 41). A análise dos elementos que se deslocam nesse processo dinâmico pressupõe uma posição teórica totalmente diferente à assumida por Georges Mounin, pois não se trata, como este quer, de analisar o signo pelas propriedades do lexema; trata-se, isto sim, de analisar "os componentes profundos do signo" (1974:31). Desse ângulo, o eixo da semiose se define num conjunto de níveis que configuram uma ordenação espacial do objeto semiótico muito mais ampla.

5. Sobre o sintagmatismo decorrente do mecanismo da dupla articulação, Garroni traça sagaz quadro crítico no seguinte trecho: "In ogni modo, e sia pure di un punto di vista applicativo, rimane la spia: com il modello a doppia articolazione ad evidenza si construisce il sistema 'partire dal' processi in modo ancora parzialmente induttivo (di qui, anche, il privilegiamento teorico indebito, perchè puramente sostanziale, del linguaggio orale 14), e non viceversa; e il sistema così ricavato può essere applicato soltanto a processi di tipo lineare. Del resto, il modello a doppia articulazione, è esplicitamente un modello di tipo sintagmatico 15; il passo avanti ulteriore (sempre sulla via di Saussure a già compiuto da Hjelmslev) consisterà nel liberarsi decisamente da questa primaria concezione 'sintagmatica', cioè da ogni residuo della supposizione che il processo linguistico reppresente un precedente già definito, e come tale offerto come oggetto ad una teoria linguistica, prima di una difinizione appropriata" (1972: 166).

tensionalidade de semiose como se observa nesta representação proposta por Arrivé para um dos signos por ele analisados (1972:73)

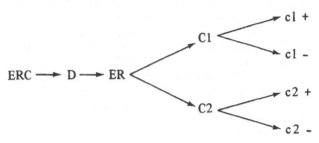

A ilustração deixa em evidência um esquema do espaço de uma relação de semiose num sistema de conotação. No caso do signo artístico, o plano da expressão ultrapassa as dimensões das unidades lexemáticas. Além disso, o sistema denotado (ERC) formador do significante do signo artístico legitima unidades expressivas cuja extensão é sempre relativa pelo fato de ser fixada a partir dos vários processos de codificação determinados na mensagem e sujeitos, no ato de recepção, a variações condicionadas por diferentes fatores de indicação. Os indicantes não só chamam a atenção para uma abertura interpretativa do plano do indicado, eles o fazem também para os mecanismos de codificação que, no caso da obra de arte, dependem sempre de uma pluralidade de códigos postos em ação. Uma obra literária, por exemplo, *est plusieurs fois codée: en tant que langue, en tant qu'oeuvre, en tant que littérature,* como reconhece Philippe Hamon (1972:89). Outro tanto pode dizer-se da *obra teatral,* se bem que nesta os processos de enunciação sejam ainda mais complexos. Deduz-se dessas propriedades da mensagem estética que a comunicação artística não cabe na linearidade sígnica que Mounin coloca como condição necessária à existência da linguagem. Em resumo, as premissas de que se utiliza Mounin produzem um esquema de comunicação cujas limitações parecem provir de uma formulação imprecisa dos pressupostos funcionais da linguagem[6].

---

6. Em Mounin, a significância, ao que tudo indica, é produzida pela intencionalidade do emissor ao selecionar os lexemas de um código para levar

1.2. O espaço da comunicação segundo a economia de transporte

Para Umberto Eco, a semiologia *"trova davanti a sé due strade: una che conduce a* una teoria degli universali della comunicazione; *l'altra che la transforma in* tecnica di descrizione delle situazioni comunicative, *nel tempo come nello spazio"* (1968:99)[7]. Essas idéias se inspiram no princípio de que a mensagem coloca em jogo vários níveis de realidade e de que estes se tornam definíveis no código geral que lhes confere estatuto estrutural. Nessa corrente, a dialética que sobre o eixo da comunicação se efetua através da oposição fidelidade/iniciativa resulta do campo de força criado pelo constante confronto que, sobre o eixo da semiose, se estabelece entre forma e abertura. Nesse universo, um sistema de significação é *pertanto um CONSTRUTTO SEMIOTICO AUTONOMO che possiede modalità d'esistenza del tutto astratte, independenti da ogni possibile atto di comunicazione che le attualizzi* (1975:20)[8].

Em princípio, o objeto artístico é uma forma significante que coloca os participantes de um ato comuni-

adiante o ato de comunicação, mas não se prevê nesse processo o relevante papel da significância produzida pelos signos. Para esse assunto é necessário distinguir dois tipos de significância, como faz Benveniste: "On peut distinguer les systèmes où signifiance est imprimée par l'auteur à l'oeuvre, et les systèmes où la signifiance est exprimée par les éléments premiers à l'état isolé, indépendamment des liaisons qu'ils peuvent contracter. Dans le premiers, la signifiance se dégage des relations qui organisent un monde clos, dans les seconds elle est inhérente aux signes eux-mêmes" (*Apud,* AMON, 1972:98).

7. Mesmo na linha teórica da chamada semiologia da comunicação, a linguagem artística é vista como um sistema de conotação. Em *Pertinence et Pratique,* por exemplo, Prieto estabelece distinções entre artes literárias, arquitetônicas e musicais com base nas premissas do modelo da conotação. As considerações de Prieto, porém, seriam mais consistentes se ao tratar do "conteúdo artístico" — para repetir suas próprias palavras — levasse na devida conta os processos de estratificação estudados por Hjelmslev, em quem ele afirma se inspirar.

8. A significação, no caso, é entendida como uma relação, pois as materialidades com que se constrói o plano da expressão dos signos, ao serem submetidas às regras de formalização, se transformam em fontes produtivas. Por essas razões, Umberto Eco subordina a semiótica da comunicação à semiótica da significação. A interferência da materialidade nos processos de atualização dos sistemas sígnicos merece toda a atenção já que à modelização desse material subjazem esquemas de iconicidade que uma análise profunda não pode desconhecer. O último livro de Lévi-Strauss oferece, ao estudar as máscaras indígenas, passagens em que isso se torna evidente (1975).

cativo de cunho estético numa relação cuja razão de ser é determinada pelas propriedades sígnicas da mensagem, pois esta se configura com uma entidade mediadora que institui vínculos de solidariedade independentes do relacionamento individual que os participantes venham a ter. A solidariedade, por conseguinte, postula a atividade do sujeito da emissão e do sujeito da recepção, o que traz como conseqüência a canalização da tensão dialética entre fidelidade de iniciativa para uma área da estrutura profunda confinada pela intersecção do conjunto dos códigos de emissão com o conjunto dos códigos de recepção[9]. Desse ângulo, a ideologia não se restringe ao determinismo imposto pelas circunstâncias locais em que se envolvem os participantes da comunicação: a ideologia se vincula às modalidades pré-constituídas da linguagem e, por isso, ela se manifesta na significação que venha a ser veiculada sobre o eixo da comunicação. Torna-se, portanto, necessário assentar o estatuto semiótico dos participantes de um ato comunicativo[10] se se pretende uma análise pertinente dos processos de enunciação do objeto estético.

Emissor e *receptor*, no esquema proposto por Umberto Eco para ilustrar a decodificação da mensagem artística, são denominados concomitantemente em

9. Em *La Structure du Texte Artistique*, Lotman traça também uma distinção entre o código do emissor e o código do receptor: o primeiro é um código sintético e o segundo analítico (1973:58). Para ele, a comunicação artística independe da intencionalidade psicologista do emissor; o ato de comunicação artística se realiza quando *le code de l'auteur et le code du lecteur forment des ensembles d'élémentes structurels qui se croisent, — par exemple, que le lecteur comprenne la langue naturelle dans laquelle le texte est écrit...* (1973:58). A estruturação dos elementos dos conjuntos que se cruzam só pode ser logicamente ordenada a partir da postulação de um código geral cujas regras e seu uso, de um lado, configurem uma definição positiva das ideologias e, de outro, se sobreponham ao conjunto de regras que rege a estrutura da superfície das chamadas línguas naturais. É curioso observar como as regras de codificação artística de algumas culturas — formando autênticos códigos hermenêuticos — pressupõem a existência de um *código geral* subjacente ao código mais restrito da linguagem particular posta em prática pelo artista. O estudo de Ogibenin se orienta nesse sentido (1973).

10. Esta passagem de *L'empire des signes* aponta as possibilidades desses rumos: "Le rêve: connaître une langue étrangère (étrange) et cependant ne pas la comprendre: percevoir en elle la différence, sans que cette différence soit jamais récupérée par la socialité superficielle du langage, communication ou vulgarité; apprendre la systématique le l'inconcevable; défaire notre "réel" sous l'effet d'autres découpages, d'autres syntaxes; découvrir des positions inouïes du sujet dans l'énonciation, déplacer sa topologie..."* (1970:13).

310

função dos pontos diferentes que cada um deles ocupa no eixo da comunicação. Tal entendimento parece, à primeira vista, coerente, mas, encarado a partir das condições necessárias instauradas pela mensagem, ela denuncia impropriedades que, ao que tudo indica, não derivam de falhas nos pressupostos teóricos da teoria em que se situa Umberto Eco; elas têm origem na transposição indevida das entidades da teoria da informação para o eixo semiótico da comunicação. Mesmo ao nível teórico essa operação é impraticável, pois o modelo comunicativo construído pela teoria da informação, devido a seu pragmatismo, não se entende com as determinantes forjadas pelo universo da estrutura profunda. A microestrutura do eixo comunicativo delineado pela teoria da informação uniformiza todos os seus componentes num estatuto mecânico, como se observa no esquema que utiliza Umberto Eco para representar o que ele chama um modelo *comunicativo elementar* (1975:50/51). Os constituintes desse modelo — fonte, transmissor, sinal, canal, receptor — recebem denominação segundo critérios estabelecidos com base nas propriedades dos objetos mecânicos que realizam o processo. Todos os instrumentos se ordenam numa linha unidirecional que garante solidamente uma economia de transporte já que a *fonte* e o *destinatário*, enquanto extremos dessa linha, superam, ao estabelecerem um contato rápido, os inconvenientes do tempo. Os benefícios decorrentes desse ato não se caracterizam como vantagens dentro de uma autêntica economia semiótica. E tanto é assim que para evitar os riscos do ruído, a solução mais adequada é a de *complicare ulteriormente il codice* (1975:51). Conseqüentemente e com referência à economia de transporte, o receptor assume um papel de relevância porque dele depende uma formação segura da mensagem. Tem de se admitir, no entanto, que o fenômeno autenticamente semiótico não pode ter sua origem no estatuto em que se legitimam as entidades responsáveis pelo transporte da informação.

No modelo de decodificação da mensagem artística, tal como formulado por Umberto Eco, os termos emissor, subdividido em fonte e transmissor, canal, receptor e destinatário perdem a homogeneidade de denominação que os caracterizava na teoria da informação: o *autor da comunicação* é o transmissor, ao passo que o

311

receptor se converte no *apparato visivo del lettore che transforma il segnale in significanti linguistici* (1968: 100). As denominações utilizadas por Umberto Eco têm sua fundamentação em ordens diferentes — cultural, de um lado, fisiológico, de outro — o que contradiz o princípio teórico da invariabilidade na mesma ordem. Isolar as invariáveis de um processo de comunicação artística é objeto da semiologia, pois é por meio delas que se poderá atingir o espaço semiótico.

Esses equívocos, como já se disse, se originam num erro de metalinguagem que se torna mais evidente quando se observa a solidez teórica do semiólogo no que diz respeito ao estudo dos fenômenos de semiose. Esta passagem exemplifica bem esse rigor: a arte comunica

> para uma certa relação entre seu signo e o objeto que o inspirou; se esta relação de iconicidade não existisse aqui não estaríamos mais diante de uma obra de arte mas de um fato de ordem lingüística, arbitrário e convencional; e se de outro lado arte fosse uma imitação total do objeto não teria mais caráter de signo (1968:132).

As contribuições para o estudo do espaço semiótico trazidas por Umberto Eco devem ser procuradas, à vista do exposto, nas abordagens que ele faz do fenômeno da semiose.

Em *La Structure du Texte Artistique*, Lotman declara:

> Num texto artístico verbal, não somente os limites dos signos são diferentes mas o próprio conceito de signo é diferente (1970:52).

O que vale para qualquer signo artístico se se considera a rede de relações que instaura os limites dos funtivos — funtivos do plano da expressão, funtivos do plano do conteúdo — de um objeto semiótico. Umberto Eco faz uma distinção entre a mensagem como *forma significante* e a mensagem como *sistema de significado* (1968: 53). As regras que regem os vínculos entre esses dois universos formam o chamado *eixo da semiose*. Não é tarefa fácil, por conseguinte, identificar, na simbiose de linguagens pressuposta pelos fenômenos de conotação, as invariáveis. As diversas tentativas do semiólogo italiano — do estudo da polissemia da obra aberta ao estudo da *lógica aberta* dos significantes para chegar às formas do conteúdo — evidenciam seus esforços nesse sentido. Em *Le Forme del Contenuto* são freqüentes as passagens em que se resumem as razões desse itinerá-rio; esta é significativa:

> Qualquer unidade cultural, em uma palavra, pode transformar-se no significante de uma outra unidade cultural. Para que isso possa dar-se é preciso que o universo do conteúdo seja estruturável (o que não quer dizer que esteja de fato estruturado mas que possa ser interpretado como estruturado) nos mesmos modos em que está estruturado o universo da expressão (1971:11).

Essa hipótese se arma a partir do *princípio de isomorfismo* — o mesmo tipo de relações combinatórias para o plano de expressão e para o plano de conteúdo — defendido por Hjelmslev para o estudo formal da significação. O que no âmbito da semântica estrutural representa, principalmente na linha greimasiana, uma coerência teórica submetida, constantemente, à comprovação pela aplicabilidade nas diversas manifestações sígnicas. O conceito de semema como forma de conteúdo (Greimas, 1966) abriu novas perspectivas aos estudos semânticos das mensagens artísticas e nelas se apóia Umberto Eco para estabelecer, sobre o eixo da semiose, suas idéias básicas. O conceito de *semiose ilimitada,* formulado a partir do estudo da linguagem arquitetônica, deixa claramente em evidência seu débito para com a teoria glossemática e para com a linha de prolongamento desenvolvida pelo pensamento de Greimas[11].

A mensagem artística, enquanto forma significante, atualiza no plano da expressão, devido aos códigos de emissão, uma heterogeneidade significante cuja rede de relações combinatórias adquire sua função completa ao vincular-se com a forma de conteúdo. Mas, numa linguagem artística, a função semiótica se consolida pela estrutura de um sistema de conotação. É, por isso,

---

11. A seguinte passagem resume explicitamente essa dívida: "Studiare l'architettura come comunicazione di una particolare concezione dello spazio equivale a studiare la lingua solo come un mezzo per esprimere dei rapporti sintattici. Invece i rapporti sintattici, nella forma immediata che assumono, sono un aspetto dell'espressione che significa un contenuto a sua volta suddiviso in unità pertinenti (riunite in sistemi semantici). Dunque in architettura il fatto di articolare un certo spazio in un certo modo significa suddividere tutte le possibili articolazioni e disposizioni spaziali (sostanza dell'espressione) secondo un sistema di opposizioni (forma dell'espressioni) al fine di comunicare, tra tutte le possibili funzioni che l'uomo può espletare nel contesto della cultura (sostanza del contenuto) una serie di funzioni precisate e definite da un sistema di unità culturali (il sistema dei semeni) che rappresenta la forma del contenuto"(1971:163).

que ao considerar o conteúdo conotado como o resultado da interferência dos códigos de recepção sobre o sistema denotado constituinte do plano da expressão, Umberto Eco propõe o conceito de *semiose ilimitada*. Tal entendimento, porém, não pressupõe o subjetivismo impressionista como elemento produtor da polissemia gerada pela semiose ilimitada. Ao contrário, a pluralidade de significações da mensagem artística é possível pelo suporte da forma significante, isto é, porque o conteúdo conotado não é apenas o fruto de uma relação semiótica forjada pelos códigos da recepção: o conteúdo conotado surge do trabalho desses códigos sobre a forma significante da mensagem. E como essa forma já é um objeto semiótico, a polissemia não depende da arbitrariedade do participante-decodificador [12]. Assim como a linguagem artística, segundo Lotman (1973), tem sua origem na modelização de um sistema sígnico de primeiro grau, o conteúdo interpretado, por sua vez, tem sua origem na forma significante da linguagem.

O signo artístico não possui as características prefixadas num código, como o lexema, por exemplo. O signo artístico existe a partir da heterogeneidade do plano de expressão de uma linguagem de segundo grau, ou, como quer Lotman, de um sistema modelizante secundário. Quando Umberto Eco fala da "lógica aberta do significante" está referindo-se a essa heterogeneidade de sistemas denotados que se imbricam no plano de expressão da linguagem artística. Com isso chama a atenção para o dinamismo projetado pelas relações combinatórias dos elementos do plano da expressão e, considerando o princípio de isomorfismo, essa dinâmica implica fenômeno idêntico no plano do conteúdo. Esses fundamentos, relacionados, ainda, com a iconicidade do signo artístico, desviam quase que totalmente a hipótese de impressionismo interpretativo.

Ao focalizar, no plano da expressão, a combinatória dos componentes põem-se em relevo a capacidade de

---

12. Tal polissemia não depende unicamente do tipo de código posto em prática pelo emissor — Cicourel, por exemplo, atribui (1974:37) aos signos não-verbais maior capacidade de informação —; depende, também, da capacidade que possui o texto artístico para acumular informação, como reconhece Lotman.

produção dos sistemas sígnicos que se entrelaçam na constituição da forma significante. Dessa maneira, o sintagmatismo sintático passa a ser dimensionado paradigmaticamente, o que desencadeia o processo de relativização indispensável ao valor ocorrencial dos signos, já que, na mensagem, o jogo de oposições entre elementos de instâncias diferentes cria correntes de tensão onde se acumula a informação. Desse ângulo, o ato de locução da mensagem artística não é visto, como nos atos de fala, em função da relação temporal que torna possível a integração da mensagem às circunstâncias exteriores a ela. A capacidade de produção dos sistemas sígnicos atualiza a enunciação de modo a fazê-la depender de valores meramente discursivos. A oposição enunciador--enunciatário não é fixada, como no ato de fala, com base nas particularidades pessoais dos falantes. No discurso artístico, o enunciador e o enunciatário são *indicados* pela forma significante da mensagem. Numa narrativa, por exemplo, o narrador e o narratário não se confundem com a personalidade do autor e do leitor, respectivamente. A mensagem artística, na condição de prática significante, postula essas categorias semióticas. É por isso que, no esquema de comunicação artística proposto por Umberto Eco em *Trattato di Semiotica Generale*, a mensagem é, também, uma fonte de informação, "una matrici di costrizioni che permettono risultati opzionali" (1975:198) [13].

Em síntese, os pressupostos teóricos de que se vale Umberto Eco para abordar os fenômenos de significação não se harmonizam com os pressupostos da teoria da informação e, conseqüentemente, seu esquema da comunicação artística, apresenta impropriedades cuja origem parece ter suas raízes nesse desencontro teórico. Em todo o caso, a teoria semiótica, como se observa na evolução da sua obra, se sobrepõe aos princípios da teoria da informação. Tanto é assim que, em seu último livro, o esquema da codificação-decodificação artística sofre a seguinte reformulação:

---

13. A mensagem, vista globalmente, funciona, no ato de comunicação artística como uma *espécie de emissor* que torna possíveis vários atos comunicativos.

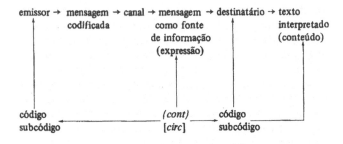

Nesse esquema, como se vê, o emissor e o destinatário pertencem a um mesmo plano e são denominados segundo critérios semióticos, pois ambos se definem como actantes a serviço das regras de um sistema, sem que tal serviço, contudo, signifique submissão. Por conseguinte, foram superadas algumas das impropriedades do esquema elaborado em *A Estrutura Ausente*. Mas, mesmo assim, o eixo da comunicação mostra ainda vestígios da teoria da informação. Tal inconveniente poderia ter sido eliminado com um melhor aproveitamento dos pressupostos teóricos da significação, já que esta é condição necessária, segundo esse semiólogo, à existência da comunicação.

Umberto Eco se reporta, constantemente, às premissas da chamada semiótica textual sem, contudo, desenvolver uma teoria sobre o texto. O entendimento da mensagem como forma significante, como lugar de manifestação de uma rede de mensagens proveniente de realização de diversos códigos e subcódigos, e ainda as considerações sobre uma possível teoria da produção sígnica (1975:203/210), colocam o pensamento de Umberto Eco na anteporta de uma semiótica textual.

2. *O espaço abstrato do texto artístico*

Em "A Configuração Semântica do Texto", Ignácio Assis Silva, comentando um artigo de Roland Barthes, declara: "... inspirando-se na afirmação de Revzin (1969:28), de que 'em cada processo de elaboração da informação podemos depreender um conjunto A de sinais iniciais e um conjunto B de sinais finais observados e que a tarefa de uma descrição científica consiste em explicar como se efetua a passagem de A para B e quais sãos os laços entre esses dois conjuntos', Roland Barthes diz que o primeiro passo na abordagem do texto consiste em estabelecer dois conjuntos limites, um inicial e um terminal" (1975:11). A passagem do conjunto inicial ao conjunto terminal se realiza, como já assinala o autor do trecho acima transcrito, por meio de várias operações lógicas cujo fator de invariabilidade é proporcionado pelo modelo da estrutura elementar da significação construído por Greimas em sua *Semântica Estrutural*. Ocorre, no entanto, que a teoria textual não tem como único objeto o estudo do plano do conteúdo de uma obra qualquer considerada como fragmento textual do sistema do texto; torna-se necessário, também, abordar os conjuntos iniciais e terminais do plano da expressão e, em decorrência disso, dos processos de enunciação gerados pelas práticas textuais. No caso das mensagens artísticas, os mecanismos do plano da expressão exercem uma atividade produtiva que repercute diretamente na forma do plano do conteúdo. Em outras palavras, as formas significantes da mensagem produzem semas contextuais — classemas — que relativizam dinamicamente as formas do conteúdo.

Enunciação e enunciado contraem funções de interdependência através das quais é viável o exame de algumas das propriedades mais relevantes do espaço tópico da comunicação artística. No caso do teatro, a enunciação se faz a cada representação e, em virtude disso, o enunciado do texto verbal recebe a interferência produtiva dos sistemas sígnicos da gestualidade, do vestuário, da proxêmica, da iluminação e do cenário, o que motiva, sobre o eixo da semiose, um complexo de relações de significância em que se delineiam os traços da teatralidade. E como nesses mecanismos os processos de indicação se renovam constantemente sobre o suporte do enunciado do texto verbal, as idéias de Roland Barthes a respeito da teatralidade resultam um pouco estranhas[14], pois a comunicação teatral deixa a descoberto o trabalho de modelização que os elementos indicadores realizam sobre o conteúdo de um sistema verbal, já que este solicita uma constante determina-

---

14. Barthes resume a *teatralidade* ao teatro sem o texto escrito (1964).

ção de sistemas semióticos capazes de trazerem à manifestação a teatralidade de um significado estabelecido previamente por signos de um texto verbal. Devido a isso, o que conta, no espetáculo teatral, é uma abertura à enunciação a partir da polissemia do enunciado de um texto verbal e, em consonância com essas características, um esquema de comunicação teatral só poderá completar-se nos sentidos do modelo actancial.

Ao construir sua teoria sobre o relato mítico, Greimas valoriza o eixo da comunicação quando afirma:

> Observar-se-á primeiro que a seqüência estudada coloca o problema da alimentação sob a forma de *relação* (o grifo é dele) entre o consumidor e o objeto consumido e que as categorias que postulamos para articular o conteúdo de diversos objetos de consumo (*cru* versus *cozido; fresco* versus *podre*) não puderam ser estabelecidas senão afirmando-se ou negando-se a possibilidade desta ou daquela relação se é assim, o fogo e a água aparecem, com respeito ao objeto de consumo, na *relação* que é a do produtor com o objeto produzido: é o fogo que transforma, com efeito, o cru em cozido, é a água que a partir do fresco produz o podre. O objeto de consumo se situa, assim, entre...

Destinador		Destinatário
———————	→ Objeto →	———————
(produtor)		(consumidor) (1970 : 216)

Ao fixar a direção da transformação se demarca um tempo narrativo, um itinerário de relato a ser cumprido pelos investimentos que as regras do destinador confiem ao produtor e, na medida em que o destinatário faz parte também desse itinerário, o consumidor investe, por sua vez, nas regras que lhe foram confiadas. Esses investimentos, portanto, devem ser examinados no desdobramento — enunciação e enunciado — que o eixo da comunicação faz da mensagem, pois tanto num plano quanto no outro essas regras se manifestam.

Imagine-se o seguinte esquema:

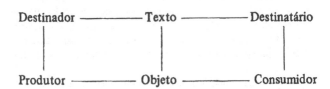

Apoiando a vetorização nas tensões criadas pela enunciação, tem-se esta possível orientação:

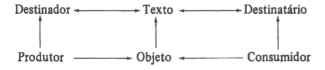

E, nesse caso, a passagem do conjunto inicial ao conjunto terminal é legitimada pelas regras do texto. Isso porque, se como diz Hjelmslev (1971:61) a primeira tarefa do semiólogo para chegar à substância do conteúdo consiste em descrever o *nível de apreciação coletiva*, as invariáveis estruturais que permitem a manifestação desse nível são precisamente o destinador e o destinatário enquanto categorias actanciais da coletividade. E também porque, no esquema, a orientação dada ao *objeto* é determinada pela invariabilidade sistêmica da *oposição destinador/destinatário*. Isso confere ao *objeto* o estatuto de processo, pois, como afirma Hjelmslev, um "processo e o sistema subentendido contraem uma função mútua que, conforme o ponto de vista adotado, pode ser considerada como uma relação ou como uma correlação. Um exame aprofundado dessa função mostra facilmente que é uma determinação cujo sistema é a constante: *o processo determina o sistema*" (1975:44). À vista dessa argumentação, tem-se

Cabe ainda assinalar que o objeto, em sua funcionalidade com o produtor e o consumidor, se configura como uma invariável. Tal constatação reafirma o princípio de que o invariável no eixo da comunicação não pode ser deduzido da direcionalidade traçada pelo itinerário topográfico seguido pela informação transportada. *A constante da enunciação do objeto artístico é dada pelas relações estruturais ao indicarem ser ela logicamente o autêntico funtivo da determinação, isto é, o objeto é o funtivo que determina o sistema. Disso decorre que a intersecção entre os códigos do produtor e os do consumidor não é,*

do ponto de vista semiótico, fruto da intencionalidade unidirecional do modelo comunicativo de Mounin ou da trajetória mecânica do transporte da informação de outros modelos. A intersecção ou cruzamento entre os códigos de emissão e os de recepção — *códigos sintéticos e analíticos na metalinguagem de Lotman* — determina seu estatuto semiótico no sistema do texto.

2.1. O espaço das formas semióticas

Os principais estudos de poética admitem ser os sistemas de conotação a moldura das linguagens artísticas. Como se sabe, o plano da expressão de um signo conotado se abre em leque traçando uma curva em que se projetam várias opções de significação

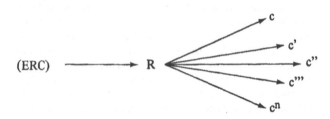

Teoricamente, a solução encontrada na escolha de um dos pontos dessa curva — (ERC)Rc, por exemplo — não se explica, na maioria dos casos, apenas pelo código de emissão de que depende a linguagem denotada sobre a qual o artista realiza seu trabalho de modelização. Conseqüentemente e na condição de interpretante do contexto, as dimensões do poético transcendem a projeção das equivalências paradigmáticas do código da denotação sobre a contigüidade da mensagem, pois a semiose poética traz para os enunciados em que se arquiteta as raízes mais conflitantes da cultura num processo em que, como acertadamente reconhece Edward Lopes, "os enunciados das línguas naturais, enquanto *parole,* só possuem sentido no interior da macroestrutura da *langue,* esta, por sua vez, só possui sentido no interior da estrutura maior da cultura que a utiliza para expressar-se: a *performance* lingüística, afinal de contas, é uma prática social, um *fazer cultural* dos indivíduos, um modo a mais entre tantos outros gestos igualmente definíveis como linguagens, de se exteriorizar e comunicar a racionalidade das ações humanas; a *última ratio* do sentido, aquilo de que a língua fala em definitivo e sempre, é a sociedade, seu irredutível universo do discurso   (1974:45).

As dimensões semióticas do objeto artístico não podem ser apreendidas numa combinatória ordenada sobre a horizontal da linearidade atribuída ao signo verbal. A sintagmática do poético, como notou Lotman (1973), rompe os limites dessa linearidade ao instituir na heterogeneidade da mensagem uma linha vertical em que se organizam hierarquicamente as diversas linguagens que nela se integram. Neste desenho de Quino, por exemplo

várias linguagens se articulam: um sistema imagético-gestual, um sistema verbal e um sistema situacional. A todos eles se sobrepõe, na ordem hierárquica, um sistema retórico constituído de signos não verbais que subordinam os signos dos outros sistemas aos mecanismos impostos pela polissemia típica das mensagens poéticas. O sistema terminológico — os lexemas verbais encerrados no balão — não representam, no espaço dessa mensagem, a manifestação da "interioridade psicológica da personagem", já que ele se reporta ao conteúdo *agressividade*, atualizado em unidades do sistema imagético-gestual. Aparentemente, a função metalingüística do sistema terminológico se explicaria pelo fato de funcionar como interpretante dos códigos de emissão, mas, na mensagem, essa função se opõe à função poética do sistema retórico — tamanhos das letras, traços peculiares do desenho, jogo de metáforas e metonímias... — e, dessa maneira, assume os valores de interpretante do contexto. O confronto entre essas duas funções dinamiza a heterogeneidade do plano da expressão — linguagem denotada — do sistema conotado da mensagem. De qualquer modo, o conteúdo atribuído por meio da interpretação aos signos do sistema conotado deve ser semioticamente justificado como uma forma possível do sistema do texto.

A hierarquia resultante da articulação de diversas linguagens confere às mensagens artísticas propriedades articulatórias que não se explicam com base no modelo da dupla articulação. Esta, como se depreende das idéias de Benveniste (1966:119/131), permite identificar dois níveis: o fonológico e o morfológico. O nível da frase decorre de fatores sintáticos ou, em outras palavras, de regras que determinam a estrutura de superfície. Se a forma de uma unidade lingüística se define, segundo Benveniste, "comme sa capacité de se dissovier en constituants de niveau inférieur" e o sentido como "sa capacité d'intégrer une unité de niveau supérieur" (1966:126/127), o nível frásico é insuficiente para estudar o sentido de uma obra e os constituintes, na condição de configuradores da forma, não determinam propriamente os níveis da mensagem, o que eles determinam são as relações de oposição que caracterizam o código a que pertencem. À vista disso, o estudo semiótico da forma das mensagens artísticas não postula uni-

322

camente níveis da mensagem, ele postula, também, *níveis do código*. O espaço da forma semiótica determina, por conseguinte, uma dimensionalidade cuja ordenação deve ser referendada sistemicamente pelo relacionamento entre as instâncias que compõem os níveis de um código geral esquematizado no seguinte gráfico[15]:

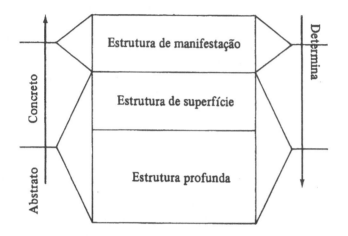

A passagem do abstrato ao concreto, das combinatórias lógicas da estrutura profunda às combinatórias sígnicas da estrutura de manifestação, determina os vínculos do eixo da semiose com o eixo da comunicação, o que permite, a partir das relações de significação e de comunicação, estabelecer a seguinte homologação:

$$\frac{\text{Expressão}}{\text{Conteúdo}} \simeq \frac{\text{Enunciação}}{\text{Enunciado}}$$

O eixo da comunicação é, por conseguinte, a *realização* de uma estrutura de significação, o que autoriza, levando em conta o princípio de isomorfismo, a entender a enunciação como um espaço formalizado pelas relações

---

15. Utiliza-se o gráfico apresentado por Ignácio Assis Silva em seu trabalho "Estruturação do universo semântico" (1974:39), mas reformulado no que diz respeito à instância da realização.

entre os elementos invariáveis de uma estrutura profunda — as categorias do destinador e do destinatário — atualizados, por sua vez, pelas relações entre os elementos de uma estrutura de superfície — as categorias gramaticais enquanto actantes — que, finalmente, se concretizam nas constantes transformações ditadas pelas evoluções diacrônicas da cultura. A realização deve ser entendida como uma relação possível entre a enunciação e o enunciado posta em prática pelo objeto artístico, o qual, segundo a terminologia da semiótica russa, pode ser chamado de *feno-texto,* isto é, um fenômeno artístico realizado em uma obra particular, em oposição a *geno-texto,* ou seja, o texto entendido como sistema, como um código gerador que ordena a passagem do abstrato ao concreto.

3. *O espaço de realização na comunicação teatral*

O espaço da realização teatral se monta, no geral, sobre a objetualidade cultural delineada pela mensagem de um feno-texto verbal. Como a realização teatral não possui, ao contrário do feno-texto verbal, unidades lexemáticas já estabelecidas, o processo de comunicação que ela instaura ganha todas as características de um espetáculo. Diante disso, o espaço tópico da realização, considerando o que esta possui de concreto, valoriza de modo particular o lugar topográfico-arquitetônico em que se efetua o espetáculo pela razão de vincular-se a ele por meio de um jogo de oposições. O espaço da realização se organiza pelo aproveitamento dos elementos concretos de um conjunto limitado em que se ordenam culturalmente as tendências do momento histórico de modo a propiciar as condições necessárias à manifestação do espetáculo e, justamente por isso, a comunicação ritualística posta em prática pelo acontecimento teatral não só dá novos sentidos ao espaço topográfico em que ela tem curso, mas recebe dele influências que poderão repercutir de modo mais ou menos acentuado tanto no plano da enunciação quanto no plano do enunciado. Desse ângulo, o emissor da manifestação teatral, por exemplo, possui, de um lado, as propriedades das invariáveis constituintes da categoria do destinatário e, de outro, já que ele é *sujeito da realização,* a colaboração de vários coadjuvantes atoriais na tarefa de efetuar as transformações ditadas pelo sistema narrativo atualizado no feno-texto verbal sobre o qual se monta a encenação. Assim, o emissor da comunicação teatral é sempre a resultante das relações que o autor, o diretor e o cenógrafo — para não citar outros coadjuvantes atoriais — contraem na condição de integrantes dos atos de enunciação do espetáculo. Daí que, na hierarquia construída pelos diversos sistemas sígnicos que se articulam para formar a linguagem teatral propriamente dita, cada um desses coadjuvantes ocupa, tendo em vista a operacionalidade da realização, um nível diferente; o sintagmatismo da enunciação teatral, como já se advertiu ao comentar a estruturação do signo artístico, determina as posições, as quais podem ser visualizadas neste gráfico:

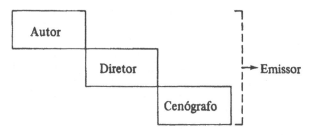

As relações entre os funtivos desse esquema caracterizam uma determinação: o emissor tem origem na combinatória dos traços invariantes atinentes ao *autor* com os traços variáveis que caracterizam actorialmente o *diretor* e o *cenógrafo*. Observa-se, comparando essa combinatória com a estrutura do semema tal como formulada por Greimas, um isomorfismo produzido pela projeção no plano do conteúdo e no plano da enunciação do mesmo tipo de relação: para Greimas (1966), um semema constitui uma unidade semântica formada pela combinação de uma invariante sêmica com as variáveis criadas pelos semas contextuais ou classemas; do mesmo modo, a realização do ritual pressuposto pela encenação de uma peça teatral manifesta uma *unidade de emissão* cuja estruturação semiótica deriva dos traços invariantes com que o enunciado verbal da obra escrita determina o seu *autor*, combinados com os traços variáveis advindos da participação do diretor e do cenógrafo.

325

Tal constatação permite a elaboração de uma matriz cujo teor operacional mais adiante será aquilatado:

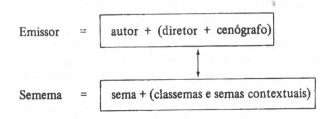

Emissor = | autor + (diretor + cenógrafo) |

Semema = | sema + (classemas e semas contextuais) |

Tal matriz, analisada do ponto de vista da semiose e da comunicação, tem uma estrutura semelhante à do modelo matricial construído por Roland Barthes (1967) para estudar o significante do sistema do vestuário. Para ele, a matriz significante da moda é constituída de três elementos básicos — um objeto, um suporte e uma variável: um enunciado verbal do tipo "toda a década de 50 foi dedicada à redescoberta de suas formas, em vestidos insinuantes, decotes profundos — a década de grandes *vamps* no cinema" (trecho transcrito de *Veja*, n. 389, 1976:66), permite isolar a seguinte matriz

objeto	suporte	variável
vestidos +	*decotes* +	*profundos*

que forma o significante do significado *moda* (*década 50*). Constata-se que o plano do conteúdo dessa modalidade sígnica é sempre renovável através das interferências produtivas do plano da expressão. De idêntica maneira, a denominação *emissor* da *matriz enunciante* do espaço da realização teatral postula, pela variabilidade dos elementos componentes, o mesmo caráter produtivo cujos efeitos se cristalizam nas transformações dos enunciados da obra teatral escrita. Essa produtividade da *matriz enunciante*, porém, não é tão arbitrária quanto à primeira vista se supõe, pois assim como a variável do significante da moda determina um sistema de regras culturais bem definido, também o diretor e o cenógrafo de uma encenação teatral determinam com seu trabalho as regras de um sistema estético. Não é na pessoa do diretor ou do cenógrafo que devem ser procurados os traços da variabilidade, como também não é na pessoa do autor que se situam os traços da invariabilidade; tanto os primeiros quanto os segundos têm origem, semioticamente falando, no uso que venha a se fazer das regras da cultura. A realização, tal como vem sendo formulada neste trabalho, é, no caso da comunicação teatral, uma relação a partir da qual se torna viável o exame da manifestação dessas regras, seja no plano do enunciado, seja no plano da enunciação. Mas como a realização, pela sua natureza, se define num ponto de diacronia histórica, é necessário considerar um espetáculo teatral para que os elementos classemáticos se atualizem. Nesse sentido, utilizar-se-á nas observações que se seguem à encenação que Víctor García apresentou de *Yerma* no Teatro Municipal de São Paulo, durante a primeira quinzena de março de 1974. Tem-se aí, o espaço tópico de uma realização e o espaço-topográfico-arquitetônico de um edifício destinado à representação. Essa oposição, já assinalada, deve ser levada em conta para o estudo concreto do espaço da realização da comunicação teatral.

3.1. *O espaço de superfície e de manifestação na representação de Yerma.*

Na primeira cena, Yerma se dirige ao marido formando o seguinte enunciado: "Venticuatro meses llevamos casados, y tú cada vez más triste, más enjuto, como si crecieras al revés"[16] . No tocante às instâncias de superfície, as unidades lexemáticas constituídas pelas três últimas palavras — *crecieras, al* e *revés* — explicitam unidades definidas no código da língua espanhola que se combinam segundo regras gramaticais também definidas e, por isso, todas elas possuem um significado dicionarizado suficientemente conhecido pelo grupo so-

---

16. Todas as citações de *Yerma* e de outras peças são extraídas da seguinte publicação: LORCA, F. G.: *Obras Completas*, 4ª ed., Madri, Aguilar, 1960.

cial que domina essa língua. No que tange, porém, às unidades sememáticas, cujas significações se manifestam nesse fragmento do discurso de *Yerma*, torna-se conveniente efetuar uma operação de reconhecimento, utilizando para tanto os conceitos de mensagem semântica concebidos por Greimas, isto é, uma unidade actancial mais uma unidade funcional ou qualificacional. No trecho, o actante se manifesta, por exemplo, através do termo *TÚ* (JUAN) e a unidade qualificacional na contigüidade frasal *CRECIERAS AL REVÉS*. A unidade qualificacional, nesta análise não muito rigorosa do ponto de vista semântico, contém, pelo menos, um semema determinado pela variável classemática conseguida ao atribuir-se ao classema *inferatividade* um valor *disfórico*, já que crescer ao contrário causa uma ruptura nos significados dicionarizados dos lexemas escolhidos para comunicar a mensagem. Instaura-se, por essa via, uma possibilidade de interpretação que permite atingir os valores figurativos (retóricos) desse enunciado.

Considerando agora que o enunciado verbal da peça escrita (*Yerma*) mantém, na comunicação teatral, uma relação de solidariedade com a matriz enunciante formadora da enunciação, é necessário encarar a unidade sememática assinalada no âmbito da realização teatral. Parece legítimo admitir o princípio de que na comunicação teatral o enunciado verbal solicita, para completar-se de modo pertinente, a manifestação de um *enunciado teatral* com a qual vai combinar-se. Da mesma forma, a enunciação do texto escrito só se completa quando combina com a enunciação propiciada pelo espetáculo. O semema da unidade actancial — Tú ou Juan — recebe, no contexto verbal, as denominações de *singular* e *humano*, mas requer, no contexto da representação, um ator de interpretação que seja capaz de transformar o enunciado verbal em enunciado teatral. Essa transformação, contudo, implica em dois momentos diferentes do processo de enunciação: enunciação verbal e enunciação teatral, assim como na matriz significante de Barthes o *suporte* implica o *objeto*. Por conseguinte, considerando, de um lado, as variáveis classemáticas de um enunciado retórico — mensagem escrita de García Lorca —, e, de outro, as variáveis da enunciação — direção e encenação de Víctor García —, tem de existir na realização do espetáculo um *objeto*, isto é, uma invariável como elemento necessário para identificar uma forma semiótica, seja no plano do enunciado, seja no plano da enunciação.

3. O espaço da matriz enunciante

A participação de García Lorca na condição de sujeito da enunciação é, no que diz respeito a indicadores de direção e cenografia, muito discreta em *Yerma*. Nesta peça, nem o local nem o tempo referenciais são indicados de modo explícito. Parece ser essa uma das características do teatro lorquiano, se bem que em outras peças as indicações possuem certo grau de precisão. Em *La casa de Bernarda Alba*, por exemplo, os indicadores de cenografia para um cenário cujos traços básicos, para o primeiro quadro, seriam:

> *Habitación blanquísima del interior de la casa de Bernarda. Muros gruesos. Puertas en arco com cortinas de yute rematadas con madroños y volantes. Silla de anea. Cuadros con paisajes inverrosímiles de ninfas y reyes de leyenda. Es verano. Un gran silencio umbroso se extiende por la escena. Al levantarse el telón está la escena sola. Se oyen doblar las campanas.*

Mas, como se observa, as indicações são explícitas no que diz respeito a sugerir a *ambigüidade;* em virtude disso, elas não autorizam uma interpretação *localista,* como freqüentemente fazem os cenógrafos construindo em papelão os clichês topográficos de uma "Andalucía flamenca y gitana", tão pomposamente divulgados em tantas e tantas representações de Lorca. O que se depreende das indicações lorquianas, isto sim, é um conjunto de traços espaciais com os quais pode ser estruturado um espaço tópico onde albergar o poético. Em contraposição, a fotografia reproduzida no *Prólogo* às *Obras Completas,* na 4ª edição Aguilar, 1960, para ilustrar uma passagem da representação de *La Casa de Bernarda Alba,* realizada pela companhia de Carmen del Río na Columbia University, mostra claramente um cenário arquitetado no sentido de ressaltar os traços topográficos de uma *estilização realista,* à mesma maneira de tantas outras encenações de peças de García Lorca. Comparando, porém, as indicações do autor e as regras utilizadas pelo cenógrafo dessa montagem, constata-se uma relação de exclusão na articulação dos elementos básicos da matriz enunciante. Em *Mariana Pi-*

329

neda — peça que se reporta diretamente à cidade de Granada e a uma época histórica bem definida —, algumas cenas do texto escrito foram ilustradas com desenhos feitos pelo próprio García Lorca e como as denominações indicam, através da função referencial, lugares típicos da cidade andaluza — arco árabe de las Cucharas, Plaza de Birrambla, Convento de Santa María Egipcíaca... —, é possível, observando, por exemplo, a ilustração da página 771

deduzir uma relação de intersecção entre o conjunto dos traços da topografia referenciada e o conjunto dos traços da topografia desenhada. Ocorre, no entanto, que os elementos que se excluem nessa intersecção — sem entrar em pormenores quanto a sua natureza — são, no que diz respeito ao conjunto do desenho, significativos, já que eles mostram uma aberta tendência à conotação, à desfiguração do referencial em benefício do *tópico*. Nessa ilustração há já indícios do espaço surrealista, de uma sobreposição do tópico ao típico, característica de outros desenhos posteriores do próprio García Lorca e que na manifestação da arte hispânica tanta importância tem na obra de Picasso, Dalí e Buñuel, para não citar outros.

Ao ser entrevistado por Ilka Marinho Zanotto (1974), Víctor García deixou bem claro que o essencial é "encontrar uma arquitetura. Não gosto de falar em termos tradicionais: lado do pátio e lado do jardim etc. Prefiro pensar em linhas horizontais e diagonais, em lado norte, sul... Atualmente, creio ter conseguido dominar o espaço; assim posso oferecer num segundo uma visão caleidoscópica sob diversos ângulos, a partir de leis simples: uma cena de amor muito pura deve ser colocada no alto; uma situação bárbara deve ser nas pernas dos espectadores; pode se elaborar ao infinito essas evidências...". E mais adiante, ao referir-se à montagem do *Retablo de Don Cristóbal,* declara que utiliza os atores na encenação como se utilizam as notas numa composição musical, "primeiro visto-os; depois concebo o cenário; em seguida procuro o espaço...". A montagem de *Yerma* apresentada no Teatro Municipal deixou em evidência várias dessas "leis simples": nos momentos iniciais, a atriz que interpreta a personagem central, Nuria Espert, aparece ocupando as posições mais elevadas no espaço do cenário, mas, à medida que o conflito dramático vai intensificando-se, a descensão posicional vai acentuando-se. Esta fotografia ilustra bem um desses momentos de disforia:

Tanto a direção quanto o cenário mostram uma utilização das regras a serviço da construção de um espaço tópico, de modo a determinar um princípio de enunciação pautado nos traços essenciais sugeridos pelos indicadores lorquianos. Esta fotografia

de um momento do quadro segundo do ato III constitui um bom exemplo disso, pois ela põe em evidência uma *rusticidade visual* que reitera harmonicamente um dos traços dominantes dos indicadores de cenário sugeridos por García Lorca para essa cena:

> Alrededor de una hermita, en plena montaña. En primer término, unas ruedas de carro y unas mantas formando una tienda rústica, donde está Yerma...

No que concerne à direção, observa-se um constante ritmo corporal que projeta combinatórias do sistema gestual em que a função poética define sua predominância: os atores não gesticulam imitando os movimentos de uma referencialidade localista; eles gesticulam de modo a pôr em destaque os valores do gesto enquanto linguagem. O gesto foi cuidadosamente armado para ser oferecido ao espectador como linguagem cuja textura mensagística tem todas as propriedades da opacidade do poético, como se poderá constatar nos gestos surpreendidos nesta fotografia*:

* As fotos do espetáculo *Yerma*, dirigido por Víctor García são de Aldo Anhenzini.

Esses poucos exemplos mostram que, na matriz enunciante, os componentes variáveis gerados pelo trabalho de direção e cenografia tiveram inspiração nos princípios de enunciação fixados como invariáveis do texto escrito. Pode dizer-se que todos eles espelham uma modalidade de enunciação que determina uma das formas do processo de emissão. Disso decorre que a matriz enunciante, na condição de constituinte do plano da expressão e de detentora dos valores relativos da comunicação teatral, tenha um esquema de ordenação conseguida por relações de inclusão, tal como se poderá observar nesta representação gráfica

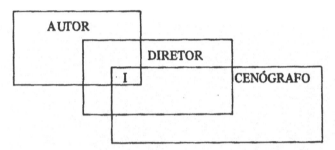

Mas partindo ainda do pressuposto de que o signo artístico é um signo conotado, parece legítimo trabalhar a hipótese de que os significados produzidos por essa constante formal do plano da expressão da linguagem teatral sejam, de algum modo, básicos — isto é, indicadores —, capazes, portanto, de fornecer pistas para uma interpretação segura de aspectos da polissemia característica do microuniverso semântico criado pela obra escrita por García Lorca.

3.3. *O espaço do microuniverso semântico*

Apenas com o intuito de examinar alguns aspectos do enunciado da obra *Yerma* procurar-se-á, de início, identificar uma das isotopias, para, depois, verificar, de modo genérico, os efeitos de sentido causados pela incidência da produtividade do significante nessa isotopia. Dessa maneira, torna-se viável a identificação de formas do conteúdo conotado que a linguagem teatral atualizou por meio do feno-texto teatral que se comenta nestas páginas.

Uma leitura, mesmo não muito atenta, da peça escrita por Lorca coloca o leitor em contato com a predominância de traços semânticos disfóricos caracterizadores da significância do trágico. Em todo caso, tais traços se reiteram insistentemente de modo a configurar mais concretamente essa significação cujos traços isotópicos fundamentais podem ser resumidos nos seguintes semas: *interioridade* + *lugar* + *humano* + *vazio*. Todos eles se manifestam distributivamente no lexema MULHER (YERMA), o que permite, por conseguinte, identificar uma das isotopias mais importantes da obra. Não é necessário, tendo em conta os objetivos que se perseguem, analisar as mensagens semânticas a partir das formas das unidades constituintes. É suficiente tão-somente fixar bem esses semas para testar em que medida fatores da matriz significante submetem-nos à interpretação por meio de processos de redundância.

Exterior e interior se confundem no cenário: às vezes a interioridade era significada pela ausência de luz — quadro segundo do ato III, quando Juan e Yerma dialogam em casa — seqüência de sombras indiferenciadoras produzidas pela carência de iluminação; a exterioridade, em contrapartida, é dada por uma forte iluminação — a seqüência das lavadeiras e várias cenas em que Yerma e a 1ª Velha se encontram, se bem que nestas os cimos da lona permanecessem, muitas vezes, simbolicamente na penumbra. É de notar, contudo, que a interioridade, no espetáculo, se reporta a uma substância espacial que se vai fragmentando em semas — dimensionalidade, verticalidade, perspectividade, lateralidade, horizontalidade... — cujas combinatórias ressaltam os aspectos formais da isotopia. No tocante à enunciação, algo idêntico ocorre com essa grande lona verde constantemente alterada em sua forma pela ação das cordas que a sustentam: ora se apresenta numa redondidade superativa da dimensão vertical como a simbolizar os *seios* do enunciado de Yerma quando afirma:

Estos dos manantiales que yo tengo

::, deixando clara a manifestação de classemas redundantes; ora se desentende dessa forma para transformar-se na perspectiva horizontal em algo murcho que parece solicitar as dimensões do inferativo, como acontece nesta passagem do enunciado verbal:

335

Yo soy como un campo seco donde caben arando
mil pares de bueyes y lo que tú me das es un pequeño
vaso de agua de pozo. Lo mío es dolor que ya no está en
las carnes.

3.4. *Semiose e comunicação no espaço da realização da*
mensagem do espetáculo

A relação entre enunciação e enunciado, entre os
planos da expressão e os planos do conteúdo se efetua
através de um processo de realização cuja propriedade
mais relevante, segundo o já exposto, parece ser a de
unir funtivos estruturados de modo a intensificar a isotopia do disfórico, pois a realização une expressão e
conteúdo formando um espaço tópico para confinar o
poético. Ocorre, no entanto, que o espaço topográfico
do Teatro Municipal se revelou, na ocasião, como algo
totalmente inadequado para esse tipo de montagem, o
que acarretou inconveniências insuperáveis no tocante
às modalidades receptivas.

4. *Conclusão*

O presente trabalho abordou de modo genérico e
muitas vezes substancial, a comunicação teatral e sua
concreção num espetáculo. Dessa visão genérica derivam aspectos negativos de que se tem alguma consciência — falta de explanações metateoréticas que deixas-
sem patente a necessidade da teoria glossemática na
condição de núcleo aglutinante de idéias de outras correntes semióticas; aparentes contradições que a rapidez
de exposição poderá deixar no espírito do leitor não habi-
tuado com a metalinguagem utilizada; contradições que
o autor do trabalho não soube realmente evitar; talvez
alguma injustiça cometida inadvertidamente ao criticar
com azedume o trabalho de quem no campo da ciência
dos signos tem mais experiência e conhecimento... —;
mas, acima de tudo, este trabalho se ressente dessa falta
de suporte científico em que apoiar uma análise forma-
lizadora da passagem dos elementos da estrutura profunda para a estrutura de manifestação. Quem sabe se
a grande admiração pela obra de Lorca e o respeito por
um trabalho tão original como o de Víctor García impe-
diram, no momento, que o autor elaborasse uma visão
mais ampla e formalizada.

Obras mencionadas neste trabalho

ARRIVÉ, Michel:
    1972: "Structure et destructuration du signe dans quelques textes de Jarry". In: *Essais de Sémiotique Poétique*, Paris, Larousse, pp. 253-267.

BARTHES, Roland:
    1964: *Essais critiques*, Paris, Seuil.
    1967: *Système de la Mode*, Paris, Seuil.
    1970: *L'empire des signes*, Paris, Skira.

BENVENISTE, E.:
    1966: *Problèmes de linguistique générale*, Paris, Gallimard.

CAMPEANU, Pavel:
    1975: "Un rôle secondaire: le spectateur". In: *Sémiologie de la Représentation*, Paris, Éd, Complexe, pp. 96-111.

CICOUREL, Aaron V.:
    1974: Gestural sign language and the study of nonverbal communication. *Sign. Language. Studies*, n. 4, pp. 35-76.

DURAND, Régis:
    1975: "Problèmes de l'analyse structurale et sémiotique de la forme théâtrale". In: *Sémiologie de la Représentation*, Paris, Éd. Complexe, pp. 112-120.

GARRONI, Emilio:
    1972: *Progetto di semiotica*, Bari, Laterza.

GREIMAS, A.J.:
    1966: *Sémantique Structurale*, Paris, Larousse.
    1970: *Du Sens*. Paris, Seuil.

ECO, Umberto:
    1968: *La Struttura Assente*, 4ª ed., Milano, Bompiani.
    1971: *Le forme del contenuto*, Milano, Bompiani.
    1975: *Trattato di semiotica generale*, 4ª ed., Milano, Bompiani.

HAMON, Philippe:
    1972: Pour un statut sémiologique du personnage. *Littérature*, n. 6, pp. 86-110.

LÉVI-STRAUSS, Claude:
    1975: *La voie des masques*, Paris, Skira.

SILVA, Ignácio Assis:
    1974: Estruturação do universo semântico. *Significação — Revista Brasileira de Semiótica*, 1, pp. 26-41.
    1975: A configuração semântica do texto. *Revista de Cultura Vozes*, n. 3, pp. 11-20.

LOPES, Edward:
    1974: Interpretação do interpretante. *Significação — Revista Brasileira de Semiótica*, n. 1, pp. 43-59.

LOTMAN, I.:
    1973: *La structure du texte artistique*, Paris, Seuil.

HJELMSLEV, L.:
    1971: *Essais Linguistiques*, Paris, Minuit.
    1975: *Prolegômenos a uma teoria da linguagem*, São Paulo, Perspectiva.

MARCUS, Solomon:
1975: "Stratégie des personnages dramatiques". In: *Sémiologie de la Représentation*, Paris, Ed. Complexe, pp. 75-89.

MARIN, Louis:
1973: *Utopiques: jeux d'espaces*, Paris, Minuit.

MOUNIN, Georges:
1970: *Introduction à la Sémiologie*, Paris, Minuit.

OGIBENIN, B.L.:
1973: "The Communication Process in Indo-Tibetan Art" In: *Recherches sur les Systèmes Signifiants*, The Hague, Mouton, pp. 499-504.

PRIETO, Luis J.:
1968: "La Sémiologie". In: *Dicitionnaire des sciences du Language*, Paris.

1975a: *Pertinence et Pratique*, Paris, Minuit.

1975b: *Études de linguistique et de sémiologie générales*, Genève, Droz.

ZANOTTO, I.M.:
1974: "Víctor García", no "Suplemento Literário", n. 868, de *O Estado de São Paulo*, 17.3.1974.

VI. A PRODUÇÃO DO SIGNIFICADO NO TEATRO — ATO

17. SIGNOS DO TEATRO CHINÊS
Karel Brusak

O teatro chinês desenvolveu um preciso e complicado sistema de signos portadores de uma gama ampla e categoricamente diversa de significados. O aparecimento do sistema tornou-se possível devido à natureza do repertório; o número de peças é relativamente pequeno e elas são familiares à maioria da assistência. A peça chinesa tem pouca significação do ponto de vista literário; a representação é que importa acima de tudo. Os componentes da estrutura parecem bastante simples, mas, dentro da estrutura, elementos individuais portam numerosos signos obrigatórios que representam referentes amiúde muito complexos.

O palco é um tablado retangular flanqueado em três lados pelo público. A parte do fundo é formada por um pano preto com duas aberturas. São as únicas vias de acesso ao palco: a abertura à esquerda do espectador é a entrada e, à direita, a saída. O lugar de onde o ator vem ou para onde vai é indicado pela abertura que utiliza. Se ele aparece e parte pela mesma "entrada", o público sabe que ele está voltando para o mesmo lugar; se dois atores entram e saem por aberturas diferentes, tal fato mostra que vieram de sítios diferentes, para onde estão retornando, e assim por diante. Os teatros de corte, que apresentavam numerosas peças que envolviam o aparecimento de seres sobrenaturais, utilizavam-se de palcos construídos em dois níveis, figurando os mortais no plano inferior e os espíritos, no superior. As decorações dos palcos chineses não se compõem de cenários pintados ou de estruturas arquitetônicas, como no Ocidente, mas empregam tão-somente um reduzido número de itens separados, em especial mesa e cadeiras, que funcionam então como signos específicos de conformidade com sua posição no palco. O cenário é complementado em sua elaboração com elementos específicos ao desempenho do intérprete. Assim equipado, o palco chinês perdurou durante séculos e continua operando inalterado no atual teatro clássico da China.

Até há bem pouco o desenvolvimento do teatro era sempre examinado quase exclusivamente sob o ângulo literário: a significação do texto era em geral superestimada. Hoje, aceita-se amplamente que as palavras constituem apenas a base de uma complicada estrutura composta de duas séries de elementos, uma acústica e outra visual. O aspecto visual de qualquer representação dramática apreendida pelo espectador pode receber o nome de espaço dramático. Podemos distinguir nele duas qualidades. A primeira provém da mera existência de seus membros e é, portanto, estática; a segunda surge e caracteriza-se unicamente pela mudança e movimento que eles geram e é, portanto, cinética. Dos aspectos estéticos do espaço dramático, o mais permanente é o elemento arquitetural — o palco. Sobre o tablado erige-se, de representação para representação, um espaço variável no sentido estrito do termo, formado pelo cenário, dispositivos cênicos etc. — a cena. Dentro deste espaço de duração arbitrária, molda-se um espaço fictício, de caráter imaterial e transitório, atualizado pelos movimentos dos atores, pelos movimentos da luz e mudanças de cor, pelo curso de imagens de um filme etc. — o espaço de ação. Em sistemas teatrais altamente desenvolvidos, o palco costumava ter forma convencional. O teatro grego possuía a orquestra e o proscênio; o humanista, elizabetano e chinês tinham a plataforma; o teatro do século dezenove dispunha de um cubo vazio menos a parede frontal; no teatro folclórico o palco é formado de novo para cada representação. A cena pode ser idêntica ao palco se o desempenho ocorrer sem cenário, mas usualmente é uma estrutura independente erigida sobre o tablado. O palco, em sua forma idealmente perfeita, é um espaço interno, limitado pela estrutura do teatro e a cena é um espaço fictício a pintar ou sugerir um espaço real. Na concepção da cena, cumpre incluir não apenas os cenários e os dispositivos cênicos, mas também as indumentárias e as máscaras dos atores. A iluminação pertence à cena apenas na medida em que a torna visível, contribui para a definição do lugar ou do tempo, ou cria uma impressão. Se ela pertence dramaticamente à representação, enfatizando os movimentos dos atores ou formando uma ação independente, podemos incluí-la no espaço de ação. Da mesma maneira, um filme, se apresentado como parte do cenário, pertence à cena. Mas é possível exibi-lo de modo a suplementar as ações dos atores, como Piscator procede em suas cenas de massa ou como um igual parceiro nas ações realizadas por tais atores, um método inventado pelo encenador tcheco E. F. Burian e denominado por ele "teatrógrafo".

Em conseqüência, os signos do teatro chinês podem ser, *grosso modo*, divididos em dois grupos visuais, isto é, os signos associados ao espaço dramático e os acústicos, isto é, os signos associados ao diálogo, à música e aos efeitos sonoros.

Os signos visuais

Estes compreendem, de um lado, signos relacionados com a cena e, de outro, signos pertencentes ao conceito de espaço de ação. Tratemos, primeiro, da qualidade sígnica dos elementos formadores da cena, isto é: (*a*) artigos cênicos; (*b*) indumentárias; e (*c*) maquilagem.

1. A cena

a) *Artigos cênicos*. Os artigos postos no cenário são normalmente sumariados sob o título de acessórios cênicos. O termo, entretanto, é por demais impreciso no contexto do teatro chinês. Além dos costumeiros tipos caracterizados e funcionais de acessórios cênicos, defrontamo-nos aqui com artigos que, embora se lhes assemelhem, são apesar de tudo inteiramente distintos, por razões inerentes: funcionam como signos elementares, símbolos representando referentes que compõem a cena.

A hierarquia dos artigos no cenário pode ser determinada se forem considerados nos termos de suas várias funções. Os mais significativos, dramaticamente ativos, são os que participam do desempenho do ator, por exemplo, espadas, taças e assim por diante; representam um ponto de transição do espaço cênico para o de ação e podem receber a denominação de *artigos cênicos*, na acepção própria da palavra. A seguir, vêm os artigos que não entram em uso ativo; sua função é complementar passivamente o caráter da cena ou *dramatis persona* (por exemplo, penedos, árvores, couraças, vestes, anéis etc.); eles particularizam o lugar da ação (no tempo, história, sociedade e assim por diante) e aliam-se estreitamente ao cenário — são *artigos complementares*. Na medida em que envolvem duas funções diversas, a linha demarcatória entre os dois tipos fica bastante clara. Não obstante, um artigo no palco pode combinar as duas funções: artigos cênicos podem ser e usualmente são também artigos complementares (cadeiras etc.) ou, alternativamente, artigos antes considerados como meramente complementares podem entrar na peça, em algum momento, como artigos cênicos. A segunda eventualidade é menos comum e, por isso, extremamente eficaz do ponto de vista dramático. A significação desses dois tipos de artigos no palco é evidente por si. Um objeto pode aparecer no cenário, ou em realidade ou em representação. Se o próprio objeto é exibido, ele apresenta, quer como um todo quer em suas qualidades individuais, as mesmas séries de signos que na vida real (por exemplo, uma peça específica de mobília pode constituir, com respeito a seu proprietário, um signo de posição social, gosto, educação, estado de saúde, hábitos etc.). Enquanto na vida real a função utilitária de um objeto é, em geral, mais importante que sua significação, no cenário teatral a significação é tudo quanto importa. É possível substituir no palco um objeto real por um símbolo se este símbolo for capaz de transferir para si os signos próprios do objeto. A fim de satisfazer tal condição, basta que o símbolo possua somente algumas poucas das características do objeto representado. O artigo no cenário, como signo teatral do próprio objeto, assume os deveres sígnicos do objeto representado; assim os artigos em cena são signos teatrais de signos e freqüentemente muito complexos.

O teatro chinês, entretanto, possui artigos de uma espécie particular, excepcional em seu relacionamento com os atores e o cenário. São *signos-objetos*, capazes de representar todos os aspectos da cena por si sós, sem qualquer ajuda. Em um palco sem cenário ou efeitos de luz, servem para denotar o local da peça. São signos teatrais elementares e, como tais, distintos dos artigos cênicos e dos artigos complementares, ou seja, eles não são nem signos de signos nem uma estrutura de signos; são signos, não de objetos particulares, mas de objetos em geral.

Os mais importantes destes signos são a mesa e a cadeira, quase nunca ausentes do palco chinês. Se a mesa e a cadeira estão dispostas da maneira usual, então o cenário é um interior. De outro lado, uma cadeira que se apresenta com o lado ou o espaldar sobre o chão significa um aterro ou fortificação; virada, simboliza uma colina ou montanha; de pé sobre a mesa, uma torre de cidadela. À parte a mesa e a cadeira, o teatro chinês emprega artigos que, embora se assemelhem ao cenário do teatro ocidental, diferem dele pelo fato de permanecerem os mesmos em cada peça em que são exigidos e são conscientemente interpretados como signos teatrais. Uma área montanhosa ou desolada é por vezes representada por uma tábua com desenho estilizado de montanha; ameias de cidadelas são indicadas por um pedaço de pano azul que os ajudantes de cena seguram; às vezes, apresentam a pintura de um portão e da alvenaria de muralha, outras vezes é apenas uma simples peça de tecido retangular, sem qualquer adorno desenhado.

Tais signos-objetos são também utilizados no teatro chinês para figurar fenômenos naturais. Flâmulas negras agitadas por auxiliares de cena constituem signo do vento; um martelo e um espelho significam trovoada; um signo de nevasca é confete caindo de flâmulas que se desfraldam quando os ajudantes as agitam. O teatro chinês não altera o brilho ou a cor da iluminação; o início do crepúsculo e da noite é assinalado por um auxiliar de cena que conduz uma candeia ou lanterna acesa. Um

345

objeto, flâmula ou pedaço de estofo com o desenho estilizado de uma onda e um peixe é signo de água; o ator que representa uma pessoa a afogar-se salta entre os espectadores carregando tais signos, e tudo sai de cena junto.

O teatro chinês também conta, entretanto, com objetos no palco que denominamos artigos cênicos; para os nossos propósitos, distinguiremos artigos que são adjuntos ao desempenho do ator e artigos que são signos caracterizadores de sua personalidade dramática.

O elaborado sistema de signos desenvolvido pelo teatro chinês permite que seu ator dê um retrato compreensível das mais variadas ações sem que tenha de recriar a realidade sobre o palco. Está capacitado a arranjar-se com alguns adereços, confiando mormente em seu próprio desempenho. Por exemplo, para atuar como se estivesse montado a cavalo, utiliza um chicote que representa o cavalo. A cor do chicote denota a cor do ginete. Atirado ao acaso sobre o palco, o chicote indica que o cavalo está pastando. O transporte por carro é significado por um assistente a portar uma bandeira em ambos os lados do ator, em geral uma bandeira amarela marcada com um círculo, o signo da roda; para designar que a personagem se apeou, o ajudante alça a bandeira. Para assinalar uma viagem em barco, basta que o ator traga um remo com o qual executa grande variedade de movimentos exatamente definidos enquanto caminha pelo palco. Se é preciso configurar uma execução, um pacote embrulhado em seda vermelha significa a cabeça decepada; o sentenciado sai correndo do palco, e um auxiliar exibe o pacote ao público.

Os signos caracterizadores são aqueles artigos usados de maneira visível e contínua pelo intérprete; eles formam uma ponte de transição para a indumentária e em geral compreendem bandeiras, lenços de seda e pedaços de pano. O emprego de artigos cênicos ligados à indumentária delineia compreensivelmente o caráter da personagem, ao mesmo tempo que evita a necessidade de passagens explanatórias no diálogo. Véus negros ou rubros ou pendões de papel revelam a presença de espíritos; uma pessoa enferma é consignada por uma tira de pano amarelo atada em torno da cabeça e que desce pelas costas; um cativo traz uma longa corda de seda em volta do pescoço. O signo para o grau de general é uma

346

coleção de bandeirolas de formato triangular, em geral quatro, bordadas com dragões, flores e fênix, presas ao dorso do ator; uma bandeira especial é destinada a um general em comando, outra para um general a concluir a paz. Lenços especiais de seda amarela denotam uma ordem-imperial ou um salvo-conduto imperial, podendo seu portador ingressar em locais proibidos a outros; uma tabuinha envolta em seda amarela denota um selo oficial, e assim por diante.

b) Indumentárias. Quatro tipos de personagens são os mais freqüentes no palco chinês: I. heróis de caráter resplendente, homens leais e nobres (*shěng*); II. vilões, homens cruéis e pérfidos, rudes soldados, servidores (*jìng*); III. palhaços, dançarinos e acrobatas (*chŏu*); IV. personagens femininas (*dàn*). Todos esses papéis admitem muitas nuanças de acordo com a idade, a situação e assim por diante; o segundo grupo (*jìng*) distingue-se do primeiro (*shěng*) pelo fato de seus atores usarem maquilagem no rosto. Razões religiosas impediam que as mulheres representassem no teatro chinês, as partes femininas eram formalmente diferenciadas unicamente porque o ator incumbido do papel de mulher usava uma faixa de tule azul em volta da cabeça, porém mais tarde este signo simples foi substituído por uma forma mais elaborada de vestuário, maquilagem e estilo de penteado.

Cada um desses tipos usava um traje apropriado, em tecido, cor, corte e modelo, ao significado da personagem. As indumentárias teatrais chinesas observam convenções estritas, mas em contraste com os signos-objetos chineses, que são signos elementares, trata-se de uma complicada estrutura de signos. Diferem do traje teatral do Ocidente não só por sua plurissignificação, mas também pela natureza do referente. Revelam não apenas o *status* social do portador, sua idade etc., mas seu valor, caráter etc. Este aspecto puramente teórico tem conseqüências práticas. Revela uma interessante interdependência entre a perspectiva estética e as questões técnicas. Pois os trajes usados são sempre feitos de tecidos de alta qualidade, dispendiosos, esmeradamente combinados a fim de preencher com perfeição as exigências de rígidas convenções, ao mesmo tempo sustentando a imutabilidade da referida convenção por sua própria durabilidade. O traje teatral chinês, entretanto, tem outra importante tarefa a cumprir — o de formar a cena. Os signos-objetos são muito contidos; ademais, o teatro clássico chinês não tem efeitos de iluminação. Isto dá origem à magnificência dos trajes teatrais chineses, cujas cores variegadas, corte sofisticado e bordados intricados são os mais esplêndidos do mundo.

Podemos distinguir três tipos de indumentárias segundo o corte e modelo: vestimenta cerimonial (*măng*), roupas cotidianas (*diéz*) e uniforme militar (*kăikào*). Qualquer dessas variedades pode ser envergada por personagens masculinas ou femininas, sendo a situação o único fator determinante. Ao lado destes trajes, porém, existe uma longa série de itens separados de vestuário, que funcionam como signos autônomos distintos. O traje chinês em sua função de signo adota os elementos do vestuário comum que são signos a representar referentes específicos, mas simplifica-os ou adapta-os. Assim, por exemplo, a roupa do mendigo provém de sua contraparte na vida diária, mas é convertida em signo teatral autônomo; o mendigo no teatro chinês usa uma roupa cotidiana de seda (*diéz*) salpicada de remendos multicoloridos de seda. Um mandarim distingue-se por seu longo casaco e sapatos de solas grossas, e assim por diante. Ocasionalmente, o significado de um signo varia de acordo com a situação; uma capa usada de manhã bem cedo trai o fato de que a personagem voltou para casa tarde da noite, usada mais tarde, durante o dia, porém, indica a ociosidade e desmazelo de quem a enverga. Uma saia de mulher significa roupa que não está muito limpa e, como tal, é comum às mulheres das classes mais baixas; se usada por uma mulher abastada, mostra que a pessoa em questão está em viagem e impossibilitada, portanto, de cuidar de sua apresentação ou que estamos lidando com um disfarce.

c) Maquilagem. Um ator é ainda mais estreitamente identificado ao caráter representado por sua maquilagem. A maquilagem no teatro chinês é utilizada como um signo que coloca, à parte, personagens excepcionais e complexas. Nem todos os intérpretes recebem maquilagem, mas apenas os que atuam nos papéis do segundo e terceiro grupo (*jìng* e *chŏu*); homens honrados (*sheng*) e mulheres honradas (*dàn*) jamais se apresentam maquilados. A maquilagem utilizada nunca é de caráter imitativo e independe inteiramente de aspectos de fisionomia; forma um sistema de signos artificial, completo

348

em si mesmo. É sensivelmente similar à antiga máscara de guerra dos chineses; a maquilagem teatral foi evidentemente derivada dessa máscara quando eram representadas personagens más e cruéis e se tornava necessário descobrir algum meio de marcá-las nitidamente à parte de outras personagens. Tais máscaras, retratando espíritos e demônios destinados a intimidar o inimigo na batalha, contavam com uma longa tradicão atrás de si e alardeavam um simbolismo adequadamente estrito, mas eram demasiado duras e rígidas para se ajustarem por si mesmas ao espaço dramático flexível e em constante mudança do teatro chinês. Isto, é muito provável, deu origem à idéia de pintá-las diretamente sobre a pele do rosto, que mesmo assim continua em condições de utilizar seus recursos expressivos por baixo dos coloridos padrões abstratos da maquilagem. O padrão e a cor da maquilagem são signos do caráter da personagem representada pelo ator. No curso do tempo, no entanto, os signos, que no sistema original tinham validade universal e permitiam combinações aleatórias, agruparam-se em unidades esquemáticas, de natureza ideográfica, vinculadas a heróis específicos de peças individuais; no âmbito de tais esquemas, porém, os signos conservavam seus valores originais. O esquema pintado no rosto do ator é, de fato, um mapa das qualidades morais da *persona* dramática.

Os padrões empregados são muitos e diversos no significado. A mais divulgada é uma forma de maquilagem que divide o rosto do ator em três secções, *grosso modo* em formato de Y, composta da fronte e ambas as maçãs do rosto; o queixo apresenta-se em geral coberto por uma barba e não exerce função especial neste sentido. Os velhos são caracterizados por meio de sobrancelhas pintadas que se estendem até as orelhas. O resto dos feridos é coberto com desenhos irregulares e cores multifárias. Os papéis dos palhaços são assinalados por uma maquilagem que lhes contorce as feições, com implantação irregular do nariz e dos olhos ou, alternativamente, a testa é pintada com um triângulo cujo vértice está no cavalete do nariz.

As cores desempenham uma função de signo muito mais precisa. É relativamente raro encontrar-se o rosto inteiro maquilado com uma cor, branca, preta, vermelha etc., as quais indicam ou caracteres inambíguos ou seres sobrenaturais. O preto significa simplicidade, sinceridade, coragem e firmeza; o vermelho denota lealdade, honestidade e patriotismo; o carmesim aplica-se aos velhos como signo da calma da idade provecta e da prudência aliada a tais qualidades; o azul expressa obstinação, crueldade e orgulho; o amarelo indica implacabilidade astúcia e dissimulação; o branco representa hipocrisia, irascibilidade, baixeza e perversidade. A extensão da área colorida no rosto do ator corresponde à extensão da qualidade moral da *dramatis persona*. Assim, por exemplo, há muitos graus no uso do branco: de um rosto totalmente branco, à exceção dos sobrolhos, até uma mera pinta branca no nariz. No primeiro caso, o espectador é informado que a *dramatis persona* não tem outras qualidades, exceto aquelas cujo signo é branco; isto é, ele é um absoluto vilão (em geral de berço nobre). No segundo caso, as qualidades morais significadas pela cor branca formam apenas uma pequena parte do caráter da *dramatis persona*, ou seja, ele é um homem honesto com algumas ligeiras nódoas morais (usualmente um simples soldado). A maquilagem também serve, ao lado da indumentária, para distinguir seres sobrenaturais; o verde está reservado a espíritos e diabos; o ouro, a deuses.

O emprego de barbas e bigodes postiços, dos quais existem mais de uma dúzia de espécies, é também objeto de convenção. Seu formato e maneira de usá-los não é realista; são presos com arame atrás das orelhas, e seus estilos, amiúde muito bizarros, constituem signos da idade, *status* e personalidade do portador.

2. O espaço de ação

O segundo tipo de signos visuais são os pertinentes ao espaço de ação. Cada movimento, gesto e expressão facial do ator são signos que, como no teatro ocidental, servem quer para expor a personagem quer para indicar suas relações com as demais. Em conjunto com estes, entretanto, o teatro chinês apresenta exemplos abundantes de signos realizados dentro do espaço de ação, que possuem função representativa e estão no lugar de referentes, fora pessoas; representam componentes inexistentes da cena ou dos artigos cênicos. Toda rotina, qualquer que seja sua significação particular, foi desenvolvida através de uma longa tradição em uma convenção obrigatória. Sua forma atual foi afetada não somente pela tentativa de inventar um signo ao mesmo tempo simples e compreensível, mas também pela ênfase constante na função estética. As ações do intérprete chinês foram submetidas a regras precisas que não permitem desvios básicos. O perfeito domínio da técnica é possibilitado por um trabalho de adestramento do ator que começa em tenra idade e pela prática de se lhe confiar sempre o mesmo papel através de sua carreira. Os *signos-ação* nunca visam à imitação da realidade. Esta constitui naturalmente seu ponto de partida, mas na maioria dos casos eles são construídos de modo a se divorciar tanto quanto possível do realismo. O intérprete, por exemplo, sugere a ação de beber chá levando aos lábios uma chávena imaginária, mas com o fito de evitar um caráter realista no ato, mascara a mão executando o gesto com um movimento especial da outra mão. Para ilustrar o fato de que alguém está dormindo, ele não se deita mas senta-se, apoiando os dedos de uma das mãos ligeiramente na têmpora. Um signo-ação deve assim sua forma final a uma tensão entre a função estética e outras funções, comunicativa, expressiva etc. O relacionamento dos signos-ação é variável; seqüências convencionais de movimentos que se relacionam à cena, mesmo no que têm de mais artificial, estão em contato mais íntimo com a realidade do que as ações que expõem processos de pensamento e relações de personagens. O ator chinês evoca o espaço de ação com plena gama de elementos de movimento, gesto e expressão facial à sua disposição. Os movimentos são aqui tomados em seu sentido mais estrito de movimentos corporais. Um modo especial de ação é o uso de vários movimentos executados por meio de penas de faisão presas à cobertura de cabeça do intérprete. Elas são muito compridas e o ator pode pô-las em jogo por um movimento giratório ou de meneio, virando ou baixando a cabeça, ou então pode movê-las com a mão. Os gestos do ator chinês diferem profundamente dos gestos do ator ocidental. Os gestos primários são efetuados com as mãos, que raramente ficam soltas, mas em geral se apresentam envoltas em longos punhos de seda apensos às mangas. Os gestos executados pelo ator com estas mangas são ricos de significação. Embora as expressões faciais não sejam em geral distintas das do tipo ocidental, são mais diversificadas e específicas. Os movimentos dos músculos faciais obedecem a convenções; estipulações obrigatórias determinam qual expressão facial deve ser utilizada a fim de expressar uma dada emoção relativa ao tipo de personagem e à sua idade e à natureza, intensidade e duração do sentimento. Em geral, movimentos e gestos no sentido mais amplo são veículos de signos substitutivos para a cena, enquanto gestos com as mangas e expressões faciais em conjunto expressam os pensamentos e emoções da *dramatis persona*.

Grande parte da rotina do ator é dedicada a produzir signos cuja principal função é representar componentes da cena. Uma rotina de ator tem de transmitir todas aquelas ações para as quais a cena não proporciona dispositivo material adequado. Usando a seqüência aplicável de movimentos convencionais, o ator realiza a superação dos obstáculos imaginários, galgando escadas imaginárias, cruzando elevados limiares, abrindo portas. Os signos-movimento efetuados informam o espectador sobre a natureza desses objetos imaginários, diz se o fosso inexistente está cheio ou vazio de água, se a porta inexistente é a principal ou uma porta dupla comum, porta única, e assim por diante. Para mostrar uma pessoa entrando na habitação de um pobre, o ator leva a cabo o devido movimento em posição curvada, pois os pobres vivem em porões de teto baixo; se apropriado, as regras dão-lhe a oportunidade de realizar uma topada da testa contra um dintel imaginário. As ações do intérprete são particularmente complicadas quando envolvem objetos ou animais; aí o ator baseia às vezes sua rotina sobre papéis residuais ou fragmentos de artigos imaginários. Falando acerca de artigos cênicos, mencionamos o emprego de um remo para representar uma viagem de barco; se o ator chega com o seu remo a um palco vazio pela porta de "saída", isto quer dizer que o palco todo é água; ele pode receber outras pessoas em seu bote de fantasia e remar rumo à "entrada", que representa a margem. Uma rotina extraordinariamente emaranhada é utilizada pelo ator para sugerir ações com um cavalo: montar, cavalgar, trotar, galopar, desmontar, conduzir etc. A significação de todos esses movimentos é tão intrincadamente concebida que ela permite ao espectador identificar até a natureza do cavalo imaginário. Em uma peça, o ator interpreta um servidor que lida

352

com oito cavalos imaginários no palco; o público é capaz de dizer com base no seu modo de atuar se um animal é excepcionalmente belo, se outro morde, outro pinoteia, outro está doente, outro gasto pela idade etc. O criado sela as montarias, as conduz à residência do amo e anuncia à companhia que os ginetes estão à disposição. Os cavaleiros saem, fingem montar os animais imaginá- rios e saem cavalgando a trote. O mesmo grau de detalhe marca as condições que governam os diversos tipos de trabalho e atividade: tecer, costurar, fiar, escrever etc.; cada uma delas dispensa acessórios cênicos.

Os signos ligados à *dramatis persona* são em geral gestos com as mangas cuidadosamente elaborados para ajustar-se a cada exemplo individual. O "gesto de manga erguida", em que uma longa manga é atirada para cima e se estende, expressa desespero ou revolta. Outro gesto de manga significa uma decisão importante; o "gesto de manga decisivo", executado pela mão direita girando lentamente para cima e rapidamente para baixo, signi- fica que a pessoa tomou alguma decisão fatal, sacrificou a vida de alguém etc. Para mostrar abatimento, por exemplo, frustração de planos, ao ator chinês não é permitido deixar os braços balançando junto aos flancos do corpo, pois esse gesto não se coaduna com a estética chinesa; o ator abaixa apenas um dos braços, mas ele o segura diante de si e o aperta um tanto contra o corpo, agarrando-o sob o cotovelo com o outro braço, curvado. Este "gesto de repouso", uma posição estabelecida de fato, é observada não meramente por atores a expressar fadiga mas igualmente por aqueles que figuram espí- ritos. Outra postura-padrão, destinada a denotar a po- breza ou a irrealidade da *dramatis persona*, é o "gesto de mangas pendentes"; o ator que desempenha o papel de um homem pobre ou de um espírito permite que as mangas pendam de seus braços, que são mantidos algo à frente do corpo. Gestos realizados com as mãos somente são também usados para significar emoções. Se não é possível expressar o conceito por um gesto de manga, o ator a arregaça com o fito de ficar com a mão livre e cobri-la de novo, depois de completado o gesto. Os gestos de mão podem substituir os gestos de manga unicamente nos casos dos signos que representam emoções, mas alguns gestos de mão não podem ser substituídos por gestos de manga. Gestos de mão também são signos de doença, sensações de calor, frio, sentimentos de impotência, desapontamento, dor, piedade, contemplação e assim por diante. O gesto de protesto pode servir para mostrar a complexidade destes signos. A mão é parcialmente cerrada em punho, o polegar permanece na junta média do dedo médio, o indicador fica curvado através do polegar e ao mesmo tempo a ponta do dedo mínimo é levada a tocar o terceiro dedo, a fim de evitar o formato de um punho comum. Ao passo que os gestos nunca significam emoções jubilosas, os movimentos de corpo e de pernas não têm outra função além de exprimir emoções jubilosas. Os papéis militares contêm muitos movimentos que exprimem força e ardor. Um signo de vigor é um movimento que o ator executa usando a perna esquerda, enquanto permanece erecto sobre a direita; ele ergue a coxa esquerda e curva a perna no joelho em ângulo obtuso. O "giro do dragão" na cintura apresenta o mesmo significado. Mantendo os braços sobre os quadris, o ator roda o tronco, esticando-se profundamente em todas as direções. Em uma peça o ator, nesta pose inclinada, utiliza os dentes para tirar um copo de vinho de uma bandeja servida por um criado à sua direita, inclina-se para trás, como que para beber aos goles da taça e devolve o copo à bandeja, que agora o criado à sua esquerda está segurando. Os mais extremos signos de leviandade e alegria são movimentos de dança com plumas, na maioria das vezes executados por uma das personagens femininas (*dàn*).

Por fim, os últimos porém mais importantes signos teatrais pertencentes aos conceitos de espaço de ação são aqueles que revelam o relacionamento da pessoa que executa a rotina com outra personagem. Temos aqui a nos haver com signos que desvelam as relações sociais dos indivíduos, signos dramáticos no verdadeiro sentido da palavra, pois são eles que expressam conflito na maioria das vezes. Alguns foram transferidos para o palco diretamente do comércio social e cerimonial, adquirindo ainda maior complexidade e lexicalidade. Dizem respeito à saudação e acolhida de um hóspede. O "gesto de manga respeitoso" é o signo de um cumprimento altamente cortês; é executado por um cruzar de braços. Se o ator deseja apresentar seus respeitos ou pede atenção ou audição, leva a cabo o "gesto de manga para o trato"; levanta o braço esquerdo abaixo do queixo, deixando a

354

manga pender, toca esta última ligeiramente com os dedos da mão direita, deixando de fora o dedo indicador e saúda a pessoa abordada. Este gesto e signo de respeito, entretanto, também é realizado por um intérprete quando pronuncia o nome de uma pessoa ausente a quem ele ama ou estima. Um ator consigna um cumprimento ou mostra de respeito, efetuando o "gesto de manga de cortesia"; coloca a mão direita debaixo do peito, deixando que a manga caia, e curva-se ao mesmo tempo. Tais movimentos constituem um signo que substitui o voto verbal para que o outro se abstenha de suas saudações. Outra série de signos dizem respeito ao cumprimento de um visitante. Junto com as saudações costumeiras, o ator que dá boas-vindas a um visitante efetua outros gestos; veicula o ato de tirar o pó de uma cadeira por um movimento da manga para a direita, esquerda e direita de novo, primeiro com o braço direito, depois com o esquerdo e por fim com o direito mais uma vez. A afetação e significação desta cerimônia, tal como levada a cabo em linhas similares na vida cotidiana, capacita-a a ser adotada com alterações apenas menores pelo espaço de ação. Retinas lexicalizadas similares para a saudação de um visitante, inclusive o ato de limpar o pó de uma cadeira, eram igualmente conhecidas em alguns distritos do interior da Boêmia e tinha importância própria numa série de cerimônias, por exemplo o arranjo de casamentos. O espaço de ação do teatro chinês possui também signos elaborados para traduzir sentimentos desagradáveis. Raiva, repugnância e recusa são transmitidas pelo "gesto de manga de aversão"; com um movimento circular, o intérprete joga a manga na direção do alvo de um tal sentimento e simultaneamente torce a cabeça na direção oposta. Para mandar uma pessoa embora, o ator executa o "gesto de manga de recusa". Por meio de movimento de curvatura do pulso, ele lança as duas mangas, afastando-as do corpo uma, duas, três vezes, e recusando ao terceiro gesto. O "gesto de manga de ocultamento" indica que o ator está obscurecendo sua ação ou suas palavras em relação a outra pessoa no palco; seu significado é assim próximo do aparte do teatro ocidental. Se o intérprete deseja comunicar à platéia algum segredo que deve permanecer oculto de outras pessoas, ou se deseja exprimir um pensamento privado, ergue a manga da mão direita à altura do rosto; este gesto denota uma parede opaca entre as outras personagens e o ator, que então aponta para elas freqüentemente com a outra mão. O ator pode esconder-se atrás de uma parede imaginária ainda mais perfeita quando se vê diante de um dilema ou temeroso de ser descoberto mediante o emprego do "gesto de manga de encobrimento". Aí o braço é dobrado em ângulo obtuso até a frente e a manga fica flutuando sobre o rosto inteiro.

O signo acústico

O segundo grupo de signos teatrais chineses caracteriza-se pelos signos da fala, canção e música teatral. A linguagem no teatro chinês dispõe de signos especiais que a distinguem da fala comum. A composição das peças chinesas não é, na maioria dos casos, dramática no sentido ocidental; em geral falta-lhe a tensão refletível no diálogo. O drama chinês é uma estrutura composta de verso, prosa e música; tais elementos entremesclam-se e sempre aparecem. A fala teatral foi formada pela mistura artificial de vários dialetos e sua significação brota também, de um modo especial, da declamação empregada. A declamação de palavras individuais baseia-se em um sistema rigorosamente obedecido de quatro tons que impedem possíveis erros na compreensão, dado o caráter homônimo do vocabulário chinês, e também servem para elevar a musicalidade da fala; ao mesmo tempo, porém, cada um dos tons é um signo e expressa o estado de espírito interno do locutor. A palavra falada tem sempre de misturar-se com o ritmo de movimento, seja ela prosa ou verso. O diálogo ou monólogo em verso é composto de quadras; os dois primeiros versos são proferidos em tom uniforme e invariável, o terceiro sobe e abranda-se e o quarto é recitado lenta e calmamente. Se, de outro lado, o ator ergue a voz no último verso, isso anuncia a iminência de música e dança.

A música no teatro chinês segue uma convenção. É tocada no começo da peça, à entrada do ator, e em certas situações idênticas no decurso da peça. Os mais importantes instrumentos da orquestra teatral são violinos de duas cordas, guitarras de três cordas, órgãos, trompas, flautas, tambores, gongos, címbalos e matracas. Durante séculos, a música tocada e escrita fundamentava-se em uma escala de cinco notas derivadas da antiga flauta chinesa, e o teatro clássico chinês permanece fiel a esta tradição. No que tange às principais situações, são prescritos temas convencionais que sempre entram à chegada desses pontos na peça; de outro modo não há música ou há simplesmente música improvisada. Os temas são expostos ou por um cantor ou por um solo de instrumento, sendo depois recapitulados em uníssono por todos os instrumentos. As árias são cantadas em formas de linguagem arcaica, quase incompreensíveis; assim, certos traços são assinalados pela música sozinha, uma vez que os temas são precisamente definidos, quer em conjunção com o espaço de ação quer isoladamente. As ocasiões em que a música funciona como um signo são, por exemplo, as de ira, ódio, horror, surpresa, ansiedade, tristeza, meditação, amor, alegria, ebriedade, de *toilette*, desordem, fuga etc. Amiúde a circunstância em questão é veiculada pela música somente; por exemplo, se é mister representar uma bebedeira; sua imitação realista, comum no palco ocidental, é proibida ao ator chinês por motivos estéticos.

Ao examinar a significação de elementos individuais no teatro chinês, encontramos uma estrutura em geral homogênea, um repertório de vários sistemas de signos lexicalizados, sistemas que, embora autônomos por direito próprio, desenvolvem-se espontaneamente um do outro. A moldagem de tais sistemas, a estabilidade de cuja estrutura inteira depende da manutenção de léxicos virtualmente inviolados, deve evidentemente algo às influências externas, extrateatrais (religião, tradições do intercurso social etc.), mas a influência do próprio palco foi de alta importância. Os artigos no cenário, que representam referentes formadores da cena, convertem-se em signos teatrais especiais, adotando novas funções e legando as suas funções originais ao espaço de ação. Este só pode desincumbir-se de seu próprio papel transferindo alguns de funções de signos aos elementos remanescentes da estrutura, mormente à música. No teatro chinês, ao contrário do ocidental, uma obra dramática não visa a uma realização de alguma forma dependente de numerosos fatores moldados por acaso, que vão desde a concepção de um encenador até a dicção de um ator. As montagens de peças isoladas estabelecidas no antigo teatro chinês são antecipadamente acabadas até o último ingrediente. Elas persistem no abstrato como séries ininterruptas, já familiares ao elenco inteiro em toda e qualquer secção transversal, e são meramente reinvocadas de tempo a tempo sem qualquer mudança estrutural mais séria. A estrutura é até certo grau certa em si mesma, de modo que não há sequer qualquer necessidade de um diretor para supervisionar a unidade desta.

Trad.: *J. Guinsburg*

18. A SIGNIFICAÇÃO NO TEATRO
J. Teixeira Coelho Netto e J. Guinsburg

1. *Objeto de estudo*

Quais as principais estruturas significantes no teatro, como funcionam, que combinações promovem entre si e que dão por resultado aquilo que se pode chamar de significação teatral? Este é o objetivo deste ensaio*, que pretende fugir das especulações comuns sobre os vários tipos de signos que se podem anotar no teatro para tentar propor um modelo de compreensão do fato teatral não como simples soma de várias semióticas mas como uma estrutura íntegra e totalizante a suportar todo o processo da significação teatral. E é com o objetivo

---

* Resultante de um seminário sobre problemas atuais de estética teatral realizado em 1973 no setor de Teatro da Escola de Comunicações e Artes da Universidade de São Paulo, sob a responsabilidade do Prof. J. Guinsburg. Em julho do mesmo ano, este texto foi comunicado ao I Congresso Brasileiro de Ensino e Pesquisa de Comunicação, realizado em Belo Horizonte, sob a forma de uma conferência pronunciada por J. Teixeira Coelho Netto.

de oferecer uma visão totalizante da semiose teatral que serão utilizados aqui, como método de trabalho, os conceitos privilegiados pelas teorias lingüísticas que derivam dos trabalhos iniciais de Saussure e que já oferecem a vantagem de se propor como um corpo metodológico unitário. A utilização de um método dessa natureza, contudo, não significa que se pretenda aplicar, ou mesmo *forçar* o modelo lingüístico sobre o fato teatral; uma tal escolha foi feita, em primeiro lugar, e numa consideração apriorística, por ser o teatro sem dúvida uma *linguagem* (não se tomando esse termo no sentido específico que ele assume em lingüística) e, em segundo lugar, por revelar-se o método lingüístico, de maneira especial tal como foi formulado por Hjelmslev[1], um roteiro de trabalho de grande operacionalidade na sistematização dos dados referentes aos processos de comunicação seja qual for, em princípio, a natureza destes. Esta escolha não envolve necessariamente, como foi dito, que se pretenda encontrar no teatro os mesmos elementos definidores de uma estrutura lingüística propriamente dita; tais elementos poderão ou não ser encontrados, sob uma forma comum à lingüística e à linguagem do teatro, sob formas apenas semelhantes ou sob formas inteiramente distintas — aos membros do seminário interessou, apenas, considerar o método lingüístico como um método de trabalho, uma base já assentada sobre a qual apoiar as descobertas ou colocações que pudessem eventualmente vir a ser feitas.

2. *Primeiro nível*

Sendo o método de natureza *dedutiva,* a primeira questão consiste em determinar o *texto* inicial a ser submetido à análise, do qual se partirá para o aprofundamento no estudo da estrutura ou estruturas teatrais. Este primeiro texto ou *nível de análise* deve ser suficientemente amplo a fim de permitir uma abordagem do maior número possível de elementos-caracteres do teatro, e como o objetivo é o estudo do teatro *em ato,* isto é, do teatro-espetáculo, do teatro em realização, e não do teatro como projeto ou do teatro como uma poten-

---

1. HJELMSLEV, Louis. *Prolégomènes à une théorie du langage.* Paris, Ed. Minuit, 1968.

cialidade a partir de uma escrita no papel, determina-se preliminarmente e de maneira arbitrária, que uma primeira estrutura do teatro — um primeiro nível de concreção, uma primeira condição de existência do teatro enquanto ato — ou seja, o primeiro *texto* do teatro, aquele que se oferece de imediato à leitura e decifração do observador, compõe-se dos elementos *Personagem, Cenário e Jogo*. Tem-se aceito que tais elementos, implicitamente, caracterizam o teatro, e eles são aqui tomados implicitamente, isto é, não serão *definidos* de imediato, figurando como *noções operatórias* que possibilitam o desenvolvimento de uma teoria.

2.1. *Relação triádica*

Os três componentes desse primeiro nível textual colocam-se num mesmo pé de igualdade uns em relação aos outros; nenhum deles é privilegiado, de tal modo que os três *em conjunto* são condições de existência do teatro enquanto processo: a ausência de um deles, neste momento de análise, faz com que não se tenha teatro. Assim, entre os três componentes dessa primeira estrutura estabelece-se uma relação triádica que, visando uma facilitação de operacionalidade, pode ser representada por um diagrama do tipo:

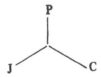

ou seja, numa formação triangular, sendo o triângulo uma figura geométrica cujos vértices (P = personagem; C = cenário e J = jogo) definem um plano, estão *num mesmo* plano.

3. *Segundo nível*

O aprofundamento na vertical da análise desse primeiro nível textual, tal como recomenda a teoria lingüística, à procura de outros eventuais níveis ou estruturas que serviriam de suporte ao primeiro, leva-nos efetivamente à proposição de um segundo nível, este *primário*, como se verificará, onde se encontram elementos anteriores a P, C e J e que possibilitam a constituição destes. Este segundo nível ou classe é formado pelos componentes *Actante*, *Máscara* e *Espaço* os quais, à semelhança do que ocorre com os componentes do primeiro nível, mantêm entre si uma relação triádica na qual não se privilegia nenhum de seus elementos; os três estão num mesmo plano, e a ausência de qualquer deles invalida o fato teatral. Tal como se fez com a primeira relação triádica, esta segunda também pode ser representada por um diagrama do tipo:

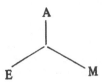

3.1. *Descrição de A, E, M*

Os componentes do segundo nível podem ser operacionalmente *descritos* (e não definidos, já que a definição implica maior rigor de conceituação que, freqüentemente, só se atinge no decorrer ou ao final do trabalho) como seguem:
1) Actante: tudo que atua (como sujeito do processo);
2) Máscara: tudo que se superpõe ao actante e ao espaço;
3) Espaço: o *topos* concreto do processo.

4. *Estruturação de P-C-J*

A partir da constatação desse segundo nível, pode-se asseverar que a primeira estrutura, ou nível, está em função com a segunda de modo tal que cada um de seus componentes é função de uma relação diádica entre dois componentes da segunda estrutura, como segue:
4) P = f(A,M)
5) C = f(M,E)

6) J = f(A,E)
Ou, num diagrama:

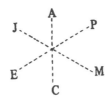

Na verdade, as relações diádicas indicadas entre parênteses em (4), (5) e (6) não subsistem plenamente dado que *também* no segundo nível, como foi dito, observa-se uma relação *triádica,* isto é, uma relação que só se mantém como tal na medida em que subsistirem num mesmo momento todos seus três componentes. Ideal e operacionalmente, contudo, é válido o isolamento de relações diádicas numa relação triádica como a proposta, mesmo porque verifica-se que *na montagem* do espetáculo teatral (na preparação do teatro, ainda que *não teatro*) um fato teatral é gradativamente estruturado através de *relações parciais* entre seus componentes, o que inclui, com toda evidência, uma relação do tipo diádica.

5.

Da colocação feita em 4, decorre uma *descrição* inicial dos componentes P, C e J do primeiro nível:
7) Personagem: é a resultante do in-vestimento de uma *máscara* num *actante;*
8) Cenário: é a resultante do in-vestimento de uma *máscara* num *espaço;*
9) Jogo: é a resultante do in-vestimento de um *actante* num *espaço.*

6. *Descrição de P, C, J*

Da observação das duas estruturas, ou níveis, colocadas, resulta que a primeira configura-se como uma estrutura de uma *complexidade* maior em relação à segunda. A segunda parece ser básica para o fato teatral, enquanto a primeira é um *resultado* da segunda, porém não um resultado necessário, ou seja, a primeira pode ou não ocorrer, isto é, se se tem P, C e J deve-se ter necessariamente A, E e M, porém se se tem A, E e M não se tem necessariamente P, C, J, num tipo de relação entre os dois níveis denominado *determinação*. Os dois níveis podem ocorrer num mesmo fato teatral ou em fatos teatrais distintos do tipo (A-E-M) de um lado e (A-E-M)(P-C-J) do outro, já que não pode haver (P-C-J) sem (A-E-M). Conseqüentemente, pode-se dizer que a estrutura (A-E-M), quando isolada, configura um fato teatral de *menor complexidade* que se poderia denominar genericamente de *espetáculo teatral,* enquanto ambas as estruturas em conjunto configuram um fato teatral de *maior complexidade* ou Teatro propriamente dito.

6.1. *Espetáculo teatral e teatro*

Dentro da categoria do *espetáculo teatral* pode-se colocar uma série de formas rudimentares de teatro da qual o chamado "teatro de variedades" é um exemplo. Mesmo neste tipo de teatro mantém-se inteira a segunda estrutura (A-E-M); por exemplo, se se tem um número de mágica, tem-se um *actante* (o mágico enquanto pessoa, algo que atua), uma *máscara* (o mágico que se vê é uma pessoa em particular porém é também O Mágico, *i.e.,* proporciona uma Imagem da Coisa Representada) e um *espaço* (o próprio local da atuação). Na categoria do Teatro propriamente dito coloca-se tudo aquilo que tradicionalmente tem constituído o corpo de uma disciplina ou de disciplinas de estética teatral: peças de Sófocles, Shakespeare, Brecht, Ionesco, teatro popular (enquanto de estrutura assemelhada à do teatro dito "erudito") etc.

6.2.

Deve-se ressaltar que o actante/mágico-máscara/mágico do exemplo dado em relação ao espetáculo teatral não chega, em momento algum, para os propósitos deste estudo, a se constituir numa personagem; pode-se falar no máximo num papel, tal como se fala no papel da filha, do professor etc.

7. *Representema e Teatrema*

Conforme a orientação de Peirce[2], segundo o qual àquele que propõe um novo conceito deve caber a responsabilidade de igualmente propor uma denominação para esse conceito, seguindo-se as regras da terminologia científica de sua disciplina e as de sua língua nacional, estabelece-se para o segundo nível (A-E-M) a denominação *Representema* e, para o primeiro, *Teatrema* (da desinência *êmico*, de "fonêmico", indica aquilo que é *pertinente*, em oposição a *ético*). Isto é, o segundo nível, (A-E-M), sendo o do espetáculo teatral em geral é o da Representação em geral, enquanto o primeiro, (P-C-J), dos espetáculos teatrais é o do Teatro propriamente dito no sentido especificado em 6.1.

7.1. *Articulação do fato teatral*

Não existe, neste momento e especificamente, a preocupação de identificar Representema e Teatrema com fonema e monema, respectivamente, como poderia parecer. Apesar de se estar seguindo o método lingüístico, e de terem sido propostas denominações com base num modelo lingüístico, como já foi observado, não se trata de encontrar no fato teatral estruturas idênticas às que caracterizam o fato lingüístico propriamente dito. Contudo, o desenvolvimento dos estudos, até aqui, parece indicar que Representema e Teatrema sugerem dois níveis de articulação que, enquanto articulação, se assemelhariam às articulações fundadas no fonema e no monema. Haveria essa semelhança sob alguns aspectos, enquanto haveria igualmente uma distinção, e muito acentuada, sob vários outros aspectos. Efetivamente, enquanto em lingüística pode-se falar em *discrição* (como oposição a continuidade), o fato teatral parece propor se como mais um domínio da não-discrição. Neste caso, a análise da estrutura teatral consistiria em *passar* de um nível não-discreto a níveis não-discretos menores,

2. PEIRCE, Charles S. *Collected Papers.* Cambridge, Mass., The Belknap Press of Harvard Univ. Press, 1966. Trad. bras.: *Semiótica,* São Paulo, Ed. Perspectiva, 1977 (Estudos 46).

tal como observa Metz[3] em relação ao cinema, podendo-se *decompor* um nível porém não reduzi-lo. Assim, o Teatro propriamente dito comportaria um primeiro nível não-discreto (P-C-J) do qual *se passa* a um segundo nível não-discreto (A-E-M), podendo-se decompor qualquer desses níveis em seus elementos estruturais de modo tal que cada nível seria uma classe formada por componentes, cada um dos quais se propõe como nova classe abrangendo novos componentes e assim sucessivamente. Dessa forma, e em princípio, para o Teatro propriamente dito talvez se tivesse não uma dupla articulação, mas sim uma articulação múltipla na medida em que o Teatrema é formado sobre o Representema que por sua vez é formado pela articulação de seus três componentes A, E e M, assim como o Teatrema estrutura-se sobre seus três elementos específicos P, C e J, sendo que cada um desses elementos A, E, M, P, C e J formam-se por sua vez, por uma série de signos próprios. Já no espetáculo teatral em geral ter-se-ia uma articulação menos complexa: A, E e M articulam-se para propor o Representema e são por sua vez articulados por seus signos próprios.

7.2. *Signos e figuras*

Com efeito, parece difícil, se não impossível, encontrar no teatro, nitidamente, monemas e fonemas (mais especialmente fonemas) ou, usando a terminologia de Hjelmslev que cabe melhor neste estudo, signos e figuras. Isto é, é difícil encontrar no teatro, ao lado dos elementos significantes, que veiculam significação (signos), elementos não-significantes, que por si só não veiculam significação (os não-signos, figuras). Se primeira e principalmente uma língua é, ainda segundo Hjelmslev, um sistema de signos, sendo, no entanto, em relação às suas funções próprias, um sistema de figuras que constroem signos, então não se pode falar propriamente numa *língua* do teatro, cabendo eventualmente o termo *linguagem do teatro* desde que tomadas as precauções semióticas aqui expostas. E se o fundamental de uma análise lingüística é dever conduzir a unidades da me-

---

3. METZ, Christian. Cinema, langue ou langage. *Communications*, n. 4, Paris, Seuil, 1964.

nor extensão e em menor número possível, esse objetivo não é aqui alcançado, não por falha na aplicação do método mas sim por ser da natureza do objeto de estudo não apresentar entidades de extensão mínima e irredutíveis. No fato teatral, cada um dos dois níveis possíveis já oferece vários significados, assim como cada um dos componentes de cada nível é portador de várias significações: contudo, pelo menos, cada um dos componentes de cada nível é o elemento mínimo desse mesmo nível do mesmo modo que cada nível- é o elemento mínimo da *cadeia* ou *seqüência* teatral.

7.3. *Semas e signos*

Mesmo considerando-se o fato teatral como um processo de códigos visuais, e tendo-se uma compreensão desses códigos tal como o faz, por exemplo, Luis Prieto[4], não se resolve satisfatoriamente, ou não se resolve, em geral, o problema da identificação de entidades mínimas não-significantes e irredutíveis, no teatro. Investigando a questão da articulação dos códigos visuais, Prieto propõe três níveis: o das *figuras,* equivalentes aos fonemas, dotadas de valor meramente diferencial (posicional e oposicional); o dos *signos,* denotantes ou conotantes de um significado, equivalentes aos monemas; e o dos *semas,* um signo particular que se traduz por um sintagma, por um enunciado da língua. Enquanto um sema (por exemplo, "aqui está um general romano") constitui um contexto ou circunstância de comunicação que permite a identificação dos signos icônicos (homem, militar, general, romano), as figuras são meramente condições de percepção da mensagem visual: são os elementos da geometria, o contraste luz/sombra, as relações forma/fundo. Ora, se se percebe facilmente que o teatro, tal como o cinema, é essencialmente o domínio do sema, e em segundo lugar do signo icônico, torna-se quase impossível, ainda que por razões de ordem meramente operacional, identificar as figuras do teatro; mesmo levando-se em consideração uma eventual possibilidade (no entanto desde já descartada) de identificar tais figuras, esta identificação não produziria resultado

4. PRIETO, Luis. *Messages et signaux*. Paris, PUF, 1972.

algum de ordem operacional uma vez que as figuras dos códigos visuais, admite-se, não são um número finito e nem sempre discretas. Com efeito, os trabalhos semióticos de Prieto voltam-se sobre os sistemas de comunicação visual *gráfica* e poderiam eventualmente ser aplicados numa abordagem semiológica do cinema, enquanto que o teatro, embora uma construção estética (*i.e.*, uma artificialidade) aproxima-se dos problemas propostos por uma semiótica do mundo natural, dentro da qual tem-se encontrado as maiores dificuldades para a identificação de entidades não-significantes irredutíveis (cf. os trabalhos de Edward T. Hall e Ray Birdwhistell, em proxêmica e cinésica, e as críticas que lhes têm sido feitas) e para a qual, eventualmente, o estudo de tais unidades mínimas tem pouco ou mesmo nenhum interesse em comparação com a rica análise que se pode fazer das unidades significantes. Deve-se lembrar aqui, com Hjelmslev, que por vezes uma entidade é da mesma extensão de outra entidade de grau superior; neste caso, se há *figura* no fato teatral, tudo parece indicar que elas sejam da mesma extensão dos *signos*, o que equivaleria a dizer, se se adotasse por exemplo a terminologia de Prieto, que o fato teatral pode ser dividido, por excelência, ém semas e signos, não mais.

7.3.1. *Hipersignos*

Sob um outro enfoque, pode-se dizer que o fato teatral é um conjunto de *Hipersignos* (termo proposto em analogia com hiperespaço, algo não descritível na geometria euclidiana). Na concepção de Umberto Eco[5], um *hipersignificado* não se obtém através de uma mera combinação de.signo com signo, sendo de natureza tal que, uma vez identificado, os signos que o compõem não surgem mais como partes desse Hipersigno, assumindo antes, em relação a ele, a mesma função cumprida pelas figuras para com os signos, na teoria de Prieto. Tal Hipersigno, ou Supersigno, segundo Bense[6], é a resultante de um processo de "majoração (*Superisation*) de signos em configurações (*Gestalten*) de signos e estruturas de signos". O novo signo, ou hipersigno, assim for-

---

5. ECO, Umberto. *A Estrutura Ausente*. São Paulo, Perspectiva, 1971.
6. BENSE, Max. *Pequena Estética*. São Paulo, Perspectiva, 1971.

mado não é o mesmo signo primeiro de alguma forma aumentado em sua dimensão; essa majoração de um signo em ordem mais elevada de signos corresponde, segundo Bense, sempre a uma nova referência de objeto e a uma nova referência de interpretante, conforme propõe a teoria de Peirce. Desta forma, ter-se-ia no fato teatral uma majoração de signos da seguinte espécie: certos signos ao nível dos componentes do Representema combinam-se entre si para formar um signo majorado que é o próprio Representema e seguem combinando-se com os signos dos componentes do Teatrema para formar um hipersigno global ao nível deste mesmo Teatrema, hipersigno que, aqui, pode apresentar-se isoladamente ou em combinação com outros hipersignos da mesma espécie, compondo-se sintagmas.

Uma teoria do Hipersigno para a caracterização do fato teatral, ou uma teoria que proponha, para o fato teatral, um encadeamento de signos em semas, adequa-se melhor ao que foi exposto em 7.1, ou seja, que na análise de uma estrutura teatral passa-se de um nível não-discreto a outros níveis não-discretos menores, sendo possível decompor mas não reduzir um nível. Eliminar-se-ia com isso, também, o problema da identificação das figuras do texto teatral, cuja solução, como já foi observado, é ou impossível ou carecedora de interesse para um estudo da significação no teatro.

7.4. *Nível do virtual*

Ainda a respeito dos níveis de articulação do fato teatral, deve-se registrar que, assim como sob o nível do Teatrema tem-se o nível da representação genericamente considerada, sob o Representema tem-se, obviamente, um nível do virtual ou do projeto constituído pelo texto escrito de um fato teatral ou por uma intenção de teatro. Se se tiver um texto escrito (a peça escrita) ou mesmo oral, cabe uma análise estrutural da narrativa, que deve ser considerada — bem como uma análise semiológica de processo de comunicação com o público — se se abordar o teatro em sua totalidade absoluta. Contudo, tanto uma como outra, por razões de método, não estão dentro dos marcos que delimitam o objeto deste estudo.

8. Relações entre as partes

Considerando-se que uma totalidade não consta de coisas mas, essencialmente, de *relações* entre as coisas que a compõem, a análise não deve consistir apenas na divisão de um objeto em suas partes; deve, igualmente, voltar-se para o estudo das dependências mútuas entre essas partes. Na verdade, um objeto só se define pela soma dessas dependências ou relações.

Examinando as partes que compõem o fato teatral, tem-se que:

10) Teatrema e Representema mantêm entre si uma relação do tipo *determinação*, ou seja, a dependência entre ambos é unilateral, *i.e.*, um termo pressupõe o outro, e não vice-versa: para existir, o Teatrema pressupõe o Representema, porém o contrário não é verdadeiro;

11) No teatro propriamente dito, as relações entre os dois níveis são do tipo interdependência (dependências mútuas): um termo pressupõe o outro e vice-versa; ou seja, o Teatrema pressupõe o Representema, porém como se se tiver apenas o nível do Representema não se tem Teatro, segue-se que no Teatro a existência do Representema pressupõe a existência do Teatrema;

12) Os elementos do primeiro nível bem como os do segundo, (P-C-J) e (A-E-M), mantêm entre si uma relação do tipo interdependência, ou seja, para que haja Teatrema, assim como Representema, se se tem um deles tem-se os outros dois, de tal forma que a ausência de qualquer um já invalida a subsistência do nível como um todo;

13) Da mesma forma, enquanto totalidade cada um dos níveis mantém com seu respectivo conjunto de componentes uma relação do tipo interdependência.

8.1. Constantes e variáveis

Uma vez que o primeiro nível está em função com o segundo (no caso do Teatro), que cada um dos componentes do primeiro nível (P-C-J) é função de dois componentes conjugados do segundo nível de forma tal que a função P, por exemplo, tem por funtivos [7] A e M, e que Teatrema é uma função que tem por funtivos P, C e J, assim como Representema é uma função de A, E e M, pode-se determinar que:

14) os funtivos P, C e J da função Teatrema (*idem* quanto ao Representema) são do tipo *constante*: constante, na definição de Hjelmslev, é um funtivo cuja presença é condição necessária para a presença do funtivo com o qual tem função;

15) nas funções P, C e J, os funtivos (A,M), (M, E) e (A,E), respectivamente, são igualmente do tipo *constante;*

16) sendo o Teatro uma função dos funtivos Teatrema e Representema, estes funtivos são igualmente do tipo *constante;*

17) Em termos gerais, no entanto, como foi visto em (10), Teatrema e Representema podem ser considerados *variáveis;* é uma variável, um funtivo cuja presença não é necessária para a presença do funtivo com o qual mantém função.

Deste modo, e ainda com Hjelmslev, pode-se dizer que no fato teatral tem-se interdependências, ou funções entre duas constantes, e determinações, ou funções entre uma constante e uma variável, sendo *constante*, no fato teatral, o Representema, e *variável*, o Teatrema.

8.2. *Semiótica ou semia*

Não tendo sido constatada na estrutura do fato teatral nenhuma relação do tipo constelação (relação entre dois termos que são compatíveis, sem que um pressuponha o outro — o que não significa que uma relação dessa espécie não se possa verificar, eventualmente, num dado nível de um certo tipo de fato teatral a ser analisado concreta e individualmente), tem-se que o sistema subjacente ao processo teatral apresenta uma estrutura passível de uma maior formalização, de uma formalização mais rígida do que a que se teria se, prevalecendo variáveis e constelações, esse sistema se ca-

---

7. Entenda-se,por funtivo, o terminal de uma função.

racterizasse como uma *semia* ou mero *repertório* de signos. Dessa forma, uma semiótica do teatro apresenta-se, como efeito, muito mais viável do que outras semióticas de textos como os fornecidos pelos mesmos comportamentos proxêmicos e cinésicos.

9. *Elemento neutro*

Tal como se expôs em 7.2, cada um dos componentes de cada um dos dois níveis possíveis no fato teatral, assim como cada um destes níveis em si mesmos, é portador — por si só — de várias significações possíveis. Esses componentes não são, em si, unidades discretas; são, antes, conjuntos não-discretos de elementos significantes. Cada elemento, por exemplo o Cenário, é uma totalidade e uma totalização de elementos menores, e conforme a natureza destes últimos, cada componente de cada nível pode propor-se sob *aparências* as mais variadas. E no conjunto das formas de que se pode revestir o Cenário, por exemplo, é possível registrar uma situação em que o Cenário tivesse a mesma dimensão e a mesma aparência do Espaço; seria em tudo semelhante ao Espaço, porém não seria esse mesmo Espaço: a ausência do Cenário é, ou pode ser, intenção de Cenário. Ter-se-ia aqui que o componente Cenário, do primeiro nível, apresenta-se de uma forma *neutra;* e este elemento neutro pode verificar-se em qualquer dos três componentes ao nível do Teatrema. A privilegiação desse elemento neutro dentre todos os possíveis que formam cada um dos componentes explica-se em virtude de seu aparecimento fazer com que o componente em que ele se manifesta aparentemente *desça de nível,* isto é, aparentemente passe de um nível para outro. Assim,

18) C_n aparenta um Espaço, *i.e.*, um Espaço sobre o qual não foi in-vestida Máscara alguma;

19) P_n aparenta um Actante, *i.e.*, um Actante sobre o qual não foi in-vestida Máscara alguma;

20) J_n aparenta os gestos "naturais" de um Actante sobre os quais não foi in-vestida Máscara alguma.

372

O aparecimento, no Teatrema, de um componente qualquer com índice neutro não o descaracteriza enquanto Teatrema; embora pareça faltar ao Teatrema um ou alguns de seus elementos, que se assemelhariam aos elementos do Representema, ainda ele se mantém como uma integralidade perfeita pois, como foi dito, ausência aparente de cenário *é* Cenário, assim como ausência aparente de jogo *é* Jogo de alguma forma (ou é tomado como tal) e ausência aparente de personagem *é* Personagem. A notação de um Teatrema do qual qualquer ou quaisquer elementos tenham índice neutro deve ser feita normalmente, indicando-se tal fato; pode-se ter, conseqüentemente, Teatrema do tipo $P\text{-}C_n\text{-}J$ ou até mesmo $P_n\text{-}C_n\text{-}J_n$, não havendo autorização para se supor que qualquer forma de Teatro propriamente dito demonstre ter apenas o nível do Representema.

9.1.

No item anterior falou-se do índice neutro ao nível do Teatrema e se disse que sua presença nesse nível não descaracteriza o próprio nível e nem, por conseguinte, um fato do Teatro propriamente dito. Se o índice neutro pode ser constatado ao nível do Teatrema, e dado que o Teatrema é uma função do Representema, segue-se que, de alguma forma, o índice neutro deve também estar presente ao nível do Representema. E, com efeito, assim é. Contudo, a presença do índice neutro no segundo nível é antes uma *virtualidade,* uma potencialidade, isto é, o índice neutro está contido no Representema porém só vem a ser, apenas se torna uma realidade fatual ao nível do Teatrema. A presença do índice neutro junto a qualquer dos componentes do Representema destrói o mesmo componente, bem como o próprio Representema e o fato teatral tal como aqui entendido (cf. tópico 2.), *i.e.,* como teatro em ato, teatro em realização. Com efeito, não pode haver Actante neutro, segundo as proposições desta teoria, pois Actante já é algo que atua, não podendo haver, pela mesma razão, um Espaço neutro (o espaço desta teoria é o espaço concreto, que se coloca de imediato por si mesmo) ou uma Máscara neutra (a máscara é ou não é, ao nível do Representema). Melhor dizendo, se se verificar um índice neutro ao nível do Representema não se tem mais

373

um fato do teatro em realização, mas sim um fato do teatro virtual, ou do teatro-projeto, um fato (em nossa concepção) do vir-a-ser do teatro. A passagem que se opera do teatro-ato para o teatro-texto-escrito, oral ou ideal, quando da introdução do elemento neutro no Representema, faz surgir, diante do observador, o nível do virtual cuja análise, como ficou expresso em 7.4., não cabe neste estudo.

10.

Tal como está aqui apresentado, este trabalho é apenas o primeiro passo de uma análise semiológica do teatro; cada um dos planos aqui indicados deve ser observado de modo mais específico, o mesmo devendo acontecer com cada um de seus componentes etc. etc. De qualquer forma, no entanto, deve dar uma idéia suficientemente clara de como se pode (e, talvez, se deva) promover uma análise semiológica da significação no teatro, que tente encarar esse problema de um modo unitário e unificante e não do modo fragmentário e fragmentante como se vem fazendo até agora, quando se vêm discursos sobre os vários sistemas sígnicos que compõem o teatro sem que se tente explicar o fundamental, isto é, o modo específico pelo qual esses vários sistemas se combinam de forma a produzir algo que é especificamente reconhecido como sendo teatro.

VII. O TEATRO NO GESTO

19. O TEATRO NO GESTO

J. Guinsburg

Vale considerar, de início, que o espetáculo teatral se consubstancia em ato pela conjugação, em dado espaço, de três fatores principais – ator, texto e público. O texto tem sido tradicionalmente, sobretudo no teatro dramático de base literária, uma precondição, um dado prévio provido pela literatura, de qualquer realização de um "teatro" em cena. Entretanto, mesmo em termos atuais, isto é, levando em conta as propostas de chegar-se à "peça", ou a uma tessitura qualquer que lhe faça às vezes, através e como resultado do próprio processo de criação cênica, pode-se manter o "texto" como fator constituinte da representação teatral. Isto porque, independentemente de como foi elaborado e de seu valor específico no conjunto, a disposição das partes no roteiro a ser seguido, a fixação de traços e esboços ou figuras de personagens e a ordenação dos

377

elementos verbais, dialógicos e ambientais, sempre levará a um gênero de estrutura e discurso cênicos que terá, esquemática ou plenamente, o caráter de "peça", "texto", ou coisa equivalente, no contexto do espetáculo, colocando-se como seu antecedente, ainda que seja o último elemento a ser definido no processo de produção e por mais aberta que seja a encenação ao entrelaçamento do improviso e do aleatório. Assim, é possível afirmar em todos os nexos que, da união entre o ator e o texto, nasce a personagem, a máscara assumida pelo intérprete. O corpo do comediante investido do papel estabelece por si um espaço cênico, mesmo quando em grau zero cenográfico, isto é, em tablado nu ou num simples lugar qualquer de algum desempenho. Este, por outro lado, na proporção em que produz a máscara e concretiza a metamorfose do ator em personagem, incorpora de certa forma, senão a totalidade, no mínimo, partes vitais do trabalho do diretor, sendo possível ver, sobretudo no palco dramático, a interpretação do ator como o órgão principal da realização do encenador. Assim, a máscara encarnada converte-se no elemento central do teatro, aquele que o diferencia de outras modalidades de comunicação artística e interpessoal. A segunda relação importante no espetáculo é a do ator com o público. Fundada na presença física de ambos, emissor e destinatário, gera a especificidade da comunicação teatral, que é a da informação "quente", ao vivo, num comércio direto, corpóreo e sensível entre a veiculação e a captação. Em conseqüência, a platéia, longe de ser receptora passiva, exerce, necessariamente, um efeito sobre o resultado do desempenho, realimentando-o de alguma maneira no ato de captação, segundo uma escala variável do que se chama participação – a qual depende naturalmente do tipo de envolvimento solicitado e da resposta que lhe é dada – e enriquecendo ou mesmo empobrecendo o produto cênico final e a própria linguagem em que é apresentado.

Sob um outro ângulo, considerando-se apenas o que sucede no palco como tal, dever-se-ia, ainda, atentar para duas funções igualmente necessárias à configuração do universo cênico: *a concreção mimética e a articulação significativa*. A primeira é indispensável para que o tipo de ilusão artística peculiar ao teatro possa ser constituído e apreendido em sua especificidade. Pois, sem as pontes fornecidas pelas similitudes, estabelecendo pontos de contato e relacionamento com o mundo real, (re)-produzindo-o no tablado pela reprojeção de esquemas significativos, não poderia operar-se a percepção imediata da ficção teatral sob a forma de re-presentação, isto é, de "re-presentificação" ou, talvez, para ser mais preciso, de "presentificação" pura e simples, na medida em que o prefixo "re" é signo não de uma duplicação efetiva, porém, de uma atividade criativa e singular através de uma reapresentação de esquematismos familiares, preenchidos pelo processo artístico e dramático em dois momentos distintos: o da encenação como concepção e composição do conjunto do espetáculo e o da atuação como atualização e efetivação, aqui e agora, da obra. A arte cênica, entretanto, não fica apenas nesse primeiro movimento[1]. O teatro, por si só, enquanto arte, já implica, como princípio e como regra de sua produção, que todo elemento colocado em sua moldura adquire imediatamente um *caráter simbólico* em relação a si mesmo ou àquilo a que se refere. Assim, uma cadeira qualquer, no palco, será *a* cadeira daquela peça ou cena determinada, revestindo-se o móvel real de seu "papel" no universo fictício em exposição. Do mesmo modo, todo gesto esboçado nesse contexto e a seu serviço perderá sempre o caráter sintomático com que geralmente a expressão gestual se apresenta no cotidiano[2] e que pode mesmo estar intimamente associado

1. Embora ele seja fundante, mesmo quando se plasmam espetáculos teatrais em que o poético, o fantástico, o absurdo, o abstrato, nas mais diversas combinações, parecem escapar a todo paralelo ou modelo mimético na realidade imediatamente observável.

2. É claro que o gesto, em seu modo de ser corriqueiro, não se reduz unicamente à categoria de sintoma, tendo numerosos e constantes empregos simbólicos.

379

com o gesto feito em cena[3]. Ora, na proporção em que o gesto está ligado ao corpo do ator e é, ao lado da palavra, uma das principais vias pelas quais se concretiza a metamorfose deste em personagem e, por seu intermédio, de tudo o que está no palco, em atualidade dramática e *gestus* teatral, pode-se afirmar que é uma das grandes fontes geradoras de signos no teatro. E por sua natureza não se trata apenas de signos icônicos que resultam pronta e organicamente da ação atoral. Combinado com outros elementos ou representando-os, assumirá características das mais diversas, simbólicas, icônicas, indiciais, etc., – para empregar aqui de um modo simplificado as classificações sígnicas de Peirce – integrando-se na articulação de uma linguagem convencional, artística, poética, teatral, portanto de forte teor conotativo, a partir do embasamento natural, tridimensional do ator e seu espaço[4].

Assim sendo, compreende-se que, se o caminho de uma linguagem cênica inovadora está diretamente vinculado à capacidade de inventar, grupar, fazer interagir signos provenientes dos vários meios produtores que se conjugam para constituir uma articulação cênica significativa, não seja possível privilegiar, neste processo de criação sígnica, a função da palavra dramatúrgica e poética (texto) ou da concepção diretorial com toda a sua importância projetiva, mediadora e totalizadora (encenação) em detrimento do gesto do chamado "intérprete" (desempenho). Na verdade, ele é mais do que isso, pois é um legítimo co-criador do teatro em ato e, através dele, pelo mecanismo já explicado, o público também o é.

---

3. Esta associação não é, entretanto, condição *sine qua non* do gesto interpretativo, como pretendem certos realismos extremados.

4. O jogo do ator é uma sempre renovada tentativa de negar aquilo que ele deveria denotar na compacidade do "eu mesmo"-no-próprio-corpo-neste-lugar e substituí-lo magicamente pela denotação do "outro"-no-corpo-dele-no-seu-lugar.

TEATRO NA PERSPECTIVA

O Sentido e a Máscara
Gerd A. Bornheim (D008)
A Tragédia Grega
Albin Lesky (D032)
Maiakóvski e o Teatro de Vanguarda
Angelo Maria Ripellino (D042)
O Teatro e sua Realidade
Bernard Dort (D127)
Semiologia do Teatro
J. Guinsburg, J. T. Coelho Netto e Reni C. Cardoso (orgs.) (D138)
Teatro Moderno
Anatol Rosenfeld (D153)
O Teatro Ontem e Hoje
Célia Berrettini (D166)
Oficina: Do Teatro ao Te-Ato
Armando Sérgio da Silva (D175)
O Mito e o Herói no Moderno Teatro Brasileiro
Anatol Rosenfeld (D179)
Natureza e Sentido da Improvisação Teatral
Sandra Chacra (D183)
Jogos Teatrais
Ingrid D. Koudela (D189)
Stanislávski e o Teatro de Arte de Moscou
J. Guinsburg (D192)
O Teatro Épico
Anatol Rosenfeld (D193)
Exercício Findo
Décio de Almeida Prado (D199)
O Teatro Brasileiro Moderno
Décio de Almeida Prado (D211)
Qorpo-Santo: Surrealismo ou Absurdo?
Eudinyr Fraga (D212)
Performance como Linguagem
Renato Cohen (D219)
Grupo Macunaíma: Carnavalização e Mito
David George (D230)
Bunraku: Um Teatro de Bonecos
Sakae M. Giroux e Tae Suzuki (D241)
No Reino da Desigualdade
Maria Lúcia de Souza B. Pupo (D244)
A Arte do Ator
Richard Boleslavski (D246)

Um Vôo Brechtiano
Ingrid D. Koudela (D248)
Prismas do Teatro
Anatol Rosenfeld (D256)
Teatro de Anchieta a Alencar
Décio de Almeida Prado (D261)
A Cena em Sombras
Leda Maria Martins (D267)
Texto e Jogo
Ingrid D. Koudela (D271)
O Drama Romântico Brasileiro
Décio de Almeida Prado (D273)
Para Trás e Para Frente
David Ball (D278)
Brecht na Pós-Modernidade
Ingrid D. Koudela (D281)
O Teatro É Necessário?
Denis Guénoun (D298)
O Teatro do Corpo Manifesto: Teatro Físico
Lúcia Romano (D301)
O Melodrama
Jean-Marie Thomasseau (D303)
Teatro com Meninos e Meninas de Rua
Marcia Pompeo Nogueira (D312)
O Pós-Dramático: Um conceito Operativo?
J. Guinsburg e Sílvia Fernandes (orgs.) (D314)
Contar Histórias com o Jogo Teatral
Alessandra Ancona de Faria (D323)
Teatro no Brasil
Ruggero Jacobbi (D327)
40 Questões Para um Papel
Jurij Alschitz (D328)
Teatro Brasileiro: Ideias de uma História
J. Guinsburg e Rosangela Patriota (D329)
Dramaturgia: A Construção da Personagem
Renata Pallottini (D330)
Caminhante, Não Há Caminho. Só Rastros
Ana Cristina Colla (D331)
Ensaios de Atuação
Renato Ferracini (D332)

A Vertical do Papel
Jurij Alschitz (D333)
Máscara e Personagem: O Judeu no Teatro Brasileiro
Maria Augusta de Toledo Bergerman (D334)
Teatro em Crise
Anatol Rosenfeld (D336)
João Caetano
Décio de Almeida Prado (E011)
Mestres do Teatro I
John Gassner (E036)
Mestres do Teatro II
John Gassner (E048)
Artaud e o Teatro
Alain Virmaux (E058)
Improvisação para o Teatro
Viola Spolin (E062)
Jogo, Teatro & Pensamento
Richard Courtney (E076)
Teatro: Leste & Oeste
Leonard C. Pronko (E080)
Uma Atriz: Cacilda Becker
Nanci Fernandes e Maria T. Vargas (orgs.) (E086)
TBC: Crônica de um Sonho
Alberto Guzik (E090)
Os Processos Criativos de Robert Wilson
Luiz Roberto Galizia (E091)
Nelson Rodrigues: Dramaturgia e Encenações
Sábato Magaldi (E098)
José de Alencar e o Teatro
João Roberto Faria (E100)
Sobre o Trabalho do Ator
M. Meiches e S. Fernandes (E103)
Arthur de Azevedo: A Palavra e o Riso
Antonio Martins (E107)
O Texto no Teatro
Sábato Magaldi (E111)
Teatro da Militância
Silvana Garcia (E113)
Brecht: Um Jogo de Aprendizagem
Ingrid D. Koudela (E117)
O Ator no Século XX
Odette Aslan (E119)
Zeami: Cena e Pensamento Nô
Sakae M. Giroux (E122)
Um Teatro da Mulher
Elza Cunha de Vincenzo (E127)
Concerto Barroco às Óperas do Judeu
Francisco Maciel Silveira (E131)

Os Teatros Bunraku e Kabuki: Uma Visada Barroca
Darci Kusano (E133)
O Teatro Realista no Brasil: 1855-1865
João Roberto Faria (E136)
Antunes Filho e a Dimensão Utópica
Sebastião Milaré (E140)
O Truque e a Alma
Angelo Maria Ripellino (E145)
A Procura da Lucidez em Artaud
Vera Lúcia Felício (E148)
Memória e Invenção: Gerald Thomas em Cena
Sílvia Fernandes (E149)
O Inspetor Geral de Gógol/ Meyerhold
Arlete Cavaliere (E151)
O Teatro de Heiner Müller
Ruth C. de O. Röhl (E152)
Falando de Shakespeare
Barbara Heliodora (E155)
Moderna Dramaturgia Brasileira
Sábato Magaldi (E159)
Work in Progress na Cena Contemporânea
Renato Cohen (E162)
Stanislávski, Meierhold e Cia
J. Guinsburg (E170)
Apresentação do Teatro Brasileiro Moderno
Décio de Almeida Prado (E172)
Da Cena em Cena
J. Guinsburg (E175)
O Ator Compositor
Matteo Bonfitto (E177)
Ruggero Jacobbi
Berenice Raulino (E182)
Papel do Corpo no Corpo do Ator
Sônia Machado Azevedo (E184)
O Teatro em Progresso
Décio de Almeida Prado (E185)
Édipo em Tebas
Bernard Knox (E186)
Depois do Espetáculo
Sábato Magaldi (E192)
Em Busca da Brasilidade
Claudia Braga (E194)
A Análise dos Espetáculos
Patrice Pavis (E196)
As Máscaras Mutáveis do Buda Dourado
Mark Olsen (E207)
Crítica da Razão Teatral
Alessandra Vannucci (E211)

Caos e Dramaturgia
Rubens Rewald (E213)
Para Ler o Teatro
Anne Ubersfeld (E217)
Entre o Mediterrâneo e o Atlântico
Maria Lúcia de Souza B. Pupo
(E220)
Yukio Mishima: O Homem de Teatro
e de Cinema
Darci Kusano (E225)
O Teatro da Natureza
Marta Metzler (E226)
Margem e Centro
Ana Lúcia V. de Andrade
(E227)
Ibsen e o Novo Sujeito da Modernidade
Tereza Menezes (E229)
Teatro Sempre
Sábato Magaldi (E232)
O Ator como Xamã
Gilberto Icle (E233)
A Terra de Cinzas e Diamantes
Eugenio Barba (E235)
A Ostra e a Pérola
Adriana Dantas de Mariz
(E237)
A Crítica de um Teatro Crítico
Rosangela Patriota (E240)
O Teatro no Cruzamento de Culturas
Patrice Pavis (E247)
Eisenstein Ultrateatral: Movimento Expressivo e Montagem de Atrações na Teoria do Espetáculo de Serguei Eisenstein
Vanessa Teixeira de Oliveira
(E249)
Teatro em Foco
Sábato Magaldi (E252)
A Arte do Ator entre os Séculos XVI e XVIII
Ana Portich (E254)
O Teatro no Século XVIII
Renata S. Junqueira e Maria
Gloria C. Mazzi (orgs.) (E256)
A Gargalhada de Ulisses
Cleise Furtado Mendes (E258)
Dramaturgia da Memória no Teatro-Dança
Lícia Maria Morais Sánchez
(E259)
A Cena em Ensaios
Béatrice Picon-Vallin (E260)

Teatro da Morte
Tadeusz Kantor (E262)
Escritura Política no Texto Teatral
Hans-Thies Lehmann (E263)
Na Cena do Dr. Dapertutto
Maria Thais (E267)
A Cinética do Invisível
Matteo Bonfitto (E268)
Luigi Pirandello:
Um Teatro para Marta Abba
Martha Ribeiro (E275)
Teatralidades Contemporâneas
Sílvia Fernandes (E277)
Conversas sobre a Formação do Ator
Jacques Lassalle e Jean-Loup
Rivière (E278)
A Encenação Contemporânea
Patrice Pavis (E279)
As Redes dos Oprimidos
Tristan Castro-Pozo (E283)
O Espaço da Tragédia
Gilson Motta (E290)
A Cena Contaminada
José Tonezzi (E291)
A Gênese da Vertigem
Antonio Araújo (E294)
A Fragmentação da Personagem no Texto Teatral
Maria Lúcia Levy Candeias
(E297)
Alquimistas do Palco: Os Laboratórios Teatrais na Europa
Mirella Schino (E299)
Palavras Praticadas: O Percurso Artístico de Jerzy Grotowski, 1959-1974
Tatiana Motta Lima (E300)
Persona Performática: Alteridade e Experiência na Obra de Renato Cohen
Ana Goldenstein Carvalhaes
(E301)
Como Parar de Atuar
Harold Guskin (E303)
Metalinguagem e Teatro: A Obra de Jorge Andrade
Catarina Sant Anna (E304)
Enasios de um Percurso
Esther Priszkulnik (E306)
Função Estética da Luz
Roberto Gill Camargo (E307)

Poética de "Sem Lugar"
Gisela Dória (E311)
Entre o Ator e o Performer
Matteo Bonfitto (E316)
A Missão Italiana: Histórias de uma Geração de Diretores Italianos no Brasil
Alessandra Vannucci (E318)
Além dos Limites: Teoria e Prática do Teatro
Josette Féral (E319)
Ritmo e Dinâmica no Espetáculo Teatral
Jacyan Castilho (E320)
A Voz Articulada Pelo Coração
Meran Vargens (E321)
Beckett e a Implosão da Cena
Luiz Marfuz (E322)
Teorias da Recepção
Claudio Cajaiba (E323)
A Dança e Agit-Prop
Eugenia Casini Ropa (E329)
O Soldado Nu: Raízes da Dança Butô
Éden Peretta (E332)
Teatro Hip-Hop
Roberta Estrela D'Alva (E333)
Alegoria em Jogo: A Encenação Como Prática Pedagógica
Joaquim C.M. Gama (E335)
Jorge Andrade: Um Dramaturgo no Espaço-Tempo
Carlos Antônio Rahal (E336)
Campo Feito de Sonhos: Inserção e Educação Através da Arte
Sônia Machado de Azevedo (E339)
Do Grotesco e do Sublime
Victor Hugo (EL05)
O Cenário no Avesso
Sábato Magaldi (EL10)
A Linguagem de Beckett
Célia Berrettini (EL23)
Idéia do Teatro
José Ortega y Gasset (EL25)
O Romance Experimental e o Naturalismo no Teatro
Emile Zola (EL35)
Duas Farsas: O Embrião do Teatro de Molière
Célia Berrettini (EL36)
Giorgio Strehler: A Cena Viva
Myriam Tanant (EL65)
Marta, A Árvore e o Relógio

Jorge Andrade (T001)
O Dibuk
Sch. An-Ski (T005)
Leone de'Sommi: Um Judeu no Teatro da Renascença Italiana
J. Guinsburg (org.) (T008)
Urgência e Ruptura
Consuelo de Castro (T010)
Pirandello do Teatro no Teatro
J. Guinsburg (org.) (T011)
Canetti: O Teatro Terrível
Elias Canetti (T014)
Idéias Teatrais: O Século XIX no Brasil
João Roberto Faria (T015)
Heiner Müller: O Espanto no Teatro
Ingrid D. Koudela (org.) (T016)
Büchner: Na Pena e na Cena
J. Guinsburg e Ingrid Dormien Koudela (orgs.) (T017)
Teatro Completo
Renata Pallottini (T018)
Barbara Heliodora: Escritos sobre Teatro
Claudia Braga (org.) (T020)
Machado de Assis: Do Teatro
João Roberto Faria (org.) (T023)
Luís Alberto de Abreu: Um Teatro de Pesquisa
Adélia Nicolete (org.) (T025)
Teatro Espanhol do Século de Ouro
J. Guinsburg e N. Cunha (orgs.) (T026)
Tatiana Belinky: Uma Janela para o Mundo
Maria Lúcia de S. B. Pupo (org.) (T28)
Peter Handke: Peças Faladas
Samir Signeu (org.) (T030)
Dramaturgia Elizabetana
Barbara Heliodora (org.) (T033)
Um Encenador de si Mesmo: Gerald Thomas
J. Guinsburg e Sílvia Fernandes (S021)
Três Tragédias Gregas
Guilherme de Almeida e Trajano Vieira (S022)

Édipo Rei de Sófocles
   Trajano Vieira (S031)
As Bacantes de Eurípides
   Trajano Vieira (S036)
Édipo em Colono de Sófocles
   Trajano Vieira (S041)
Agamêmnon de Ésquilo
   Trajano Vieira (S046)
Antígone de Sófocles
   Trajano Vieira (S049)
Lisístrata e Tesmoforiantes
   Trajano Vieira (S052)
Os Persas de Ésquilo
   Trajano Vieira (S55)
Teatro e Sociedade: Shakespeare
   Guy Boquet (K015)
Alda Garrido: As Mil Faces de uma
Atriz Popular Brasileira
   Marta Metzler (PERS)
Caminhos do Teatro Ocidental
   Barbara Heliodora (PERS)
O Cotidiano de uma Lenda: Cartas
do Teatro de Arte de Moscou
   Cristiane L. Takeda (PERS)
Eis Antonin Artaud
   Florence de Mèredieu (PERS)
Eleonora Duse: Vida e Obra
   Giovanni Pontiero (PERS)
Linguagem e Vida
   Antonin Artaud (PERS)
Ninguém se Livra de seus
Fantasmas
   Nydia Licia (PERS)
Sábato Magaldi e as Heresias do
Teatro
   Maria de Fátima da Silva
   Assunção (PERS)
Vsévolod Meierhold: Ou a Invenção
da Cena
   Gérard Abensour (PERS)
Nissim Castiel: Do Teatro da Vida
Para o Teatro da Escola
   Debora Hummel e Luciano
   Castiel (orgs.) (MP01)
O Grande Diário do Pequeno Ator
   Debora Hummel e Silvia de
   Paula (orgs.) (MP02)
Um Olhar Através de... Máscaras
   Renata Kamla (MP03)
Performer Nitente
   Adriano Cypriano (MP04)
O Gesto Vocal
   Mônica Andréa Grando (MP05)

Stanislávski em Processo: Um Mês
no Campo –Turguêniev
   Simone Shuba (MP06)
Br-3
   Teatro da Vertigem (LSC)
Com os Séculos nos Olhos
   Fernando Marques (LSC)
Dicionário de Teatro
   Patrice Pavis (LSC)
Dicionário do Teatro Brasileiro:
Temas, Formas e Conceitos
   J. Guinsburg, João Roberto
   Faria e Mariangela Alves de
   Lima (coords.) (LSC)
História do Teatro Brasileiro, v. 1:
Das Origens ao Teatro Profissional
da Primeira Metade do Século xx
   João Roberto Faria (dir.) (LSC)
História do Teatro Brasileiro, v. 2:
Do Modernismo às Tendências
Contemporâneas
   João Roberto Faria (dir.) (LSC)
História Mundial do Teatro
   Margot Berthold (LSC)
O Jogo Teatral no Livro do Diretor
   Viola Spolin (LSC)
Jogos Teatrais: O Fichário de Viola
Spolin
   Viola Spolin (LSC)
Jogos Teatrais na Sala de Aula
   Viola Spolin (LSC)
Léxico de Pedagogia do Teatro
   Ingrid Dormien Koudela; José
   Simões de Almeida Junior
   (coords.)(LSC)
Meierhold
   Béatrice Picon-Vallin (LSC)
Queimar a Casa: Origens de um
Diretor
   Eugenio Barba (LSC)
Rastros: Treinamento e História de
Uma Atriz do Odin Teatret
   Roberta Carreri (LSC)
Teatro Laboratório de Jerzy
Grotowsky
   Ludwik Flaszen e Carla
   Pollastrelli (cur.) (LSC)
Últimos: Comédia Musical em Dois
Atos
   Fernando Marques (LSC)
Uma Empresa e seus Segredos:
Companhia Maria Della Costa
   Tania Brandão (LSC)
Zé
   Fernando Marques (LSC)

Este livro foi impresso na cidade de Cotia,
nas oficinas da Meta Brasil,
para a Editora Perspectiva.